ŒUVRES
COMPLÈTES
DE CONDILLAC.

TOME XX.

A PARIS,

Chez
{
GRATIOT, cul-de-sac Pecquay, rue des Blancs-Manteaux.
HOUEL, rue du Bacq, N°. 940.
GUILLAUME, rue de l'Eperon, N°. 12.
POUGIN, rue des Pères, N°. 61.
GIDE, place St.-Sulpice.
}

Et A STRASBOURG,
Chez LEVRAULT, libraire.

ŒUVRES
DE CONDILLAC,

Revues, corrigées par l'Auteur, imprimées sur ses manuscrits autographes, et augmentées de La Langue des Calculs, ouvrage posthume.

COURS D'ÉTUDES
POUR L'INSTRUCTION
DU PRINCE DE PARME.

HISTOIRE MODERNE.

TOME VI.

A PARIS,

DE L'IMPRIMERIE DE CH. HOUEL.

AN VI. — 1798. (E. vulg.)

INTRODUCTION
A L'ÉTUDE
DE L'HISTOIRE.

HISTOIRE MODERNE.
LIVRE DIX-SEPTIÈME.

CHAPITRE PREMIER.

Des puissances du midi de l'Europe, jusqu'au commencement du dix-huitième siècle.

Puisqu'en Europe l'argent est le nerf de la guerre, il suffit de jeter un coup-d'œil sur l'état des finances, pour juger combien la France avoit besoin de la paix.

Le gouvernement portoit pour vingt millions de charges perpétuelles de plus

<small>Etat des finances en France après la pacification de Riswyck.</small>

qu'en 1688. Il disposoit donc chaque année de vingt millions de moins qu'avant la guerre.

En 1689, les revenus nets, qui entroient au trésor royal, étoient de cent cinq millions. En 1697, il furent de cent dix. Ils paroissoient donc augmentés, et cependant ils étoient diminués de dix-sept millions. C'est que les dix-sept millions de 1697 n'équivaloient en poids et en titre qu'à quatre-vingt-huit de 1689.

L'année suivante ils diminuèrent encore, parce que le roi remplit l'engagement qu'il avoit pris d'ôter la capitation à la paix. Ils furent de soixante-treize millions, à peu de chose près : ce qui équivaloit environ à cinquante-sept millions de 1689. Ils montèrent à soixante-dix-sept en 1699, et ils retombèrent à soixante-neuf en 1700. Cette dernière diminution fait soupçonner du désordre dans les finances. Mais la première, par laquelle le roi perdoit chaque année dix-sept millions, est l'effet de l'altération des monnoies.

L'altération des monnoies avoit diminué le revenu de la couronne.

J'ai dit qu'il y avoit eu une réforme en 1689. Il y en eut une autre qui commença sur la fin de 1693. Le marc d'argent fut porté à trente-deux livres six sous, en sorte que la valeur des monnoies augmenta de près d'un sixième. Ce sont ces deux réformes qui diminuèrent les revenus de l'état de dix-sept millions, pour procurer une ressource passagère d'environ quatre-vingt-quatorze.

La dernière augmentation des monnoies avoit été précédée d'une diminution, afin que la réforme qui les devoit hausser apportât plus de bénéfice. De trois livres six sous, l'écu avoit été réduit à trois livres deux, et par la réforme il fut porté à trois livres douze. Ainsi sur soixante-deux sous, le roi en devoit gagner dix. Mais il ne les pouvoit gagner qu'une fois, pour les perdre ensuite tous les ans, et encore les faux-monnoyeurs et les étrangers lui enlevèrent-ils une partie de ces profits. Suivant les calculs de l'auteur des *Recherches et considérations sur les finances*, les deux réformes valurent aux étrangers environ vingt-six millions.

Non-seulement l'état perdit les millions qui sortoient du royaume, il perdoit encore

Autres mauvais effets de cette altération.

une bonne partie des millions qui ne sortoient pas. Car cet argent qui cesse de circuler est nul pour l'état jusqu'à ce que la circulation soit rétablie. Or, l'argent se resserre nécessairement lorsque le public, voyant les espèces hausser et baisser tour-à-tour, ne peut plus compter sur une valeur fixe. On ne peut pas se défaire de la monnoie forte, de peur d'être remboursé en monnoie foible; et on ne veut pas recevoir de la monnoie foible, parce qu'on pourroit être obligé de rembourser en monnoie forte. Chacun garde donc son argent : on ne prête, on n'emprunte et on n'achète, qu'autant qu'on y est forcé. Les denrées qui se peuvent conserver ne sont point mises en vente. Le commerce est suspendu, jusqu'à ce qu'on puisse le faire avec sûreté; et le gouvernement qui a détruit la confiance publique, perd lui-même son crédit. Ainsi le peuple, qui portoit difficilement le poids des impôts, souffroit encore par le défaut de commerce; et tous les jours plus misérable, il pouvoit tous les jours moins fournir aux besoins de l'état. Pour vous faire comprendre combien le produit des impositions étoit au-dessous des dépenses nécessaires, je remarquerai que dans le cours des années 1698 et 1699 elles ne rapportèrent au roi que deux cent cinquante millions, et que cependant les dépenses montèrent à six cents, en y comprenant des remboursemens qu'on fut obligé de faire. Voilà l'épuisement où se trouvoit la France, lorsqu'après de grands succès pendant la guerre, Louis XIV fit ce qu'on appelle une paix glorieuse. Ce fut lui qui proposa les conditions, et les ennemis furent forcés de les accepter : ce qui fait voir combien toute l'Europe étoit épuisée. Il étoit donc important d'assurer la paix. Dans cette vue Louis rendit des conquêtes qu'on ne pouvoit pas lui enlever, et prouva par cette modération, que touché des maux de la guerre, il se reprochoit les projets ambitieux dont il s'étoit enivré. Comme il étoit alors difficile de fournir aux besoins de l'état, même en temps de paix; les ministres, tous les jours moins entreprenans, ne lui donnoient pas des conseils tels que ceux de Louvois ou de Seignelai. Eclairé par son expérience, le

Louis, ne pouvont plus se dissimuler les maux qu'il a causés, se reproche ses projets ambitieux.

roi jugea donc par lui-même. Aussitôt l'illusion se dissipa. Il connut combien il s'étoit trompé, en ambitionnant d'être la terreur de l'Europe ; et il ne songea plus qu'à dissiper les craintes qu'il avoit données. Il ne pensoit point à reprendre les armes pour faire valoir ses droits sur la sucession entière de Charles II, roi d'Espagne. Il ne vouloit que négocier, et il étoit disposé à se contenter de quelques provinces.

Ses ennemis qui n'ont pas moins souffert, sont forcés à renoncer aussi à leurs projets.

L'Angleterre et la Hollande avoient surtout porté le faix de la guerre. Aussi furent-elles les premières à desirer la paix, et leurs alliés ne pouvoient rien sans elles. Les puissances, qui étoient entrées dans la grande alliance, furent donc obligées d'abandonner leurs projets ; et bien loin d'enlever à Louis XIV tout ce qu'il avoit acquis depuis le traité des Pyrénées, elles se contentèrent de ce qu'il voulut rendre.

Ainsi les puissances de l'Europe commencent la guerre, sans savoir comment elles la soutiendront, et elles posent les armes par épuisement.

Plus on réfléchira sur cette guerre, plus on se convaincra de la foiblesse des puissances de l'Europe. Tout y décèle les vices de leurs gouvernemens. On diroit qu'elles ne se flattent de faire des conquêtes, que parce qu'elles savent qu'il y a eu des peuples conquérans, et qu'elles ignorent que ces peuples ne se gouvernoient pas comme elles. En effet, leurs entreprises sont toujours au-dessus de leurs forces. Elles prennent d'abord les armes avec confiance, sans connoître leurs moyens, sans prévoir les obstacles; et cependant elles se promettent les plus grands succès. Mais bientôt sans ressources, elles se lassent; et comme elles ont toutes ensemble demandé la guerre, elles demandent enfin la paix toutes ensemble. Celle qui a eu le plus de succès, se trouve plus affoiblie que les autres; et pendant que les poëtes célèbrent les victoires d'un monarque, les peuples gémissent à l'ombre des lauriers. C'est un misérable asyle.

Guillaume, qui étoit l'ame de la grande alliance, avoit hâté la conclusion de la paix. C'est que depuis qu'il étoit roi d'Angleterre, il ne lui manquoit, pour n'être pas troublé sur le trône, que d'être reconnu par la France; au lieu que lorsqu'il n'étoit que stathouder de Hollande, il lui importoit de soulever toute l'Europe contre Louis XIV. Ses intérêts, qui avoient

Cette guerre n'avoit été utile qu'à Guillaume, à qui la paix devenoit nécessaire depuis qu'il étoit roi d'Angleterre.

changé, se trouvèrent donc heureusement conformes aux vœux de tous les peuples.

<small>Il eût été sage de régler à Riswyck la succession du roi d'Espagne.</small>

Puisqu'on avoit généralement desiré la paix, il eût été sage de prévenir la guerre, dont on étoit menacé par la mort prochaine de Charles II, roi d'Espagne. C'est à Riswyck qu'il falloit discuter les droits de la maison d'Autriche et ceux de la maison de Bourbon. L'intérêt de toute l'Europe le demandoit, et on ne pouvoit pas trouver une circonstance plus favorable ; car la disposition des esprits à la paix rendoit la négociation facile. D'un côté, Louis XIV se seroit assuré une partie de la succession du roi d'Espagne, et c'est tout ce qu'il demandoit ; et de l'autre, les confédérés l'auroient fait renoncer à la plus grande partie de cette succession, et c'est aussi tout ce qu'ils pouvoient prétendre.

<small>Mais il n'est pas d'usage en Europe de prévenir de nouvelles guerres.</small>

Mais il semble que les puissances de l'Europe ne veulent la paix qu'au moment où elles sont lasses de la guerre ; et que prévoyant qu'elles se dégoûteront de la paix par inquiétude, elles veulent se ménager des prétextes pour reprendre les armes. Elles ne feront d'ordinaire que des trèves. Si elles songent quelquefois à réparer leurs forces, ce n'est pas pour les conserver, c'est pour les reperdre; et comptant sur des événemens, comme si la fortune leur promettoit à toutes des succès, elles se gardent bien de prévenir des guerres où chacun se flatte de trouver son avantage. On ne régla donc pas à Riswyck la succession de Charles II.

On voulut ensuite réparer cette faute; mais les circonstances étoient bien différentes. La paix ayant été faite, on ne voyoit plus la guerre que dans l'éloignement. On se flattoit, comme on se flatte toujours, de quelque événement favorable. Dans cette attente, la négociation, hâtée par quelques puissances, étoit retardée par d'autres. Il étoit impossible qu'elles y concourussent toutes également; et celles qui se croyoient lésées par les arrangemens qu'on proposoit, aimoient mieux attendre que d'abandonner une partie de leurs prétentions.

<small>Après la conclusion du traité de Riswyck, il n'étoit plus temps de réparer cette faute.</small>

Cependant on projeta le partage de la monarchie espagnole. Par le traité qui en fut conclu à la Haye, le 22 octobre, entre

<small>Projet de partage. 1698.</small>

le roi de France, le roi d'Angleterre et les Etats-Généraux, le prince électoral de Bavière, comme plus proche héritier, fut désigné roi d'Espagne; on promit au dauphin les royaumes de Naples et de Sicile, les places dépendantes de la monarchie d'Espagne sur les côtes d'Italie et la province de Guipuscoa; et on destina le duché de Milan à l'archiduc Charles, second fils de l'empereur.

<small>Autre partage, 1699.</small>

La mort du prince de Bavière, qui arriva l'année suivante, fit penser à d'autres projets ; et les mêmes puissances, qui avoient fait le premier plan de partage, en formèrent un nouveau. Le traité en fut signé au mois de mars, à Londres et à la Haye. On destinoit l'Espagne, les Indes et les Pays-Bas à l'archiduc Charles: on ajoutoit la Lorraine à ce qu'on avoit déjà donné au dauphin; et pour dédommager le duc de Lorraine, on lui donnoit le Milanais. Enfin on accordoit trois mois à l'empereur pour accéder à ce traité; et on arrêtoit que l'Espagne et l'Empire ne seroient jamais réunis sur une même tête.

<small>1700.</small>

<small>L'Angleterre et la Hollande s'ar-</small>

L'Angleterre et la Hollande disposoient

donc de la succession de Charles II, sans consulter ni ce prince, ni les Espagnols. Elles s'arrogeoient donc un droit qu'elles n'avoient pas: mais le desir de prevenir la guerre, si elles agissoient secrètement, est un motif qui les justifioit assez. Il me semble que si les principales puissances n'usurpoient des droits que dans des cas semblables, il ne seroit pas raisonnable de les leur contester. N'avoient-elles pas le droit de veiller à la tranquillité de l'Europe? et si pour l'assurer, il falloit disposer de la monarchie d'Espagne, pourquoi n'en auroient-elles pas disposé? rogeoient le droit de disposer de la succession de Charles.

Il est vrai qu'une nation indépendante peut en général réclamer avec raison contre les lois qu'on lui impose. Mais ne peut-il pas se trouver des cas où elle ne mériteroit pas d'être écoutée? Si, par une vanité mal entendue, les Espagnols aiment mieux troubler toute l'Europe, que de souffrir le démembrement de leur monarchie, faut-il que toute l'Europe se sacrifie à cette vanité? N'est-ce pas pour avoir voulu conserver l'Italie et les Pays-Bas, que l'Espagne s'étoit ruinée? et n'étoit-ce pas la servir Cette entreprise, qu'on pouvoit se permettre malgré les protestations de ce prince, avoit cependant besoin du consentement de Léopold.

que de la borner à elle-même et à ce qu'elle possédoit dans les Indes ? Le traité de partage pourroit donc n'être pas injuste, quoique fait malgré les protestations de Charles II. Mais certainement c'étoit une injustice de disposer des états de ce prince, sans consulter les puissances intéressées. Or Léopold, d'après les principes qu'on suivoit en Europe, avoit des droits à la succession entière. Son consentement étoit donc nécessaire. On ne l'obtint pas ; et il ne restoit plus qu'à renoncer aux dispositions qu'on avoit faites, ou qu'à soutenir une injustice par la voie des armes.

Elle n'assuroit donc pas la paix. On ne se fût pas trouvé dans cet embarras, si on eût fait le traité de partage à Riswyck ; car alors le conseil de Madrid auroit donné son consentement à ce qui auroit été réglé ; ou s'il l'avoit refusé, les autres puissances auroient pu l'y contraindre, sans s'exposer à aucun blâme. L'empereur, trop foible pour continuer la guerre, auroit été moins difficile, et se seroit cru heureux d'assurer à un de ses fils l'Espagne, les Indes et les Pays-Bas. On pouvoit donc faire à Riswyck le premier partage : on devoit même y faire le second, ou quelqu'autre ; car il n'eût pas été prudent de compter sur la vie du prince de Bavière, qui n'avoit que quatre ou cinq ans. Mais parce qu'on ne prit ces mesures qu'après avoir signé la paix, l'empereur se refusa à toutes les propositions ; et quand le dernier partage auroit eu lieu, il seroit au moins resté une cause de guerre, puisque Léopold conservoit tous ses droits.

Quelque intérêt qu'on eût à prévenir la guerre, la négociation des deux traités de partage avoit souffert bien des retardemens. On étoit convenu des articles ; cependant on ne signoit pas, et l'Angleterre et la Hollande se rendoient suspectes à la France par les délais qu'elles affectoient. Elles prenoient pour prétexte l'espérance d'obtenir enfin le consentement de l'empereur ; mais on pouvoit croire qu'elles négocioient moins pour conclure que pour affoiblir le parti de la maison de Bourbon en Espagne, en faisant connoître que Louis XIV songeoit à diviser cette monarchie. La signature du second traité de partage parut dissiper ses soupçons.

La signature du traité de partage avoit souffert des retardemens.

Le roi d'Espagne se plaint qu'on dispose de ses états.

Surpris qu'on disposât de ses états, lorsqu'il vivoit encore, Charles II porta ses plaintes dans toutes les cours. Il ne pouvoit former que des plaintes. Sans argent, sans forces, il ne trouvoit des ressources ni dans son esprit naturellement foible, et affoibli encore par les maladies, ni dans ses ministres qui se conduisoient par des vues contraires. Les intrigues, qui divisoient la cour, communiquoient des impressions différentes au royaume entier ; et l'on s'agitoit de toutes parts dans l'attente d'un événement, auquel l'Espagne pouvoit moins contribuer qu'aucune autre puissance.

Les vœux des Espagnols sont pour un prince de la maison de Bourbon.

Cependant les vœux des Espagnols étoient en général pour un prince de la maison de Bourbon. Ils se flattoient d'empêcher par ce moyen un démembrement qu'ils jugeoient déshonorant pour la monarchie. Ils étoient à la vérité offensés du traité de partage ; mais leur haine tomboit sur l'Angleterre et la Hollande ; présumant que Louis XIV renonceroit à ce traité, lorsqu'on offriroit la monarchie entière à son petit-fils. Les vues de la plus grande partie du conseil de Madrid étoient conformes aux vœux de la nation ; et Charles, qui ne pouvoit consentir à la division de ses états, étoit disposé à donner l'exclusion aux princes de sa maison, parce qu'il les jugeoit trop foibles pour les conserver tout entiers.

N'osant néanmoins se décider par lui-même, il consulta son conseil, des théologiens, des jurisconsultes, des évêques, et même le pape Innocent XII. Tous les avis, dit-on, furent uniformes et en faveur de la maison de Bourbon. Il fit donc un testament, par lequel il reconnut les droits du dauphin : voulant néanmoins prévenir la réunion des deux monarchies, il appeloit à sa succession le duc d'Anjou, second fils du dauphin ; il le nommoit héritier de tous ses états, sans en excepter aucune partie, et sans démembrement ; et il déclaroit que si ce prince n'acceptoit pas la monarchie entière, il la conféroit à l'archiduc Charles. Ce testament ne fut public qu'à sa mort, qui arriva un mois après, le premier novembre.

Quoique Charles II eût consulté, son

Le roi d'Espagne appelle à sa succession le duc d'Anjou, à charge qu'il ne démembrera pas la monarchie.

1700.

testament ne paroît pas avoir été bien digéré. Si le duc d'Anjou, comme il le reconnoît, a droit à toute la monarchie, il peut sans doute en abandonner une partie : comment donc le roi d'Espagne peut-il déclarer qu'il n'en aura rien du tout, s'il ne l'accepte pas toute entière? et comment, dans cette supposition, peut il la transférer à un autre ?

Ce testament étoit mal raisonné.

Si par des renonciations solemnelles, la maison de Bourbon avoit perdu les droits qu'elle tenoit d'Anne et de Marie-Thérèse d'Autriche, elle acquéroit de nouveaux titres par le consentement du peuple d'Espagne aux dispositions de Charles II. Elle pouvoit donc accepter le testament.

Cependant la maison de Bourbon acquéroit un titre à la couronne d'Espagne, par le consentement des peuples.

On peut même remarquer que si les puissances de l'Europe avoient jugé sainement des choses, la maison d'Autriche se seroit seule opposée à l'agrandissement de sa rivale. Le duc d'Anjou, pour être petit-fils de Louis XIV, en auroit-il été l'allié? seroit-il entré dans les vues de son grand-père, jusqu'à sacrifier les intérêts de sa couronne? en auroit-il été le maître? Supposons que Louis XIV eût régné en Espagne sous le nom de son petit-fils, sa puissance en

L'agrandissement de cette maison ne devoit pas effrayer l'Europe.

devenoit-elle plus redoutable? Comme roi de France, il avoit besoin de la paix; il en avoit encore plus besoin comme roi d'Espagne. Cette seconde monarchie faisoit la fortune du petit-fils, et elle n'ajoutoit rien à celle du grand-père : elle étoit tout-à-fait épuisée; et son épuisement la rendoit d'autant plus foible, qu'elle étoit plus vaste.

Si les deux branches de la maison d'Autriche ne se sont pas toujours donné des secours, malgré les raisons qu'elles avoient d'être toujours unies; pouvoit-on supposer qu'après la mort de Louis, les intérêts des deux couronnes, cédant aux liens du sang, les deux branches de la maison de Bourbon ne formeroient qu'une seule et même puissance? Certainement, de quelque maison que fût le roi d'Espagne, il devoit rechercher l'alliance de l'Angleterre et de la Hollande; et il ne pouvoit pas regarder comme son allié naturel une puissance, qu'il bornoit au nord et au midi.

Le roi d'Espagne ne pouvoit pas être l'allié de la France.

L'Europe n'en jugeoit pas ainsi. Accoutumée à craindre l'ambition de Louis XIV, elle la craignoit encore, lorsqu'elle n'étoit plus à redouter; et elle voyoit toujours le

Mais l'Europe s'étoit accoutumée à craindre l'agrandissement des Bourbons.

phantôme de la monarchie universelle. Il lui sembloit que l'agrandissement des Bourbons étoit l'agrandissement de la France même, et donnoit de nouvelles forces à cette monarchie. Aveuglée par ce préjugé, elle ne devoit pas souffrir que cette maison recueillît toute la succession du roi d'Espagne. Si Louis acceptoit le testament, il armoit donc toute l'Europe contre lui. Il trouvoit aussi des inconvéniens à s'en tenir au traité de partage.

Guillaume avoit donné ce préjugé à l'Europe.

Le roi Guillaume, en agitant l'Europe, n'avoit jamais eu que des vues particulières. Lorsque son intérêt fut de susciter des ennemis à la France, il forma cette grande alliance, à laquelle il persuada d'assurer à la maison d'Autriche toute la succession du roi d'Espagne. Pour y réussir, il imprima la terreur du nom de Louis XIV, et parce que dans la frayeur on juge mal des objets, l'Europe se grossit le danger dont elle se crut menacée; et elle ne vit pas celui auquel elle s'exposoit, en rendant aux descendans de Charles-Quint une puissance qu'elle avoit eu tant de peine à détruire. On se proposoit d'établir l'équilibre ; et on ne s'appercevoit pas, que si l'on réussissoit, on porteroit tout d'un bassin dans l'autre.

A force de dire qu'il étoit temps d'abaisser la maison de Bourbon et d'élever la maison d'Autriche, on ne se faisoit plus d'autres idées, on ne formoit plus d'autres projets. Mais Guillaume qui avoit donné ce préjugé, ne l'avoit pas pris; il pensoit d'après ses intérêts; et comme ils avoient changé, il s'étoit fait un nouveau plan. Depuis qu'il étoit roi d'Angleterre, il vouloit la paix. Il lui importoit peu que la France acquît les royaumes de Naples et de Sicile et d'autres provinces. Peut-être pensoit-il qu'elle n'en seroit pas plus puissante. Je dis *peut-être*, car on croit communément qu'un prince est plus puissant, lorsqu'il a plus d'états. C'est un préjugé que l'expérience n'a pas encore détruit.

Le traité de partage étoit l'ouvrage du roi Guillaume. Ce n'est qu'à regret que l'Angleterre et la Hollande avoient consenti à l'agrandissement des Bourbons. Les obstacles qu'elles avoient opposés, avoient fait traîner la négociation; et depuis que le traité avoit été signé, on n'avoit pris, ni voulu prendre aucune mesure pour en assurer l'exécution.

Si Louis XIV s'en fût tenu au traité de partage, il n'auroit armé que la maison d'Autriche.

Si Louis XIV s'en tenoit au traité de partage, il ne pouvoit donc attendre aucun secours d'Angleterre ni des Provinces-Unies. Mais au moins il ne devoit pas craindre qu'elles prissent les armes, pour empêcher l'exécution d'un traité qu'elles avoient ratifié. Elles vouloient la paix, elles en avoient besoin pour se rétablir; il n'est pas vraisemblable, que sacrifiant leur repos à l'ambition de Léopold, elles voulussent s'épuiser encore pour assurer à un fils de ce prince toute la monarchie d'Espagne. On doit donc présumer que la France n'auroit eu pour ennemi que la maison d'Autriche, au lieu qu'elle armoit toute l'Europe, si Louis XIV acceptoit le testament. Dans le premier cas, elle pouvoit se promettre des succès; dans le second, elle avoit tout à redouter.

Il accepte le testament.

Aussitôt que l'ambassadeur d'Espagne eut communiqué le testament de Charles II, le roi assembla son conseil. L'avis du marquis de Torci, secrétaire d'état au département des affaires étrangères, fut d'accepter le testament. Le duc de Beauvilliers, persuadé que ce parti causeroit une guerre capable de ruiner la France, opina pour le traité de partage. Le chancelier Pontchartrain, ayant résumé les raisons de part et d'autre, n'osa prononcer, et conclut que le roi seul, plus éclairé que ses ministres, pouvoit décider. Le dauphin parla peu : jugeant en père qui s'intéresse à son fils, il se déclara pour le testament ; et Louis, comme le dauphin, ne fut que père. Cependant il auroit dû penser qu'il étoit roi, que son royaume étoit épuisé, qu'il l'avoit lui-même ruiné pour en reculer les frontières, et qu'il étoit injuste de le sacrifier encore à l'agrandissement de sa maison. Enfin le duc d'Anjou fut déclaré roi d'Espagne sous le nom de Philippe V. Il partit pour Madrid, et fut reconnu sans obstacles dans toute la monarchie espagnole.

Le roi d'Angleterre et les États-Généraux, quoiqu'offensés de l'infraction du traité de partage, ne se déterminèrent pas d'abord à déclarer la guerre à la maison de Bourbon. Ils reconnurent même Philippe V. Les intérêts de leur commerce

L'Angleterre et la Hollande, qui reconnoissent d'abord Philippe V, font bientôt après un traité d'alliance avec l'empereur.

le repos dont ils sentoient le besoin, l'incertitude où ils étoient des alliés sur lesquels ils pouvoient compter, et des secours qu'ils en pourroient retirer; tout demandoit qu'ils ne prissent pas leur résolution à la hâte. Ces raisons firent commencer une négociation à la Haye. Mais la France et l'Espagne eurent lieu de juger qu'on ne cherchoit qu'à gagner du temps; et qu'après avoir obtenu une chose, on en demanderoit bientôt une autre. Car on ne laissoit pas ignorer qu'on se réservoit d'expliquer et d'étendre dans la suite les premières propositions qu'on leur faisoit. Or, cette manière de négocier est tout au moins suspecte; et d'ailleurs il est étrange de demander une réponse positive à des propositions, qu'on reconnoît n'avoir pas encore expliquées, ni exposées dans toute leur étendue. Cette négociation finit le 7 septembre par un traité d'alliance entre l'empereur, le roi d'Angleterre et les États-Généraux.

Mais, comme elles craignoient une nouvelle guerre, elles se bornèrent à demander une satisfaction pour la maison d'Autriche.

L'objet de cette confédération se bornoit à procurer à la maison d'Autriche une satisfaction en dédommagement des droits qu'elle avoit sur l'Espagne. Elle ne portoit

donc pas ses prétentions aussi haut que la
ligue d'Augsbourg. Cela seul fait voir que
le roi d'Angleterre et les Etats-Généraux
s'engageoient à regret dans une nouvelle
guerre, et qu'ils l'entreprenoient avec une
sorte de méfiance. Ils se croyoient accablés
de dettes; ils sentoient combien il seroit difficile de mettre de nouveaux impôts sur des
peuples, déjà trop surchargés : le parlement
d'Angleterre, sur-tout, ne paroissoit pas
disposé à donner des subsides. Guillaume,
qui favorisoit les Whigs, étoit sûr de leurs
suffrages : mais les Torys formoient un
parti considérable et fort animé. Toute la
nation chérissoit la paix qu'elle commençoit
à goûter : elle soupiroit après le rétablissement de son commerce ; et elle étoit
alors bien moins effrayée de la maison
de Bourbon, que des nouvelles impositions
qu'elle seroit obligée de payer.

La paix continuoit entre l'empire et la L'empereur ne paroissoit pas de-
Porte. L'empereur paroissoit donc pouvoir voir tirer le grands secours de ses al-
soutenir cette guerre avec plus de succès liés.
que les précédentes. Mais avec beaucoup
de dettes, peu d'argent et des peuples pauvres, il étoit à charge à ses alliés. Il conti-

nuoit d'aliéner les états d'Allemagne, en persistant dans la résolution de créer un neuvième électorat. Le plus grand nombre des princes paroissoit ne vouloir prendre aucune part à la succession d'Espagne. Il se formoit même des intrigues et des ligues contre les entreprises de l'empereur. Il est vrai que Léopold fortifia son parti, en promettant de terminer le différend sur le neuvième électorat à la satisfaction des princes ; mais les secours qu'il attendoit de pareils alliés, étoient toujours incertains et fort coûteux.

Louis n'avoit pas désarmé, Philippe étoit en possession de l'Espagne. Ils avoient des alliés.

Après la paix de Riswyck, la France n'avoit pas désarmé comme les autres puissances. Elle conservoit de grandes forces sur terre et sur mer ; et elle étoit en état d'attaquer, lorsque la plupart de ses ennemis n'étoient pas encore préparés à la défense. Philippe V en possession paisible de toute la monarchie d'Espagne, commandoit à des peuples qui lui étoient dévoués. Les deux couronnes ne pouvoient manquer d'agir de concert, puisqu'un même intérêt les unissoit. Elles avoient pour alliés l'électeur de Bavière, son frère, l'électeur de Cologne, l'évêque de Munster, le duc de Savoie, celui de Mantoue et le roi de Portugal.

Cependant elles ne pouvoient pas compter également sur tous ces alliés. Il étoit facile à l'empereur de gagner le duc de Savoie, qui étoit dans l'usage de s'agrandir en passant tour-à-tour de l'alliance de la maison de Bourbon dans l'alliance de la maison d'Autriche. Si le roi de Portugal étoit d'abord entré dans l'alliance de Louis XIV, c'est qu'à l'avénement du duc d'Anjou, il n'avoit pas d'autre parti à prendre ; et il étoit évident qu'aussitôt que l'Angleterre et la Hollande armeroient, il seroit de son intérêt de rechercher leur protection.

Mais ils ne pouvoient pas compter sur tous.

L'Espagne pouvoit peu pour sa défense, et quelles que fussent les forces de la France, elles n'étoient pas proportionnées aux frontières des deux monarchies. Dès les premières campagnes elles devoient diminuer par les succès mêmes, elles pouvoient se ruiner par des revers : et cependant où étoient les ressources pour les rétablir ? Se flattoit-on d'en trouver dans l'épuisement des peuples, dans le désordre des finances ? Une

Ils devoient après quelques campagnes se trouver sans ressources.

autre cause de foiblesse, dont le gouvernement ne s'appercevoit peut-être pas, c'est qu'on n'avoit plus d'aussi grands ministres ni d'aussi grands généraux. Au contraire, les ennemis s'étoient disciplinés pendant la guerre qu'on venoit de terminer à Riswyck. Instruits par leurs propres défaites, les Hollandais et les Anglais ne devoient plus être aussi faciles à vaincre ; et les Français, si souvent vainqueurs, devoient naturellement s'être relâchés.

Ils auroient dû par conséquent se hâter d'accorder une satisfaction à la maison d'Autriche.

Si les forces de Louis XIV et de Philippe V n'étoient pas proportionnées à la défense des deux monarchies, si encore elles ne pouvoient pas se soutenir longtemps, il en faut conclure que ces princes se sont engagés dans la guerre avec trop de confiance. Ils auroient pu l'éviter, en sacrifiant l'Italie et les Pays-Bas, et en convenant de quelques réglemens pour dissiper les terreurs paniques que donnoit l'agrandissement de la maison de Bourbon. On a tout lieu de le croire, quand on considère les dispositions des peuples de l'Empire. L'intervalle écoulé depuis la pacification de Riswyck, ne leur avoit pas permis d'oublier les maux qu'ils avoient soufferts ; ils en étoient encore accablés et ce n'est qu'avec une extrême répugnance qu'ils pouvoient se déterminer à reprendre les armes. L'empereur auroit lui-même accepté la paix. Son ambition auroit cédé à l'impuissance de soutenir seul la guerre, et il se seroit contenté de la satisfaction dont ses alliés seroient convenus. Mais puisque Louis XIV et Philippe V vouloient conserver la succession entière de Charles II, la guerre ne pouvoit plus s'éviter, et cependant ils entreprenoient au-delà de leurs forces.

Léopold avoit commencé les hostilités en Italie, lorsqu'il négocioit encore à la Haye avec le roi Guillaume. Il soutint seul la guerre pendant la première année. Le prince Eugène de Savoie, qui commandoit l'armée impériale, étoit entré par le Trentin, pour pénétrer dans le Milanès. Le maréchal de Catinat commandoit les troupes de France, sous les ordres du duc de Savoie, que les deux rois avoient nommé généralissime.

La guerre commence en Italie.

1701.

Il s'agissoit d'empêcher le passage de l'Adige aux Impériaux; chose difficile à

Eugène force le poste de Carpi.

cause de l'étendue de pays qu'il falloit garder. En effet, le poste de Carpi fut forcé le 9 juillet; et le prince Eugène se vit maître de tout le pays entre l'Adige et l'Adda. Catinat qui recevoit continuellement des échecs, soupçonna le duc de Savoie d'intelligence avec les ennemis. Mais la cour de Versailles, qui rejeta ces soupçons, le rappela, et envoya le maréchal de Villeroi pour le remplacer.

Il défait à Chiari le maréchal de Villeroi.

Contre l'avis de Catinat, qui n'avoit pas encore quitté l'armée, Villeroi voulut livrer bataille aux ennemis, qui étoient campés à Chiari. L'entreprise étoit téméraire, et quand elle eût réussi, on n'en eût tiré aucun avantage. Les Français furent défaits. Cette action se passa le 1 septembre. Le courage que montra le duc de Savoie, parut dissiper les soupçons qu'on avoit formés.

1701. A la mort de Jacques II, Louis reconnoît le prince de Galles.

Le 16 du même mois, mourut à Saint-Germain en Laye Jacques II; et Louis XIV reconnut pour roi d'Angleterre le prince de Galles, son fils, qui prit le nom de Jacques III. Il eut bientôt lieu de se repentir d'une démarche imprudente, qui pouvoit soulever les Anglais contre la France, et qui, bien loin d'être utile au jeune prince de Galles, devoit plutôt lui nuire.

Guillaume III s'en applaudit. Il ne douta plus d'obtenir des subsides, lorsqu'il vit les ressentimens de la nation éclater contre un prince étranger, qui prétendoit lui donner un roi. Il représenta cette entreprise comme un attentat qui intéressoit la religion protestante, la tranquillité présente et future, et la liberté de la nation. Il exagéra la puissance de la maison de Bourbon, qui, après s'être affermie sur le trône d'Espagne, entreprendroit de rétablir un prince papiste sur celui d'Angleterre. Il fit craindre que le commerce ne fût ruiné par l'union de la France et de l'Espagne, si on ne se hâtoit de troubler ces deux monarchies et de les abattre, avant qu'elles eussent eu le temps de déployer toutes leurs forces. Enfin il montra dans l'Amérique des conquêtes faciles, et capables de dédommager des frais de la guerre.

Les deux chambres entrèrent dans ses vues. Jugeant qu'il étoit de leur intérêt de soutenir les droits de la maison d'Autriche, elles ordonnèrent qu'on lèveroit quarante mille hommes. Le roi ayant encore demandé dix mille hommes pour un débarquement, ils lui furent accordés. Il fut même résolu de ne point faire la paix jusqu'à ce que la nation eût reçu satisfaction de l'offense que Louis lui avoit faite, en reconnoissant le prétendu prince de Galles.

<small>Mort de Guillaume. Quelle a été sa puissance en Angleterre et en Hollande 1702.</small>

La saison d'entrer en campagne approchoit, quand le roi Guillaume mourut, le 19 mars. Il avoit régné plus de quatorze ans. On a dit qu'il étoit stathouder d'Angleterre et roi des Provinces-Unies. C'est que le parlement d'Angleterre avoit si fort limité la prérogative royale, que Guillaume n'étoit proprement que le chef d'une république. Quoique les Anglais l'eussent desiré pour maître, ils lui témoignèrent peu de confiance. Ils parurent cesser de l'aimer, et ils lui firent essuyer bien des contradictions. Les Hollandais, au contraire, lui montrèrent toujours le plus grand dévouement. Ils n'oublièrent jamais les services qu'il leur avoit rendus dans la guerre de 1672. Ils portèrent même la reconnoissance jusqu'à lui sacrifier leur liberté;

car, en 1674 , ils déclarèrent en sa faveur le stathoudérat héréditaire. Heureusement pour les Provinces-Unies, il ne laissa point de postérité, et elles supprimèrent une dictature, qu'elles avoient eu l'imprudence de rendre perpétuelle. Je vous avois prévenu que les Hollandais vous prouveroient qu'un peuple, jaloux d'être libre, se donne volontiers un maître, quand il se flatte d'être bien gouverné.

La mort de Guillaume ne changea rien aux résolutions qui avoient été prises. Anne, fille de Jacques II, monta sur le trône, conformément à l'ordre de succession que le parlement avoit établi. Elle s'écarta d'autant moins du plan de son prédécesseur, qu'elle donna toute sa confiance au duc de Marlborough, qui, étant aussi avare qu'ambitieux, avoit besoin de troubles pour s'enrichir et pour s'élever. Grand ministre, grand capitaine, il se vit bientôt à la tête des affaires et des armées. Ce changement dans le gouvernement présageoit à la France une guerre bien plus longue et bien plus ruineuse que celle que Guillaume eût faite, s'il eût vécu.

Anne, qui lui succède, donne sa confiance à Marlborough.

CHAPITRE II.

De la Russie jusqu'au commencement du dix-huitième siècle.

<small>Jusqu'au dix-septième siècle les Russes ont été barbares.</small> On sait suffisamment l'histoire des siècles barbares, quand on sait qu'ils ont été barbares. Dans une ignorance profonde, remplis de préjugés absurdes, livrés à des superstitions grossières ; sans arts, sans police, sans mœurs ; croupir dans un lâche repos avec un corps fait pour la fatigue, ou se battre comme des bêtes féroces, et n'apprendre jamais la guerre ; tour-à-tour fuir, piller, commettre toute sorte de cruautés ; ne compter que sur le nombre, ne connoître ni courage, ni vertu ; enfin être esclave, sans être soumis : voilà ce qu'ont été les Russes jusqu'au dix-septième siècle. Il n'importe donc pas de savoir avant cette époque les événemens de ce vaste empire, qui s'étend d'occident en orient environ deux mille lieues. En étudiant la géographie, Monseigneur, ne

considérez-vous pas quelquefois combien il y a peu de peuples qui méritent d'être connus, et parmi ces peuples, combien peu d'hommes, et parmi ces hommes, combien peu de princes. Cela abrège au moins nos études ; cependant elles seront bien longues encore, si nous voulons les faire comme il faut. Je ne fais que vous introduire : jugez donc ce qui vous reste à faire, et ne vous croyez pas instruit.

La famille qui régnoit à Moscou s'étoit éteinte, et la Russie avoit été déchirée par des guerres, lorsqu'en 1613 les Russes eurent enfin la liberté de se choisir un maître. Ils le prirent dans la famille de Romanow, alliée par les femmes aux czars précédens. Michel Féodorowitz, c'est ainsi que ce prince se nommoit, n'avoit que quinze ans, et vivoit avec sa mère, Marie Iconomasie, alors religieuse dans un couvent à Uglits. Marie se refusa d'abord aux vœux de la nation, craignant pour son fils les malheurs du trône ; mais elle se rendit lorsqu'un évêque eut assuré avoir eu une révélation qui confirmoit ce choix. Michel fut proclamé et signa une capitulation, par laquelle il

Michel Féodorowitz élu czar.

promit de protéger la religion, de ne point faire de lois nouvelles, de ne rien changer aux anciennes, et de n'entreprendre point, sans le consentement du sénat, ni de mettre des impôts, ni de faire la guerre, ni de faire la paix. Les Russes, ou plutôt les sénateurs saisirent l'occasion d'avoir quelque part dans le gouvernement. Michel fut fidèle à ses promesses. Il mourut en 1645, et laissa le trône à son fils Alexis.

Alexis, son fils, qui a le premier connu l'ignorance des russes, a protégé les arts et les sciences.

Alexis, surnommé Mikhaelowitz, c'est-à-dire; fils de Michel, n'avoit alors que seize ans. Il s'attira d'abord la haine publique par la conduite des ministres auxquels il confia l'autorité. Il fut ensuite aimé et respecté, lorsqu'il gouverna par lui-même. Il est le premier czar qui paroisse s'être apperçu de l'ignorance de ses peuples. Il connut qu'il falloit leur donner des lois, des arts et des connoissances. Il favorisa le commerce, il établit quelques manufactures, il fit traduire plusieurs livres qui traitoient des arts et des sciences. Sans égard pour le prejugé, qui défendoit toute communication avec les nations étrangères, il attira des étrangers instruits et laborieux. Il peupla des provinces auparavant désertes. C'est sous son règne que les Russes commencèrent à se faire connoître aux principales puissances de l'Europe et de l'Asie : car jusqu'alors ils n'étoient guère connus que des peuples avec qui la guerre les mettoit en relation. Des ambassadeurs Chinois, Persans et autres vinrent à Moscou, et Alexis en envoya pour la première fois en France et en Espagne. Il est à remarquer qu'il refusa de recevoir l'envoyé de Cromwel, déclarant qu'il ne reconnoîtroit jamais ce prétendu protecteur de l'Angleterre. Il formoit le projet d'avoir des flottes sur la mer Noire et sur la mer Caspienne, lorsqu'il mourut en 1676.

Il laissa trois fils, Féodor, Ivan ou Jean, et Pierre : tous trois, conformément à l'usage, surnommés Alexiowitz. Le premier, âgé de seize ans, monta sur le trône, et régna jusqu'en 1682, qu'il mourut. Il suivit les traces de son père, accueillant les étrangers, protégeant le commerce, les sciences et les arts, et travaillant à réformer les mœurs de ses sujets. On prétend que dans le dessein de n'avoir égard qu'au

Féodor son fils aîné, lui succède, et le prend pour modèle.

mérite, il brûla tous les titres des nobles. Mais il étoit trop jeune, il régna trop peu, pour produire une révolution.

Pierre, son frère qu'il désigne son successeur, est reconnu par les boyars.

De ses deux frères, dont l'un avoit treize ans et l'autre dix, il avoit préféré le cadet pour son successeur, parce qu'Ivan étoit également foible d'esprit et de corps. Or les czars ont droit, ou sont dans l'usage de désigner dans leur famille celui qui doit leur succéder. Pierre fut donc reconnu par les boyars : c'est ainsi qu'on nommoit alors les sénateurs et les principaux de la nation.

Jean lui est associé par les intrigues de Sophie, sœur de ces deux princes.

Sophie, sœur de ces deux princes, s'étoit flattée de régner sous le nom d'Ivan son frère. Cette femme ambitieuse, voyant ses espérances déçues, intrigua. Elle gagna les strélitz, corps de troupes qui pouvoit tout à Moscou, comme autrefois les gardes prétoriennes à Rome. Elle causa de grands troubles. Mais enfin elle fit associer Ivan à Pierre, obtint la régence, et régna.

Sophie, qui a obtenu la régence, et Basile Gallitzin son ministre favori, songent à écarter du trône le czar Pierre.

Sophie se conduisoit par les conseils du prince Basile Gallitzin, lithuanien d'origine et de la maison des Jagellons, qui avoient occupé le trône de Pologne pendant près de deux cents ans. N'osant attenter à la vie du czar Pierre, qui étoit cher au peuple, cette princesse et ce ministre songèrent à l'écarter au moins du trône. Dans cette vue ils se hâtèrent de marier le czar Ivan; et ils se flattoient de conserver toute l'autorité, si ce prince, qui étoit d'une santé foible, laissoit un fils après sa mort.

Cependant ils ne donnoient aucun soin à l'éducation de Pierre; au contraire, ils mettoient auprès de lui de jeunes débauchés, qui le portoient à des excès de liqueurs fortes, capables de ruiner la santé et d'affoiblir l'esprit. Ce jeune prince se livroit à ces excès; la force de son tempérament paroissoit l'y inviter : heureusement cette même force le garantit en partie des maux qu'il se préparoit. Je dis *en partie* : car les débauches de son enfance tourneront en habitude, et souilleront sa vie.

<small>Mauvaise éducation qu'ils lui donnent.</small>

Il y a des ames qui croupissent lâchement dans les vices où elles ont été poussées : ce n'est pas qu'elles se trouvent bien, c'est qu'elles n'ont pas la force de se mettre mieux. Il y en a d'autres qui font des efforts, et qui se dégagent quelquefois : c'est qu'elles

<small>Entouré de débauchés, Pierre s'abandonnoit au vice. Il n'étoit pas content.</small>

sentent ce qui leur manque. Pierre, dans les excès auxquels il se livroit avec le plus de plaisir, n'étoit pas content. Il cherchoit quelque chose qu'il ne trouvoit pas parmi ses jeunes débauchés : il sentoit un besoin qu'il ne pouvoit pas s'expliquer : il lui falloit un homme vertueux.

Il fait connoissance avec le Fort qu'il s'attache.

Dans les troupes étrangères qui étoient alors au service de la Russie, il y avoit un officier génevois qui se nommoit le Fort. Pierre qui n'avoit encore que onze à douze ans, le remarqua, causa avec lui, le goûta, lui donna un emploi qui l'approchoit de sa personne, et voulut apprendre de lui à faire l'exercice. Plus il connut cet homme sage et éclairé, plus il lui donna sa confiance. Tantôt il faisoit l'exercice avec lui; tantôt il conduisoit avec lui sur un lac une barque, construite comme un vaisseau de guerre; et le Fort ne laissoit pas échapper l'occasion de lui faire comprendre que la vraie manière de régner n'étoit pas celle des czars.

Jean Sobieski, allié de l'empereur contre les Turcs, engage les Russes à faire une diversion en Crimée.

L'empereur Léopold, la république de Venise et la Pologne, alors ligués contre les Turcs, sollicitoient la cour de Moscou à faire une diversion en Crimée, afin de rappeler de ce côté les Tartares, qui faisoient en Hongrie la principale force de la cavalerie ottomane. Cette négociation n'avançoit point, de sorte que les czars ne prirent part à cette guerre qu'en 1687, lorsque Jean Sobieski eut offert de leur céder en son nom et en celui de la république, toutes ses prétentions sur l'Ukraine et sur le duché de Smolensko.

Les partisans de Pierre lui avoient donné pour premier ministre Boris Gallitzin, parent et ennemi du favori de Sophie. C'étoit un homme fidèle, intègre et zélé. Dans le dessein d'éloigner son rival et d'en rompre toutes les mesures, il lui fit donner le commandement des armées qui devoient agir en Crimée. Basile Gallitzin n'osa refuser, de peur de se rendre suspect.

Boris Gallitzin, ministre de Pierre, éloigne Basile Gallitzin en lui donnant le commandement de l'armée.

La Crimée est cette presqu'île que les anciens ont nommé Chersonèse-Taurique. Basile Gallitzin y marcha avec confiance, parce qu'il comptoit sur le nombre de ses troupes; mais ses troupes connurent bientôt qu'elles ne devoient pas avoir la même confiance en leur chef. En effet, il les en-

Mauvais succès de Basile.

gagea dans des déserts où elles ne purent ni agir ni subsister, faute de vivres et de fourrages. Gallitzin rejeta le mauvais succès de cette campagne sur l'hetman ou chef des Cosaques, qui fut déposé et envoyé en Sibérie.

Mazeppa est fait hetman d'Ukraine.

Il y avoit alors en Ukraine, pays des Cosaques, un gentilhomme polonais nommé Mazeppa. Il y étoit arrivé nu et lié sur un cheval fougueux, à demi-mort de faim et de fatigue. Les Cosaques lui donnèrent des secours : il se fixa parmi eux : il se distingua dans les courses qu'ils faisoient contre les Tartares ; et ce fut lui qu'ils choisirent pour hetman ou prince d'Ukraine avec l'agrément de la cour de Moscou. L'aventure qui fit sa fortune et qui devoit faire sa perte, avoit été l'effet de la vengeance d'un seigneur polonais qu'il avoit offensé. Cet homme jouera un rôle dans l'histoire de Pierre Alexiowitz.

Nouvelle campagne de Basile avec aussi peu de succès.

Il fallut faire de nouveaux préparatifs contre les Tartares. On y employa plus d'un an. Basile Gallitzin n'attendit pas qu'on lui offrît le commandement des troupes. Il le sollicita dans l'espérance de réparer sa honte, et il l'obtint. Il comptoit surprendre Précop, une des principales places de Crimée. Il se trompa, les ennemis furent informés à temps. Après un combat qui ne fut point décisif, il se laissa amuser par une négociation, pendant laquelle les forces des Tartares croissoient, et les siennes diminuoient par le défaut de subsistances. Il fallut donc songer à la retraite, après avoir perdu l'occasion de vaincre. Il fit cependant une relation, où il s'attribuoit des succès : mais il ne put tromper le czar Pierre. On l'accusa même de s'être laissé corrompre par le kan des Tartares.

Ruiné dans l'esprit du czar Pierre, il ne lui restoit que Sophie. Cette princesse partageoit vivement les mortifications de son favori : elle jugeoit que s'il perdoit son crédit, elle perdroit elle-même toute son autorité; et cependant elle ambitionnoit de partager le trône avec lui. Impatiente d'assouvir sa passion, elle ne voulut pas laisser à son frère le temps de se saisir des rênes du gouvernement, et elle en médita la mort.

Sophie conspire contre Pierre, qu'elle veut faire périr.

Elle avoit gagné Tekelavitaw, chef des

La conspiration est découverte, et

strélitz. Déjà six cents de ces soldats, conduits par ce perfide, marchoient la nuit au château de Bebrackensko, où Pierre étoit depuis quelques jours, sans aucune défiance. Heureusement deux strélitz, qui eurent horreur de ce crime, se dérobèrent et coururent par des chemins détournés avertir le czar. Ce prince eut le temps de se sauver; et toute sa cour le suivit dans le monastère de la Trinité, où il se réfugia. Aussitôt il envoya des lettres à Moscou pour inviter les boyars, les sénateurs et les strélitz, qui n'avoient pas trempé dans la conspiration, à se rendre auprès de lui. La noblesse, le peuple, les soldats, tout le monde accourut : tous volèrent à la défense de leur prince. Il ne restoit plus qu'à punir les coupables. Tekelavitaw périt sur la roue. On enferma Sophie dans un couvent. Basile Gallitzin fut exilé à Kargapol, pour y vivre et mourir dans la misère. Son fils et ses plus proches parens, suivant la coutume de ce pays barbare, furent enveloppés dans sa disgrace, et le suivirent dans son exil.

Pierre régnoit enfin, c'est-à-dire, qu'il

étoit le maître d'un vaste empire : mais cette manière de régner ne le contentoit pas. Il portoit envie aux souverains qui commandoient à des hommes dans de petits états. Tout étoit à créer pour lui; il se flatta de créer.

se propose de policer les Russes.

Cependant les préjugés, sur-tout lorsqu'ils tiennent aux mœurs, sont difficiles à détruire. Il semble que ce ne puisse être que l'ouvrage du temps, et qu'une autorité absolue, telle que celle du czar, devoit même échouer. Aussi se proposa-t-il de tenter la réforme de ses peuples, moins par la force des lois que par son exemple. C'est en effet par des exemples que les souverains peuvent changer facilement les mœurs d'une nation; et ils ne les changent que trop facilement, quand ils en donnent de mauvais.

Occupé de ses vastes projets, le czar s'en entretenoit souvent avec le Fort, le seul homme qui pût en effet lui donner des lumières, et contribuer au succès de ses desseins. Il lui ordonna de former une compagnie de cinquante hommes, afin d'avoir

Il est tambour d'une compagnie que le Fort a levée.

d'abord un modèle, pour former ensuite le reste de ses troupes.

Peu de jours après, le Fort parut à la tête de cette compagnie, presque toute composée d'étrangers. Il lui fit faire l'exercice sous les fenêtres du czar, qui ne s'étoit pas attendu à jouir si tôt de ce spectacle. Ce prince, enchanté, voulut servir dans cette compagnie; et ayant été fait tambour, il en prit l'habit, et battit la caisse. Il resta quelque temps dans cet emploi, vivant de sa paye, couchant sous une tente, et déclarant à son capitaine qu'il ne vouloit avancer de grade en grade, qu'autant qu'il le mériteroit. Il tint parole. C'est ainsi que Pierre descendoit du trône pour donner à ses sujets l'exemple de la subordination et de la discipline.

Cette compagnie devient un régiment et une école. La compagnie de le Fort devint bientôt un régiment de plusieurs bataillons. Ce fut l'école d'où l'on tiroit les meilleurs sujets pour former d'autres troupes : et dans la vue de hâter les progrès de la discipline militaire, le czar assigna des sommes considérables en Hollande, en Angleterre et à Genève, pour les officiers qui voudroient passer à son service. Cependant le désordre de ses finances étoit un obstacle à l'exécution de ses desseins. Il y pourvut, et remédia aux abus que le Fort lui fit connoître.

Vers ce temps commença la fortune d'Alexandre Mentzikof, que Pierre éleva dans la suite aux premiers emplois. C'étoit un garçon pâtissier, né de pauvres paysans, sur les bords du Volga. Un jour qu'il passoit dans les rues de Moscou, en criant ses petits pâtés ; le czar, qui étoit à table, eut la curiosité de le faire appeler. Il lui trouva de la physionomie : il l'interrogea, il fut content de ses réponses, et il le mit aussitôt dans la compagnie de le Fort, auquel il le recommanda. Mentzikof ne tarda pas à se distinguer, et dans peu d'années il acquit la confiance de son maître. Commencement de la fortune de Mentzikof qui eut redans cette compagnie.

Depuis les mauvais succès de Basile Gallitzin, la cour de Moscou ne paroissoit plus penser à la Tartarie. Les troubles dont elle avoit été agitée, et les soins dont s'étoit occupé le czar, n'avoient pas permis de s'engager dans une guerre qui demandoit Mésintelligence entre la Pologne et la Russie.

de grands préparatifs. Les Turcs surent tirer parti de cette inaction. Ils persuadèrent aux Polonais qu'elle étoit l'effet d'une négociation secrète ; que le czar étoit au moment de faire la paix avec la Porte ; et qu'il se proposoit de déclarer la guerre à la Pologne. Les Tartares, de leur côté, employoient de semblables moyens pour rendre les Polonais suspects aux Russes.

<small>Elle empêche les deux couronnes de donner des secours à l'empereur contre les Turcs.</small> Ces intrigues semèrent la mésintelligence parmi les alliés. La république de Pologne, craignant quelque entreprise de la part de la Russie, ne donna plus les mêmes secours à l'empereur ; et le czar ne vouloit pas commencer la guerre contre les Tartares, dans une conjoncture où il croyoit devoir se méfier des Polonais. Cependant les Turcs assembloient toutes leurs forces en Hongrie, et ne craignoient point de diversion, lorsque le baron de Curtz, que Léopold envoya à Varsovie et à Moscou, dissipa tous les soupçons, et détermina le czar à prendre les armes.

<small>Les soupçons ayant été dissipés, Pierre fait le siège d'Asoph.</small> Pierre se proposa la conquête d'Asoph. Cette ville, située sur la rive gauche du Don, autrefois nommé Tanaïs, devoit lui

servir de rempart contre les Turcs; et comme elle le rendoit maître des Palus-Méotides, il pouvoit encore porter l'effroi jusques dans Constantinople. Mais il falloit des vaisseaux, et les Russes savoient à peine construire des barques. Le czar néanmoins ne désespéra pas d'avoir une flotte; il y fit travailler des étrangers à Woronesch, ville située sur la Woronesch, rivière profonde, qui se jette dans le Don, et qui est entourée de grandes forêts.

Impatient de commencer la guerre, il n'attendit pas que ses vaisseaux fussent construits; il ouvrit la campagne au commencement de 1695, et mit le siège devant Asoph, ou plutôt il y servit sous les ordres du général Schérémétof, car il n'étoit encore que colonel d'un régiment. Mentzikof se voyoit déjà dans la plus grande faveur. Compagnon des plaisirs et des débauches de son maître, il eut assez de crédit pour faire répudier la czarine qui lui reprochoit sa conduite. Cette princesse, qui avoit donné un fils au czar, fut enfermée dans un couvent.

Les secours qu'Asoph recevoit par l'embouchure du Don, ne permirent pas de se rendre maître de cette place. Après la prise de quelques forts, le czar mit ses troupes en quartier d'hiver. Il se rendit ensuite à Woronesch, pour hâter la construction de ses vaisseaux ; et il lui arriva des ingénieurs qu'il avoit demandés à l'empereur, à l'électeur de Brandebourg et aux Etats-Généraux.

1696.
Asoph capitule.
L'année suivante, sa flotte mit à la voile sous les ordres de le Fort, grand-amiral. Quoiqu'elle ne fût composée que de deux petits vaisseaux de guerre et de quelques bateaux longs, elle ferma l'embouchure du Don aux ennemis, et Asoph, ne recevant plus de secours, fut forcée de capituler. Pierre fit fortifier cette place sur les dessins des ingénieurs étrangers qu'il avoit avec lui. Au mois de janvier de cette même

1696.
année, mourut le czar Ivan. Quoique ce prince fût foible, il sut toujours résister à toutes les intrigues qu'on mit en œuvre pour l'opposer à son frère.

Entrée triomphante de l'armée.
Pierre, voulant exciter l'émulation des soldats, et les attacher de plus en plus à la discipline, fit tout préparer pour une entrée

triomphante. L'armée s'étant rassemblée à un mille de Moscou, les généraux à la tête des corps qu'ils avoient commandés, entrèrent au son des instrumens et des voix qui chantoient leurs louanges. Mais le czar, qui n'étoit pas général encore, resta confondu dans la foule : il n'en fut que plus remarqué.

En 1697, la prise de Précop, précédée de deux victoires, donna lieu à de nouvelles réjouissances. Cependant Sophie, du fond de son couvent, tramoit une nouvelle conspiration. Elle animoit les boyars et les strélitz contre la réforme, en se prévalant de leurs préjugés. Les Russes voyoient avec indignation que Pierre eût ordonné à plusieurs personnes de sa cour, de voyager dans les pays étrangers, et qu'il eût résolu de faire lui-même de pareils voyages. Ils étoient sur-tout offensés du bruit qui couroit, qu'on vouloit les forcer à couper leur barbe, ce qu'ils regardoient comme le plus grand affront qu'on leur pût faire. Voilà les principaux motifs d'un parti qui se proposoit de mettre Sophie sur le trône, après avoir assassiné le czar. La

Nouveaux succès, nouvelle conspiration de Sophie : elle est découverte.

conspiration fut découverte. Pierre punit les plus coupables, et ménagea néanmoins le sang de sa sœur, se contentant de la faire observer de plus près.

Après avoir pourvu à la sûreté de ses états, le czar se prépare à voyager, tandisqu'Auguste, électeur de Saxe, et le prince de Conti avoient été élus rois de Pologne.

Des victoires, des places fortifiées, une flotte et une armée commandée par le général Schem, prussien, défendoient suffisamment les frontières contre les Tartares, à qui la Porte ne pouvoit plus envoyer de secours: car les Turcs avoient besoin de toutes leurs forces contre les Vénitiens et contre les Impériaux, qui avoient eu de grands avantages sur eux. Les trésors du grand-seigneur étoient épuisés, et ses provinces dépeuplées étoient encore ravagées par la peste. Rien n'étant donc à craindre au-dehors pour la Russie, et la conspiration, découverte et dissipée, assurant la tranquillité au-dedans, le czar crut avoir trouvé le moment de voyager pour étudier les usages, les mœurs, les lois et les arts des peuples policés de l'Europe. Il prit néanmoins toutes les précautions nécessaires pour prévenir de nouveaux troubles. Il fit partir pour différens voyages les seigneurs qu'il jugea les plus capables de remuer, et leur prescrivit le genre d'étude auquel ils devroient s'appliquer. Il écarta les strélitz, qu'il répandit sur les frontières de Lithuanie, afin d'appuyer le parti d'Auguste, électeur de Saxe, contre celui du prince de Conti. Ces deux princes avoient été élus rois de Pologne le même jour, au mois de juin. Il laissa, sous les ordres du général Gordon, écossais, le corps de ses gardes pour veiller à la sûreté de Moscou. Ces troupes, qui étoient originairement la compagnie de le Fort, sont ce qu'il avoit de mieux discipliné. Presque toutes composées d'étrangers, elles montoient alors au-delà de douze mille hommes. Enfin il confia la régence à Léon Nariskin son oncle, à Boris Gallitzin et au boyar Procoroski.

1697.

Après avoir fait toutes ces dispositions, il sortit de ses états, confondu dans la suite de ses ambassadeurs, l'amiral le Fort, Alexis Gallovin, gouverneur de Sibérie, et Vonitsin, diak ou secrétaire d'état. Mentzikof, son favori, qu'il avoit fait chambellan, le suivit. On remarquoit encore dans cette ambassade le fils du roi de Géorgie, qui ayant été détrôné par ses

Il part confondu dans la suite de ses ambassadeurs.

sujets, avoit cherché un asyle et des secours en Russie.

Il est mécontent du gouverneur de Riga.

L'ambassade, accompagnée d'un grand cortège, prit sa route par l'Estonie et par la Livonie, provinces qui étoient alors à la Suède, et qui avoient été long-temps un sujet de guerre entre les Russes, les Suédois et les Polonois. Le comte de Dahlberg, gouverneur de Riga, capitale de Livonie, fit recevoir les ambassadeurs avec distinction : mais il ne leur fit point de visite, sous prétexte qu'ils n'étoient pas envoyés à son maître. Il trouva même fort mauvais que le czar voulût visiter les fortifications de cette ville. Quoique ce gouverneur n'eût pas tort, Pierre affecta de croire qu'on lui avoit manqué.

Il tire dans le vin l'épée contre le Tort.

L'ambassade, ayant traversé la Curlande, se rendit dans la Prusse-Brandebourgeoise. Frédéric III, électeur de Brandebourg, qui étoit alors à Kœnigsberg, la reçut avec un faste qu'il aimoit et qui le ruinoit. Ce faste n'étoit pas du goût du czar. Mais on buvoit à cette cour comme on buvoit alors dans toutes les cours d'Allemagne ; et quoique dans le vin Pierre fût sujet à des emportemens, il ne savoit pas résister à une passion que l'éducation lui avoit donnée. Dans un de ces repas où il avoit bu avec excès, il tira l'épée contre le Fort. Il est vrai que, revenu à lui, il demanda pardon à son favori. *Je veux*, disoit-il, *réformer mes peuples, et je ne puis pas me réformer moi-même !* Vous voyez, monseigneur, la vérité de ce que je vous répète souvent. Il est un temps où il n'est presque plus possible de se corriger; et ce temps vient bien vîte. En effet, Pierre qui n'avoit alors que vingt-cinq ans, s'étoit déjà reproché bien des fois de ne pouvoir pas se corriger. Il se le reprochera encore.

Le czar eut, sans cérémonie, quelques conférences secrètes avec l'électeur de Brandebourg. Il partit ensuite pour Dantzick. Mais impatient de voir la Hollande, il devança ses ambassadeurs, et il se rendit à Amsterdam quinze jours avant eux. *Il arrive à Amsterdam.*

A deux lieues de cette ville est Sardam, gros village, peuplé, riche, où l'on construisoit alors beaucoup de vaisseaux. Sardam méritoit sa curiosité. Il y vint vêtu en pilote, comme un artisan qui cherche de *Il va à Sardam apprendre la construction des vaisseaux.*

l'ouvrage, ou plutôt comme un paysan qui veut apprendre un métier. Il se fit inscrire dans le rôle des charpentiers, sous le nom de Pierre Michaelof. On l'appeloit communément *Peterbas*, c'est-à-dire, maître Pierre. Il travailloit comme les autres ouvriers : il vivoit des mêmes nourritures. Quand on sut que Peterbas étoit le czar, les ouvriers voulurent le traiter avec respect : mais ce n'étoit pas lui faire la cour : il fallut continuer de l'appelér Peterbas, et de le traiter en compagnon. Il apprit la construction de toutes les parties d'un vaisseau : il devint excellent charpentier, bon pilote, il prit quelque connoissance de géométrie, et il fit un vaisseau de soixante pièces de canon.

Il passe en Angleterre pour y puiser de nouvelles connoissances.

Ne pouvant guère apprendre en Hollande que la pratique de ces choses, il desiroit d'aller en Angleterre pour en approfondir la théorie. Le roi Guillaume qu'il vit à la Haye, et qu'il vit sans cérémonie, lui donna son yacht et deux vaisseaux de guerre pour passer à Londres. Le czar y vécut comme dans le village de Sardam. Il se perfectionna dans les mathématiques : il construisit, suivant la méthode anglaise, un vaisseau, qui fut un des meilleurs voiliers : il donna son attention à tous les métiers, à tous les arts : il étudia l'astronomie, la physique, l'anatomie, il fit même des opérations de chirurgie.

Il engageoit à son service des officiers, des mathématiciens, des ingénieurs, des matelots, des artisans de toute espèce. Il savoit les choisir lui-même. C'est ainsi qu'il faisoit passer en Russie les arts de l'Angleterre et de la Hollande. Schérémétof, son ambassadeur en Italie, parcouroit, dans le même dessein, les principales villes. Le czar au reste avoit grand besoin de transporter des étrangers instruits dans ses états : car, excepté le prince Sibirski, qui étoit son émule, les autres Russes profitèrent peu de leurs voyages. Un comte Gollovin, dont Pierre estimoit la valeur, passa quatre ans à Venise à fumer sans sortir de sa chambre, de peur de voir et d'apprendre quelque chose.

<small>Il engage à son service les étrangers instruits.</small>

La France n'entroit point encore dans le plan des voyages du czar, parce qu'il s'étoit déclaré contre le parti du prince de

<small>Il étoit à Vienne, lorsqu'il apprend la révolte des stré- litz.</small>

Conti. Il alla à Vienne pour étudier la discipline militaire des Allemands, et pour se concerter avec l'empereur contre le Turc, leur ennemi commun. Il étoit sur le point de passer à Venise, lorsqu'il apprit que les strélitz s'étoient révoltés.

<small>Causes de ce soulèvement.</small>

Ce n'étoit pas sans murmures que les Russes avoient vu leur souverain aller, hors de ses états, chercher des connoissances et de nouveaux usages. Ils se rappeloient la loi qui défendoit à leurs pères tout commerce avec les autres nations. Ils voyoient qu'on alloit proscrire leur barbe et leur robe longue; et ce qui les scandalisoit encore, c'est la permission que le czar avoit donnée à des Anglais de débiter du tabac en Russie : car l'église russe en condamnoit l'usage comme un péché. Ceux des boyars, qui avoient les mêmes préjugés que le peuple, et ceux même qui ne les avoient pas, entretenoient ce mécontentement général; parce qu'ils voyoient avec chagrin que des étrangers leur enlevoient tous leurs emplois.

<small>Il arrive à Moscou lorsque les strélitz avoient été défaits.</small>

Cette disposition des esprits donna de nouvelles espérances à la princesse

Sophie; et ses partisans répandirent tous les bruits capables d'armer la superstition contre le souverain légitime. Cependant le peuple de Moscou, contenu par les troupes étrangères, n'osoit remuer. Mais les strélitz, répandus sur les frontières de la Lithuanie, s'étoient rassemblés, et ils marchoient vers la capitale, conduits par les pappas ou prêtres, qui les avoient excités à la révolte. Les généraux Shein et Gordon, qui marchèrent au-devant d'eux, les défirent à quinze lieues de Moscou. Pierre arriva pour punir. Les châtimens furent terribles. Plus de deux mille strélitz furent exécutés à mort. Il dispersa les autres dans les provinces désertes de son empire, et il abolit presque jusqu'au nom de ce corps redoutable.

Comme les bourreaux ne pouvoient pas suffire à tant d'exécutions, le czar avoit ordonné que chaque juge seroit l'exécuteur de sa sentence. Il abattit lui-même quatre-vingts têtes. Les seigneurs de sa cour en coupèrent sans répugnance ; et le Fort n'obtint qu'avec peine la permission de n'en pas couper. Quand on emploie de

Exécution barbare.

pareils moyens pour policer des peuples, il faut qu'ils soient bien loin encore de pouvoir être policés, et qu'on ait bien besoin de se policer soi-même.

1699. Regrets du czar à la mort de le Fort. Ses soins pour accoutumer ses troupes à la discipline.

Peu de temps après ces exécutions, au mois de mars 1699, mourut à Moscou l'amiral le Fort. Le czar fut vivement sensible à cette perte. A qui donnerai-je ma confiance, s'écrioit-il, en répandant des larmes ? j'ai perdu le meilleur ami. Il lui rendit les devoirs funèbres avec une pompe qui prouva le cas qu'il faisoit de cet homme vertueux. Il le regrettoit d'autant plus qu'il le perdoit précisément dans le temps où il lui auroit été le plus nécessaire : car il commençoit alors à s'appliquer principalement à la réforme de son peuple. Dans la vue d'accoutumer les boyars à passer par tous les grades, il n'étoit encore que lieutenant dans un régiment ; et il venoit de se faire mousse, pour commencer l'apprentissage de matelot. Il n'étoit pas possible de se refuser à la discipline, dont le souverain donnoit l'exemple. Des régimens russes se formèrent sur le modèle des Allemands, dont ils prirent l'exercice, et les habits courts et uniformes : en même-temps des Anglais et des Hollandais préparoient tout à Woronesch pour la construction d'une flotte ; et l'ingénieur Perri, que le czar avoit amené de Londres, travailloit à la communication du Tanaïs avec le Volga.

Tout en Russie paroissoit prendre une nouvelle vie, mais c'étoit plutôt par le concours des étrangers que par l'empressement des Russes à se prêter aux vues du czar. Ceux-ci s'attachoient à leurs usages, par la haine qu'ils avoient toujours conçue pour les autres nations ; et la différence des vêtemens contribuoit à entretenir cette haine. Pierre jugea qu'il seroit avantageux qu'on ne pût pas distinguer à l'habillement un Russe d'un étranger. Voilà pourquoi il proscrivit les barbes et les habits longs. La cour obéit : il n'en fut pas de même du peuple. Il fallut mette une taxe sur les habits longs et sur les barbes, et couper la robe et la barbe à ceux qui ne vouloient pas payer.

<small>Pourquoi il proscrit les barbes et les habits longs.</small>

Les Russes avoient emprunté quelques coutumes des peuples de l'Asie. Les mariages s'y faisoient comme en Turquie et

<small>Il accoutume sa noblesse à la bienséance, et institue l'ordre de S. André pour lui donner de l'émulation.</small>

en Perse, où l'on ne voit celle qu'on épouse qu'après que le contrat est signé. Pierre abolit cet usage. Afin d'adoucir les mœurs de ses sujets, il établit des assemblées où les mères conduisoient leurs filles, et où les hommes étoient obligés de se trouver. Il leur apprit comment ils devoient s'y comporter, et il leur dicta les lois de la bienséance et de la politesse. Enfin voulant donner de l'émulation à sa noblesse, il institua l'ordre de S. André.

Il travaille à la réforme du clergé.

Il crut devoir s'occuper encore de la réforme du clergé. Le patriarche, riche et puissant, avoit souvent abusé de son pouvoir. Les évêques s'étoient arrogé le droit du glaive : et les pappas, toujours ignorans et souvent vicieux, entretenoient les superstitions et les vices du peuple. Le patriarche Adrien étant mort, Pierre abolit le patriarchat. Il établit un synode pour veiller à la discipline ecclésiastique, et à tout ce qui concerne la religion ; et ce synode le reconnut pour juge suprême. Ainsi, sans prendre le titre de chef de l'église, il le devint en effet.

Il défend d'entrer dans les ordres mo-

Les prêtres séculiers se marient en Russie:

il faut même qu'ils se marient au moins une fois, et les moines seuls sont obligés au célibat. Afin que ce célibat fût moins nuisible à la population du pays, déjà trop dépeuplé, le zar ordonna qu'on n'entreroit dans les cloîtres qu'à l'âge de cinquante ans. Ses successeurs n'ont pas sans doute jugé ce réglement aussi nécessaire, puisqu'ils n'y ont pas tenu la main. nastiques avant l'âge de 50 ans.

Il ordonne de commencer l'année au 1 janvier. Les Russes commençoient l'année au premier septembre. Pierre ordonna qu'elle commenceroit au premier janvier ; et ce changement fut célébré par un jubilé, au mois de janvier 1700. Le czar n'adopta pas la correction du calendrier fait en 1582, par le pape Grégoire XIII, parce qu'alors les Anglais la rejetoient. Depuis, les Anglais et tous les protestans l'ont adoptée. Aujourd'hui les Russes s'en tiennent seuls au vieux style, et quand ils comptent le premier janvier, nous comptons le onze.

Il fait avec les Turcs une trève de 30 ans. Par le traité de Carlowitz; du 26 janvier 1699, la république de Pologne l'empereur et les Vénitiens, avoient fait une paix avantageuse, et imposé des conditions dures à la Porte Ottomane. Mais quoique le czar Pierre restât maître d'Asoph, place importante qui pouvoit donner l'empire de la mer Noire, il n'avoit obtenu qu'une trêve de deux ans, et il se voyoit en danger d'avoir à soutenir seul toutes les forces du grand-seigneur. Il ouvrit donc une nouvelle négociation, et il obtint une trêve de trente ans : n'ayant alors plus rien à craindre de ce côté, il s'occupa des projets qu'il formoit sur la mer Baltique.

Il s'allie de la Pologne et du Danemarck contre la Suède.

Le commerce par mer avec la Russie ne se faisoit que par Archangel. Il falloit tourner la Norwège, la Laponie, et entrer dans la mer Blanche, qui étoit gelée, la plus grande partie de l'année. Si, par conséquent, le czar vouloit s'ouvrir un commerce plus facile, il lui importoit d'avoir des ports sur la mer Baltique : or, il n'en pouvoit pas avoir, s'il ne conquéroit pas des provinces sur les Suédois. Il est vrai que la conjoncture paroissoit favorable ; car le jeune roi, qui étoit sur le trône de Suède, donnoit de lui des idées peu favorables. Pierre fit une ligue avec les rois de Danemarck et de Pologne, et ces trois princes projetèrent d'enlever à la Suède toutes les provinces qu'elle possédoit au-delà de son continent.

Il me semble que le czar, voulant civiliser ses peuples, auroit dû se mêler moins dans les querelles de l'Europe. Il est vrai que pour avoir un commerce plus libre avec l'étranger, il avoit besoin d'acquérir des ports sur la mer Baltique ; mais avant de penser à ce commerce, il falloit s'occuper des moyens de faire fleurir l'agriculture, et achever de policer ses peuples. Or une trop grande communication avec l'Europe étoit moins propre à policer les Russes, qu'à leur faire prendre les vices des nations policées.

Le czar paroît s'être trompé sur les moyens propres à civiliser ses peuples.

Il avoit encore mal pourvu à sa sûreté en abolissant jusqu'au nom des strélitz. Il devoit prévoir que la nouvelle garde qu'il avoit créée, s'arrogeroit le même pouvoir, en abuseroit également ; et penser qu'un prince n'est jamais plus puissant, que lorsqu'il n'a pas besoin de gardes pour être obéi. C'est donc le despotisme qu'il devoit abolir : il falloit apprendre aux Russes à se donner des lois. Le czar n'y a pas pensé.

Il auroit pu observer dans l'histoire les avantages et les vices des différens gouvernemens, et c'est ainsi qu'il pouvoit chercher à s'instruire. Les nations de l'Europe, mal gouvernées et corrompues, ne pouvoient que le jeter dans l'erreur. Leur politesse et leurs arts n'étoient pas ce qu'il falloit aux Russes. S'il y eût eu quelque part un pays bien gouverné, je conviens qu'il eût été plus court de l'étudier. Le czar eût donc bien fait d'y aller, et les autres princes de l'Europe auroient dû y voyager à son exemple.

CHAPITRE III.

De la Suède, du Danemarck et de la Pologne jusqu'à la fin du dix-septième siècle.

CHRISTINE, fille unique du grand Gustave, monta sur le trône à l'âge de six ans, en 1632. Elle montra de bonne heure une passion singulière pour l'étude. Elle passoit les jours et les nuits à lire ; et il n'y avoit point de sciences qu'elle ne voulût dévorer. Les savans en parloient comme d'un prodige de savoir : mais les savans parloient d'une reine. Ils admiroient qu'elle eût appris jusqu'à huit langues, et qu'elle les parlât presque toutes avec la même facilité. Il me semble cependant qu'un esprit, fait pour les vraies connoissances, doit apprendre moins de mots. J'ajouterai même que jamais homme n'a su huit langues également bien, quoiqu'on en puisse savoir un plus grand nombre également mal. C'est même assez d'en

Passion de Christine pour l'étude.

savoir une, si savoir c'est entendre et parler avec goût : dans ce sens, on ne sait bien que sa langue, encore faut-il l'avoir beaucoup étudiée.

Et pour les savans. Christine recherchoit les savans avec la même passion qu'elle cultivoit les sciences. Elle auroit voulu les attirer dans ses états, ou du moins elle vouloit être en commerce de lettres avec eux. Dans la liste néanmoins de ceux qui ont mérité son attention, on trouveroit bien des noms aujourd'hui inconnus. Quoi qu'il en soit, son goût vif pour l'étude fut jugé d'un bon augure, parce qu'on présuma qu'elle n'oublieroit pas d'apprendre la science de régner.

Cette passion lui fit désirer le repos, et hâta la conclusion du traité de Westphalie. Déclarée majeure à seize ans, elle gouverna par elle-même, assistant à tous les conseils, travaillant avec ses ministres, donnant audience à ceux des cours étrangères, lisant elle-même les dépêches de ses ambassadeurs, ou s'en faisant faire au moins le rapport. Cependant elle ne renonçoit pas à ses études favorites. Il est vraisemblable qu'elle regrettoit les momens qu'elle étoit obligée de leur dérober. Son goût pour les lettres lui faisoit desirer le repos; et elle vouloit la fin d'une guerre, qui ne lui permettoit pas de prodiguer ses bienfaits aux savans. Elle hâta donc la conclusion du traité de Westphalie. Sans ses ordres absolus, ses deux plénipotentiaires ne se seroient jamais accordés, et le chancelier Oxenstiern auroit fait durer la guerre.

La paix donnée à l'Europe est la plus belle partie de la vie de Christine : mais cette princesse ne soutint pas long-temps la réputation qu'elle venoit d'acquérir; parce qu'avec beaucoup de ce qu'on appelle esprit, elle avoit tous les caprices d'une tête mal faite, qui se pique de philosophie, et ses caprices ruinoient l'état. Les finances se dissipoient en livres, en tableaux, en statues, en meubles, en bijoux; en profusions faites sans discernement aux étrangers qu'elle attiroit auprès d'elle ; en ballets, en fêtes, en magnificences de toute espèce. On voyoit à sa cour, qu'elle vouloit rendre une des plus brillantes, des favoris qu'elle avoit enrichis, en aliénant les domaines de la couronne; des jeunes gens sans capacité, qui occupoient les premières charges à l'ex-

Ses profusions.

clusion des anciens sénateurs ; et parmi quelques hommes de mérite, beaucoup de pédans hérissés de grec et de latin. Elle paroissoit régner pour ses fantaisies, plutôt que pour ses peuples. Cependant le trésor se trouvoit épuisé ; on n'acquittoit pas les dettes contractées pendant la guerre : les troupes étoient mal payées, et la marine mal entretenue.

Ses peuples se lassent de son gouvernement, et elle se dégoûte de régner.

La conduite de Christine excita des murmures. Les grands et le peuple commençoient à se lasser de son gouvernement, et elle se lassa elle-même de régner. Embarrassée des rênes qu'elle tenoit mal, elle étoit encore vivement sollicitée à s'engager dans de nouvelles chaînes : la nation demandoit qu'elle se mariât. Mais le célibat, dans une vie privée, lui paroissoit préférable à la couronne ; parce qu'elle ne soupiroit qu'après les momens où elle pourroit s'occuper sans contrainte des sciences qu'elle croyoit avoir apprises. Il y avoit d'ailleurs entre les ordres de l'état des sujets de dissention qui lui faisoient craindre de ne pas jouir d'un règne assez tranquille. Enfin elle étoit dégoûtée du climat de Suède, et elle desiroit de vivre sous un plus beau ciel. Elle étoit donc malheureuse sur le trône, et elle demandoit souvent en quoi consiste le bonheur. Ses savans auroient pu lui répondre : à régner autrement que vous ne faites ; mais ils dissertoient, et se perdoient en raisonnemens ; comme ces philosophes grecs, qui cherchoient le bonheur dans des siècles où toute la Grèce étoit misérable.

Dans les états assemblés, en 1650, Christine fit connoître pour son successeur Charles Gustave, fils de Jean Casimir, comte Palatin du Rhin, et de Catherine, fille de Charles IX, et sœur du grand Gustave. C'est ce prince que nous avons vu, à la tête des troupes suédoises, assiéger Prague en 1684. Il s'étoit flatté d'épouser la reine de Suède : mais elle avoit toujours éludé, et par sa dernière disposition, elle paroissoit avoir ôté à ses sujets tout prétexte d'exiger qu'elle se mariât.

Voulant vivre dans le célibat elle désigne pour son successeur Charles Gustave.

Charles Gustave se conduisit avec toute la circonspection possible, vivant à la campagne, venant rarement à la cour, et paroissant moins desirer de régner, à mesure

Cependant on la presse de se choisir un époux.

qu'il approchoit plus du trône. Cependant il gagnoit l'affection des peuples, et les grands s'attachoient à lui. On continuoit donc de presser Christine à choisir un époux : c'étoit lui dire de se donner un maître dans Charles Gustave.

Alors elle déclare qu'elle veut abdiquer, et Gustave p... à conserver la couronne.

Ce fut alors qu'elle déclara le dessein qu'elle formoit d'abdiquer depuis quelque temps. Elle chargea le grand maréchal et le chancelier de faire connoître sa résolution au prince Palatin, qui les chargea lui-même de l'engager à conserver la couronne. Peut-être que considérant combien l'état étoit obéré, il ne refusoit qu'afin de ne pas traiter avec la reine, qui auroit pu se réserver de trop grands revenus et de trop grands droits. Dans la supposition qu'elle vouloit sincèrement abdiquer, il aimoit mieux attendre qu'elle eût déposé la couronne entre les mains des états. Le caractère de cette princesse et le mécontentement général de la nation pouvoient lui faire prévoir qu'elle seroit forcé à prendre tôt ou tard ce parti ; et alors il étoit assuré d'obtenir le trône à des conditions moins désavantageuses.

Ce refus ne parut pas avoir fait changer le dessein que la reine avoit pris. Elle vint au sénat le 25 octobre 1651, et déclara sa volonté ferme et irrévocable d'abdiquer entre les mains du prince Palatin. Il est naturel d'opposer de la résistance à une pareille proposition. On ne sait jamais si elle est bien sincère : elle pourroit n'être qu'un piége, et on craindroit d'avoir mal fait sa cour, si on paroissoit l'accepter trop facilement. Les sénateurs s'y refusèrent donc. Ils sollicitèrent vivement Christine à ne pas abandonner les rênes du gouvernement; et ils firent bien, puisqu'elle se rendit à leurs prières. Elle mit seulement pour condition qu'on ne lui parleroit plus de mariage; ce qui lui fut accordé.

Le sénat lui fait la même invitation, et elle s'y rend, à condition qu'on ne lui parlera plus de mariage.

Vers ce temps, un nouveau favori la dégoûta tout-à-fait des sciences : c'étoit un nommé Michon, médecin français, qui se faisoit appeler Bourdelot, du nom de sa mère; parce que Bourdelot son oncle maternel, avoit commenté du grec et du latin, et qu'un nom de commentateur étoit un titre dans cette cour : ignorant, même

Michon son médecin la dégoute des sciences.

dans son métier, il crut donc qu'avec le nom de Bourdelot, il seroit bien accueilli. Il ne se trompa pas. Il eut en effet toute la confiance de Christine. Alors il lui persuada que les maladies auxquelles elle étoit sujette, venoient uniquement de sa grande application à l'étude et aux affaires; et qu'elle rétabliroit sa santé, lorsqu'elle ne s'occuperoit que d'amusemens et de plaisirs. Il jeta des ridicules sur les savans qui n'y prêtoient que trop; et il n'oublia pas de lui dire que les Français méprisoient les femmes qui vouloient paroître savantes. Alors la reine laissa ses livres, reçut froidement les savans ou même les écarta.

Sa prévention pour cet homme. Bourdelot, vain, insolent et railleur, eut bientôt pour ennemis, les médecins, les gens de lettres et les grands, qui se voyoient obligés de faire la cour à un étranger, sans nom et sans mérite. Christine n'en fut que plus prévenue pour son favori. Elle en parloit comme du plus grand homme en tout genre. Elle le consultoit sur les affaires d'état : elle en raffoloit au point, que dans ses maladies, elle feignoit de se bien porter, ne voulant pas qu'on crût qu'elle pût être malade, tant qu'elle auroit un si grand médecin.

Cependant Antonio Pimentel, envoyé d'Espagne, supplanta ce favori. Bourdelot ne fut plus qu'un homme fort commun, un mauvais médecin, et on le renvoya. Le ministre espagnol avoit gagné la confiance de la reine par des flatteries. Il louoit son esprit, ses connoissances, l'éclat de sa majesté ; et il lui avoit rendu tout son goût pour les sciences.

Pimentel, envoyé d'Espagne, supplante Michon, et rend à Christine son goût pour les sciences.

La légèreté de Christine indisposoit de plus en plus les Suédois, à qui d'ailleurs la faveur de Pimentel étoit odieuse, lorsque cette princesse déclara qu'elle ne connoissoit plus le duc de Bragance pour roi de Portugal, qu'elle le regardoit comme un usurpateur, et qu'elle vouloit que le résident de ce prince sortît de ses états. Cette démarche qu'elle fit par complaisance pour le ministre espagnol, étoit trop contraire à la politique que la Suède avoit tenue jusqu'alors, pour ne pas offenser le sénat. Mais il se consola par l'espérance de se voir bientôt délivré du gouvernement d'une princesse

Il l'engage à rompre avec le Portugais; sénat, qui désapprouve cette démarche, attend avec impatience l'abdication de cette princesse.

aussi capricieuse. Car elle parloit alors d'abdiquer ; elle y paroissoit tout-à-fait résolue; et on n'étoit pas moins déterminé à la prendre au mot.

Elle abdique. Le 21 mai 1654, quelques jours après avoir donné ses ordres au résident de Portugal, elle ouvrit à Upsal l'assemblée des états, par un discours dans lequel elle déclara qu'elle abdiquoit la couronne. Après quelque résistance, qu'il convenoit de faire, on accepta son abdication ; et on lui assura un revenu de deux cent mille risdales sur des domaines qu'elle demandoit en souveraineté, et qu'on ne lui accorda qu'en apanage.

Elle enlève toutes les richesses des palais. Avant d'abdiquer, elle avoit envoyé en Allemagne tout ce qu'elle avoit de plus précieux dans ses palais : on assure qu'elle enleva pour plus de six millions d'effets, en pierreries, en bijoux, en tableaux, en vaisselle d'or et d'argent, et en meubles de toute espèce. Elle ne laissa au nouveau roi que deux pièces de tapisserie et un mauvais lit.

Elle abjure le lutheranisme et se rend à Rome. Ne voulant avoir que des hommes à son service, elle congédia toutes ses femmes, et partit travestie elle-même en homme. Elle franchit un petit ruisseau, qui sépare la Suède du Danemarck, en s'écriant : *Me voilà enfin en liberté et hors de Suède où j'espère ne retourner jamais.* Elle abjura le luthéranisme, s'établit à Rome, et fit deux voyages en France et en Suède. Mais le reste de la vie de cette femme extraordinaire, qui n'avoit plus que le titre de reine, intéressoit peu l'Europe, et ne doit pas nous intéresser davantage. Elle mourut à Rome en 1689. Elle a été louée par les gens de lettres, qui l'ont mise à côté des plus grands monarques : il eût mieux valu être loué par les paysans de Suède.

Lorsque Charles X voulut connoître l'état des finances, il trouva les revenus si engagés, qu'il ne lui restoit que deux millions quatre cent mille livres; et cependant il étoit chargé de plus de trente millions de dettes : somme considérable pour ce temps-là, et sur-tout pour la Suède, où l'argent étoit rare. Afin de remédier à cet épuisement des finances, les états convinrent de réunir à la couronne la quatrième

_{Etat où Charles X trouve les finances.}

partie du domaine que Christine avoit aliénée.

Charles enlève la Pologne à Casimir V qui avoit protesté contre les dispositions de Christine.

Comme les descendans de Sigismond, à qui Charles IX avoit enlevé la Suède, régnoient encore en Pologne, il y avoit toujours des sujets de guerre entre les deux couronnes : et Jean Casimir V, alors roi de Pologne, venoit de protester contre les dispositions de Christine. Charles X, né pour la guerre, ne demandoit qu'un prétexte pour armer. Il craignoit de laisser amollir les Suédois par un trop long repos : il étoit appelé en Pologne par un parti mécontent du gouvernement : saisissant donc cette conjoncture, il conquit rapidement ce royaume; et pendant que Casimir, abandonné de sa noblesse et de son armée, fuyoit en Silésie, il marcha contre l'électeur de Brandebourg, qui s'étoit rendu maître de la Prusse-Ducale, et eut encore des succès.

Il la reperd aussitôt.

Mais la Pologne est aussi difficile à conserver, qu'elle est facile à conquérir. Les Polonais reprirent les armes pour chasser les Suédois. L'Europe, alarmée des progrès de Charles Gustave, remua pour lui susciter des ennemis : le Danemarck arma contre lui. Les Russes firent une division, et les Tartares vinrent au secours des Polonais. Casimir fut rétabli presque aussi vite qu'il avoit été détrôné. Les Suédois, enveloppés de toutes parts, périrent sous le fer de leurs ennemis. Charles qui étoit en Prusse, revint pour remporter une victoire inutile. Le froid et la disette lui enlevèrent la plus grande partie de son armée.

Charles fit alors alliance avec l'électeur de Brandebourg et avec Ragotski, prince de Transilvanie. Les secours qu'il retira de ces alliés ne lui conservèrent pas la Pologne. Dans l'impuissance de la défendre pour le moment, il se flatta de la pouvoir reconquérir, lorsqu'il auroit vaincu le roi de Danemarck. Il tourna donc ses armes de ce côté, quoiqu'on fût dans le cœur de l'hiver. A la faveur des glaces, il se rendit maître de plusieurs îles; et il menaçoit déjà Copenhague, qui ne paroissoit pas en état de soutenir un long siége.

Il tourne ses armes contre le Danemarcker menace Copenhague.

Frédéric III, fils de Christian IV, qui régnoit pendant la longue guerre terminée par le traité de Westphalie, étoit alors sur le trône de Danemarck. Dans la situation

Il l'assiége.

critique où il se trouvoit, la nécessité lui fit la loi; et il demanda la paix, qu'il n'obtint qu'à des conditions dures.

Une pareille paix n'étoit pas assurée. La violence faite à Frédéric pouvoit être pour ce prince un prétexte de la rompre; et il y avoit lieu de présumer qu'il n'attendroit qu'un moment favorable. Charles voulut le prévenir : comme il connoissoit l'état de foiblesse où étoit alors le Danemarck, et que d'ailleurs il jugeoit qu'un ennemi, qui se reposoit sur la foi des traités, étoit facile à surprendre, il se promettoit les plus grands succès. Il fit donc ses préparatifs, sans déclarer ses desseins; et entrant tout-à-coup dans le Danemarck, il mit le siége devant Copenhague.

La Hollande donne des secours au roi de Danemarck.

Il étoit de l'intérêt de la république de Hollande de maintenir l'équilibre entre la Suède et le Danemarck; car son commerce eût été en danger, si l'une des deux puissances eût prévalu sur la mer Baltique. Elle travailloit en conséquence à établir entre elles une paix durable. Mais, lorsqu'elle apprit la situation de Frédéric, elle fit partir une flotte, qui, après un combat où les deux partis s'attribuoient la victoire, eut cependant l'avantage de faire entrer dans Copenhague deux mille hommes avec une grande quantité de provisions.

La France et l'Angleterre se joignirent à la Hollande pour forcer les deux rois à la paix. Des flottes anglaises et hollandaises appuyèrent la négociation. On tint plusieurs conférences ; mais Frédéric vouloit obtenir de meilleures conditions que celles du dernier traité, et Charles vouloit conserver toutes ses conquêtes. D'ailleurs ces deux monarques, également fiers et intrépides, voyoient avec chagrin que des puissances étrangères entreprissent de leur faire la loi.

La mort de Charles mit fin à cette guerre que les négociations de plusieurs puissances n'avoient pas terminée.

Comme la négociation n'avançoit pas, les Anglais se retirèrent ; et les Hollandais, s'étant joints aux Danois, attaquèrent l'île de Fionie. Ils remportèrent une victoire complète. De sept mille hommes, qui composoient l'armée suédoise, il n'échappa que les deux généraux : tout le reste fut pris ou tué. Il semble que les Hollandais n'avoient plus qu'à passer dans l'île de

Zéeland pour en chasser les Suédois; mais ils craignirent apparemment d'affoiblir trop le roi de Suède, et ils se retirèrent dans le port de Lubeck. Les négociations continuoient cependant, quoique sans succès; et Charles faisoit de nouveaux préparatifs, lorsque la mort mit un terme à ses projets, le 23 février 1660. Les Suédois le regrettèrent. C'est un héros qu'ils admiroient, et pour lequel ils auroient tout sacrifié. Il méritoit d'inspirer ces sentimens à un peuple brave et guerrier ; mais il laissoit beaucoup d'ennemis à la Suède , qu'il avoit épuisée d'hommes et d'argent. A force d'avoir des héros sur le trône, il viendra un jour où les Suédois reconnoîtront qu'il est une autre gloire que celle des armes.

Charles XI, fils de Charles Gustave, n'avoit que cinq ans. Après avoir confirmé les principales dispositions du dernier roi, concernant la tutelle et la régence, les états songèrent à terminer la guerre. Le besoin qu'on avoit de la paix de part et d'autre , applanit les difficultés : le traité fut conclu dans le couvent d'Oliva, aux environs de Dantzick. La Suède jouit enfin de plusieurs années de repos.

Depuis que le clergé danois avoit été abaissé par le changement de religion, les nobles s'étoient rendus très-puissans. Ils s'attribuoient tous les honneurs, tous les titres, tous les emplois : ils étendoient leurs prétentions sur la prérogative royale : et ils refusoient de contribuer aux taxes. Cependant les ecclésiastiques, les bourgeois et les paysans, vexés par des gentilshommes qui se regardoient comme autant de souverains, ne pouvoient pas porter seuls toutes les charges. La dernière guerre avoit été fort dispendieuse. On ne pouvoit congédier l'armée faute d'argent. Le soldat, qu'on ne payoit pas, vivoit de licence. Il étoit donc plus juste que jamais, que tous les ordres contribuassent aux besoins de l'état. Frédéric, voulant remédier aux calamités publiques, convoqua les états-généraux à Copenhague.

Les nobles danois refusoient de contribuer aux charges de l'état.

Quand on parla d'imposer les nobles, ils se soulevèrent, comme s'ils eussent été d'une autre espèce que le peuple, qu'ils

Pour se soustraire à leur tyrannie, le clergé et le peuple accordent au roi une autorité absolue, et déclarent

la couronne héréditaire. traitoient d'esclave. Mais autant ils étoient haïs, autant Frédéric III étoit aimé. Le clergé se réunit au peuple; et pour secouer le joug de leurs tyrans, ils résolurent de confier au roi une autorité absolue, et de rendre le trône héréditaire dans sa famille. Cette révolution fut conduite avec tant de concert, que les nobles se soumirent sans résistance. Depuis ce temps, les rois de Danemarck se sont occupés avec succès des moyens d'opprimer la noblesse : ils ont favorisé le clergé qui a contribué et qui contribue encore à leur puissance. Maîtres de ce corps par les graces qu'ils lui accordent, ils sont toujours sûrs d'en disposer, parce qu'ils font les chefs de la religion. C'est un des fondemens de leur autorité, qu'ils ont toujours à leur solde. Enfin ils n'appréhendent plus rien de la part du peuple, parce qu'il a perdu tout sentiment de liberté. Ceux qui étoient libres avant la révolution, ne le sont plus; et les paysans qui étoient esclaves le sont encore.

Abdication de Jean Casimir. La Pologne étoit toujours troublée. Les guerres civiles lassèrent enfin la constance de Jean Casimir. Il abdiqua en 1668, et se retira en France, où Louis XIV lui donna plusieurs abbayes. Il est le dernier prince de la maison de Gustave-Wasa. Après lui les Polonais élurent, en 1669, Michel-Coributh Viesniowiecki, grand maréchal du royaume.

La guerre recommençoit alors dans le nord. Car ce fut en 1677 que Charles XI, s'étant allié avec Louis XIV eut tout-à-la-fois pour ennemis l'électeur de Brandebourg, la Hollande, l'évêque de Munster, le duc de Luxembourg et le roi de Danemarck, Christian V, fils et successeur de Frédéric III. Cette guerre fut une longue suite de malheurs. Si la Suède recouvra les provinces qu'elle avoit perdues, elle le dut aux succès des armes de la France. Mais cette restitution ne réparoit pas l'épuisement où elle se trouvoit. Les puissances du nord prirent peu de part à la guerre de 1678.

La guerre fut funeste à la Suède lorsqu'en 1677 elle s'allia de Louis XIV.

Depuis la paix conclue en 1679, Charles XI ne travailla qu'à rendre son autorité absolue. Il y réussit. En 1682, il établit que la couronne seroit héréditaire dans sa maison, et que les femmes succé-

Charles XI, qui rendit son autorité absolue, mourut lorsque les conférences de Riswyck avoient commencé sous sa médiation.

deroient au défaut de la ligne masculine. Il fit ces réglemens dans l'assemblée des états, qui n'osèrent résister : il les assura par les alliances qu'il contracta au-dehors, et par la police qu'il maintint au-dedans. Il mourut en 1697, laissant un fils qui sera la gloire et le fléau de la Suède, le héros Charles XII. Les conférences de Riswyck avoient commencé sous la médiation de Charles XI, elles finirent sous celle de Charles XII. Ce jeune prince commença son règne, en donnant la paix à l'Europe : il cherchera bientôt une autre gloire.

Puissance de Charles XII à son avénement.

« A son avénement, non-seulement il
» se trouva maître absolu et paisible de la
» Suède et de la Finlande ; mais il ré-
» gnoit encore sur la Livonie, la Carélie,
» l'Ingrie ; il possédoit Wismar, Wibourg,
» les îles de Rugen, d'Oesel et la plus
» belle partie de la Poméranie, le duché
» de Brême et de Verden : toutes con-
» quêtes de ses ancêtres, assurées à son
» trône par une longue possession, et par
» la foi des traités solemnels de Munster
» et d'Oliva soutenus par la terreur des
» armes suédoises. »

Mais tant de puissance ne paroissoit pas devoir effrayer, quand on songeoit à l'âge de Charles XII, qui n'avoit que quinze ans, et au peu de talens qu'il montroit pour gouverner un royaume. « Il n'avoit, à la
» vérité, dit M. de Voltaire, que je viens
» de citer, aucune passion dangereuse. Mais
» on ne voyoit dans sa conduite que des
» emportemens de jeunesse et de l'opiniâ-
» treté. Il paroissoit inappliqué et hautain.
» Les ambassadeurs qui étoient à sa cour,
» le prirent même pour un génie médiocre,
» et le peignirent tel à leurs maîtres. La
» Suède avoit de lui la même opinion ;
» personne ne connoissoit son caractère ;
» il l'ignoroit lui-même, lorsque des
» orages, formés tout-à-coup dans le
» nord, donnèrent à ses talens cachés
» l'occasion de se déployer ». Remontons à l'origine de ces différends.

Lors de la dissolution de l'union de Calmar, en 1448, les Danois élurent pour leur roi Christian I, de l'ancienne maison d'Oldenbourg (1), neveu d'Adolphe, duc

(1) Elle est une de celles qui prétendent descendre du célèbre Witikind.

de Sleswick, et de Holstein-Gottorp. Quelques années après, ce prince hérita de ces duchés par la mort de son oncle. En 1481, Jean, son fils aîné, lui succéda sur le trône de Danemarck, et les duchés de Sleswick et de Holstein furent le partage de Frédéric, son second fils. Celui-ci fut choisi par les Danois, lorsqu'en 1523, ils déposèrent le Néron du nord, Christian II, qui avoit succédé à Jean son père; et par un réglement qui fut fait à cette occasion, les duchés de Sleswick et de Holstein furent réunis à la couronne de Danemarck.

<small>Christian III le chef de ses deux frères, malgré les protestations des états.</small> Lorsqu'après de longs troubles, Christian III eut recueilli toute la succession de Frédéric, son père, il voulut la partager avec Jean et Adolphe, deux frères qu'il aimoit, et il leur céda en 1544 les duchés de Holstein et de Sleswick. Les états protestèrent contre ce démembrement, qui étoit contraire aux réglemens faits à l'avénement de Fréderic I. Mais le roi ne pouvant abandonner ses desseins généreux, crut parer à tout, en déclarant qu'il y auroit une union perpétuelle des duchés de

Sleswick et de Holstein avec le royaume, et que le premier demeureroit un fief de la couronne.

Il eût été facile de prévoir que cette disposition seroit une source de querelles entre les ducs qui tenteroient de se rendre independans, et les rois qui voudroient recouvrer des domaines aliénés. La générosité de Christian III troubla tout le nord. Les guerres, suspendues par des traités, recommencèrent à plusieurs reprises, et ne parurent terminées qu'en 1689 à Alténa, par la médiation et sous la garantie de l'empereur Léopold, et des électeurs de Saxe et de Brandebourg. Le duc de Holstein-Gottorp fut rétabli dans tous ses états, conformément aux traités de Roschild et de Copenhague.

Cette disposition est une source de guerre.

Les rois de Suède étoient les alliés naturels des ducs de Holstein; et Charles XII venoit de contracter une nouvelle alliance avec le jeune duc Frédéric, auquel il avoit donné sa sœur en mariage. Se voyant donc appuyé de la Suède, le duc de Holstein ménagea moins le roi de Danemarck: Mais Frédéric IV, qui sur ces entrefaites succédoit

C'est à cette occasion que Frédéric IV se ligue avec la Pologne et la Russie contre Charles XII, allié du duc de Holstein.

à Christian V, son père, ne jugea pas que l'alliance de Charles XII rendît le duc de Holstein beaucoup plus redoutable. Il commença les hostilités en 1699 : il négocia avec la Pologne et la Russie ; et ce fut alors que ces trois couronnes formèrent une ligue contre la Suède.

Frédéric Auguste étoit entré dans cette ligue, afin d'avoir un prétexte pour ne pas licencier ses troupes saxonnes.

Jean Sobieski étoit mort en 1696. Le prince de Conti, qui avoit été élu, ainsi que Frédéric Auguste, le 27 juin de l'année suivante, avoit été forcé d'abandonner ses droits, presque aussitôt qu'il les eut acquis. La France étoit trop éloignée de la Pologne pour la soutenir. D'ailleurs épuisée par la guerre que le traité de Riswyck termina quelques mois après, comment auroit-elle pu lui donner tous les secours nécessaires en hommes et en argent ? Auguste, au contraire, soutenu par une armée russe et par les troupes de son électorat, força les suffrages qui refusoient de se rendre à lui, et fut généralement reconnu. Cependant, les troubles qui ne cessèrent que l'année suivante, pouvoient renaître. Auguste crut donc avoir besoin de conserver son armée saxone : mais il falloit un prétexte afin de ne pas répandre l'alarme parmi la noblesse polonaise, jalouse de sa liberté. Il crut le trouver dans la guerre qu'il projetoit contre la Suède ; d'autant plus qu'à son avénement, il avoit promis de faire ses efforts pour recouvrer les provinces que la république avoit perdues. Il se proposoit, sur-tout, la conquête de la Livonie. Elle lui paroissoit facile : car les Livoniens, que Charles XI avoit dépouillés de leurs priviléges et d'une partie de leurs biens, ne demandoient qu'à secouer le joug. Une circonstance augmentoit encore la haine qu'ils avoient conçue pour le despotisme des rois de Suède. Patkul avoit été député par la noblesse pour porter aux pieds du trône les plaintes de la province. Il fut d'abord écouté. Charles XI applaudit même au zèle avec lequel il avoit parlé pour sa patrie. Mais peu de jours après, il le fit condamner à mort, comme criminel de lèze-majesté. Patkul, qui eut le bonheur d'échapper, s'enfuit en Pologne. Lorsqu'il cherchoit à se venger et à délivrer sa patrie, il eut l'occasion d'être présenté au roi Auguste ; et il lui persuada combien il lui seroit facile de conquérir la Livonie, défendue par un roi enfant, que toute l'Europe méprisoit. Tels sont les motifs qui engagèrent le roi de Pologne à s'unir au czar Pierre et à Frédéric IV, roi de Danemarck.

LIVRE DIX-HUITIÈME.

CHAPITRE PREMIER.

De Charles XII et du czar Pierre jusqu'en 1708.

Le gouvernement de Suède étoit alarmé des préparatifs que faisoient les puissances ennemies. On étoit sans généraux ; et on n'avoit pour roi qu'un jeune prince, qui « n'assistoit presque jamais dans le conseil » que pour croiser les jambes sur la table; » distrait, indifférent, il n'avoit paru » prendre part à rien. » Mais il se montra tout autre, lorsqu'en sa présence on délibéra sur le danger où l'on étoit, et qu'on parla de détourner la tempête par des négociations. Se levant tout-à-coup avec l'air de gravité et d'assurance d'un homme supérieur qui a pris son parti. « Messieurs, » dit-il, j'ai résolu de ne faire jamais une

Charles XII donne de la confiance à la Suède alarmée.

» guerre injuste; mais de n'en finir une
» légitime que par la perte de mes ennemis;
» ma résolution est prise ; j'irai attaquer
» le premier qui se déclarera; et quand je
» l'aurai vaincu, j'espère faire quelque
» peur aux autres ». Sa confiance se communiqua au conseil étonné, et la guerre fut résolue.

Il tourne ses armes contre le Danemarck.

Les exercices violens, que Charles XII aimoit, lui avoient fait une constitution vigoureuse. Il cherchoit le danger dans la chasse, où les autres cherchent l'amusement. Luttant, pour ainsi dire, avec les ours, il les combattoit avec un bâton, et il n'étoit garanti que par un filet tendu à deux arbres. Il paroissoit passionné pour Alexandre et pour César, qu'il vouloit prendre pour modèles ; et le goût avec lequel il avoit lu Quinte-Curce pouvoit faire présager ce qu'il seroit un jour. Il le fit mieux voir encore, lorsqu'il eut résolu de se préparer à la guerre : car il renonça aux amusemens, au faste, à la table, aux femmes, au vin, en un mot, à tout ce qui peut distraire ou amollir l'ame. Il vouloit donner l'exemple à ses soldats, qu'il se proposoit de contenir dans la discipline la plus rigoureuse. Tel étoit Charles XII à dix-huit ans, lorsqu'au mois de mai de l'année 1700, il tourna ses armes contre le Danemarck. Sa flotte se joignit aux escadres d'Angleterre et de Hollande. Ces deux républiques avoient garanti le traité d'Alténa ; et comme elles craignoient la trop grande puissance du roi de Danemarck, qui auroit pu se rendre maître de la mer Baltique, elles avoient envoyé des secours au duc de Holstein, qui succomboit sous les forces de Frédéric IV.

1700.

La flotte danoise ayant évité le combat, Charles XII s'approcha assez près de Copenhague pour y jeter quelques bombes. Aussitôt il se proposa de faire une descente et d'assiéger cette capitale par terre, tandis qu'elle seroit bloquée par mer. Tout lui réussit. Alors il fit dire au roi de Danemarck, qui étoit dans le Holstein, qu'il ne faisoit la guerre que pour l'obliger à la paix ; et que s'il ne rendoit justice au prince qu'il opprimoit, il verroit Copenhague détruite, et tout son royaume mis à feu et à sang. Il fallut subir la loi. Le duc de Holstein

Il force Frédéric IV à la paix.

fut indemnisé des frais de la guerre. Charles satisfait d'avoir secouru son allié, ne réserva rien pour lui ; et cette guerre fut terminée en moins de six semaines.

Il marche contre le czar qui ravageoit l'Ingrie.

Précisément dans le même temps, le roi de Pologne, désespérant de prendre Riga, que le comte de Dahlberg défendoit, leva le siége qu'il avoit mis devant cette place. Charles marcha contre Pierre Alexiowitz qui ravageoit l'Ingrie à la tête d'une armée de quatre-vingt mille hommes. Le czar venoit de publier un manifeste. Il donnoit pour raison, qu'on ne lui avoit pas rendu assez d'honneurs lorsqu'il avoit passé à Riga, où il n'avoit paru qu'incognito, et qu'on avoit vendu les vivres trop cher à ses ambassadeurs. Des hostilités sur des motifs aussi ridicules animoient d'autant plus le roi de Suède, qu'il y avoit alors à Stockholm trois ambassadeurs russes qui venoient de jurer le renouvellement de la paix. Il ne comprenoit pas qu'un législateur se fît un jeu de la foi des traités. Impatient de se venger, il marchoit moins pour faire des conquêtes, que dans l'espérance d'humilier son ennemi.

Le czar assiégea Narva au commencement d'octobre. Il avoit cent cinquante pièces de canon, plus formidables par le nombre que par la manière dont elles étoient servies. Il ne se trouvoit guère dans son armée que douze mille hommes de bonnes troupes : le reste étoit mal armé et mal discipliné. Il est évident qu'il se pressoit trop de mesurer les Russes contre des soldats aguerris. On étoit au 15 de novembre, quand il apprit que son ennemi avoit traversé la mer, et qu'il venoit au secours de Narva. Comme il se proposa de l'envelopper, il alla chercher trente mille hommes qui lui arrivoient de Pleskow. Il eût mieux fait de ne pas quitter son camp ; car ces nouvelles troupes pouvoient bien venir sans lui.

Déroute entière des Russes, qui assiégeoient Narva.

Cependant Charles, qui avoit débarqué à Pernaw, dans le golfe de Riga, avec seize mille hommes d'infanterie, et un peu plus de quatre mille chevaux, précipite sa marche, suivi de toute sa cavalerie, et de quatre mille fantassins. Un corps avancé de cinq mille hommes, qui gardoit un passage, s'enfuit à son approche.

L'épouvante se communique à vingt mille hommes qui étoient plus loin, et qui prennent la fuite. En un mot, Charles, ayant emporté tous les postes en deux jours, arrive devant le camp des ennemis, qui étoit bien retranché et bordé de cent cinquante canons. Il songe à profiter de la terreur qu'il vient de répandre, et après quelque repos il donne ses ordres pour l'attaque.

Toutes les circonstances paroissoient lui préparer la victoire. Un vent furieux souffloit une grosse neige dans le visage des ennemis, qui combattoient sans voir devant eux : la désobéissance se joignant à la frayeur, les officiers subalternes et les soldats se soulevoient contre les généraux, qui ne s'accordoient pas. En un mot, le désordre et le tumulte commençoient dans leur camp, au moment même que leurs retranchemens étoient forcés par les Suédois. Ils furent mis en déroute, sans se douter du petit nombre de leurs vainqueurs. Charles fit plus de trente mille prisonniers, dans lesquels étoit le prince de Géorgie. Il ne garda que les généraux, et il renvoya tous les officiers subalternes et tous les soldats, après les avoir désarmés. La bataille de Narva se donna le 30 novembre 1700.

Les Russes n'imaginèrent pas avoir été vaincus par des hommes. Ils crurent que des puissances supérieures avoient combattu pour les Suédois, et ils firent des prières publiques à Saint-Nicolas, patron de la Russie, pour le prier de chasser loin de leurs frontières cette armée d'enchanteurs et de sorciers. Cette superstition augmentoit l'épouvante et promettoit de nouveaux succès. Il y a donc lieu de croire que si Charles n'eût pas donné au czar le temps de se reconnoître et de rassurer ses peuples, il l'eût défait encore et chassé jusqu'à Moscou, qui eût ouvert ses portes. Mais le desir de la vengeance, sur-tout dans un vainqueur de dix-huit ans, se règle difficilement sur la prudence. Le roi de Suède avoit humilié deux de ses ennemis, il vouloit humilier le troisième encore. Il ne paroissoit pas avoir d'autre objet. Lorsqu'il marchoit contre Pierre Alexiowitz, il écrivoit : *Je m'en vais battre les Russes : préparez un magasin à Laïs.* Quand *j'aurai secouru Narva, je passerai par cette ville pour aller battre les Saxons.* Il ne vouloit que battre.

<small>Mais voulant humilier son troisième ennemi, il marche contre les Saxons qu'il défait ; il soumet la Courlande et la Lithuanie. 1701.</small>

Ayant reçu un renfort de quinze mille hommes, il marcha dès le printemps de 1701, du côté de Riga. Il passa la Duna à la vue des Saxons qu'il défit, soumit toute la Courlande, et entra dans la Lithuanie. Cette province étoit alors troublée par une guerre civile, dont les chefs étoient, d'un côté, les princes Sapiéha, et de l'autre, Oginski. Charles, s'étant déclaré pour les Sapiéha, se vit bientôt maitre de la Lithuanie : il n'y restoit plus que des troupes dispersées, qui fuyoient devant lui. Alors, il forma le projet de détrôner Auguste.

<small>Le gouvernement de Pologne est une anarchie.</small>

Le gouvernement de Pologne a les mêmes vices que le gouvernement des fiefs. Il semble que les Polonais se soient étudiés à le rendre tout-à-fait anarchique. Les abus ont eu chez eux les mêmes causes que partout ailleurs, où nous en avons déjà remarqué de semblables.

<small>Les rois en démembrant le domaines, avoient fait des vassaux plus puissans qu'eux.</small>

Dans les siècles où les barbares ne savoient pas donner de forme à leur gouvernement, et où la licence, qu'on prenoit pour liberté, ne permettoit pas aux souverains d'être absolus; les ducs ou rois de Pologne n'avoient d'autorité qu'autant qu'ils se faisoient plus de partisans. Ils imitèrent la politique des rois de France. Ils donnèrent des bénéfices; et après avoir démembré leur domaine, pour s'attacher les grands du royaume, ils le démembrèrent encore pour laisser un plus grand nombre de souverainetés dans leur famille. Il arriva que le souverain eut des sujets plus puissans que lui.

A mesure que la noblesse accrut sa puissance, le peuple tomba dans un esclavage plus dur; et il n'y eut plus en Pologne que des nobles et des serfs.

Il n'y a dans ce royaume que des nobles et des serfs.

Casimir III, surnommé le Grand, mort en 1370, étoit le dernier d'une maison qui régnoit depuis 528 ans. Si le trône avoit paru héréditaire jusqu'alors, il redevint électif. Les nobles polonais voulant même saisir l'occasion d'assurer leurs priviléges, n'élurent Louis, roi de Hongrie, qu'après l'avoir lié par une capitulation, qu'on nomme *pacta conventa*. Cette élection est l'époque du gouvernement républicain

Epoque où a commencé la république de Pologne.

qui subsiste aujourd'hui. Louis est ce prince qui fit une irruption dans le royaume de Naples, pour venger la mort d'André son frère, mari de Jeanne Ière.

Ce contrat entre les sujets et le souverain paroît avoir été oublié pendant que les Jagellons ont été sur le trône ; mais depuis 1573, que Henri de Valois succéda à Sigismond Auguste, le dernier des Jagellons, la république de Pologne a fait des *pacta conventa* avec tous ses rois.

<small>Puissance des nobles.</small> Cette capitulation assure les priviléges des nobles, parce qu'ils sont assez puissans pour la faire respecter, et pour donner avant chaque élection de nouvelles limites à la prérogative royale. Souverains dans leurs terres, indépendans, ils peuvent seuls posséder les charges et les dignités. Ils règlent les impôts, ils font les lois, ils décident de la guerre et de la paix. Toujours en garde contre l'ambition du roi, ils ne souffrent pas qu'il ait des places fortes, parce qu'elles pourroient servir à les opprimer, comme à les défendre : ils ouvrent le pays à l'ennemi, pour le fermer au despotisme.

<small>Prérogatives de la couronne.</small> Les rois conservent cependant de grandes

prérogatives. Ils disposent des fiefs qui sont des démembremens faits autrefois au domaine de la couronne. On les nomme *starosties*, *tenutes*, ou *advocaties*, et en général *biens royaux*. Cependant on ne leur laisse pas toujours la liberté d'en disposer à leur gré. Ils nomment aux bénéfices, aux emplois civils et militaires, aux grandes charges de la couronne, et aux places qui vaquent dans le sénat. Mais ils font des graces, sans se faire des partisans, parce qu'ils ne peuvent jamais ôter ce qu'ils ont donné. Ainsi le favori qu'ils élèvent, a toujours dans son zèle vrai ou faux pour la république, un prétexte pour se soustraire au souverain.

Cette république est au reste un corps monstrueux. Avant que la grande diète s'assemble, chaque province ou palatinat délibère sur les matières qu'on y doit traiter; elle nomme ses députés ou nonces, et tient pour cela des diétines qu'on appelle *ante-comitiales*. La grande diète s'assemble ensuite; mais les lois qu'elle fait n'ont de force que dans les palatinats où elles

L'unanimité est nécessaire pour terminer les délibérations, et la république obéit à la force qui arrache aux diètes cette unanimité.

sont reçues, et on en délibère dans les diétines *post-comitiales*.

Or, dans chacune de ces diètes, rien ne se décide que du consentement unanime de tous les membres. Le *veto* d'un seul gentilhomme arrête toutes les délibérations, et les actes qui avoient passé unanimement sont même encore annulés. S'il y a donc quelques nobles qui veuillent troubler, et il y en a toujours, la république ne peut plus agir, ni même délibérer. Alors on forme des confédérations; les confédérés des différens partis en viennent aux mains : le vainqueur donne la loi, arrache aux diètes un consentement unanime, et tout se décide par la force. Le roi se trouve donc sans autorité, lorsqu'il n'est pas à la tête d'une faction puissante. Je ne m'étendrai pas davantage sur ce gouvernement absurde que vous étudierez ailleurs. Le peu que je viens de dire, suffira pour vous faire comprendre les causes des événemens, dont j'ai à parler.

Charles se propose de détrôner Auguste.

Charles XII auroit pu conquérir la Pologne, c'est-à-dire, la parcourir en vainqueur. Mais comment auroit-il pu soumettre par la force une noblesse fière, jalouse de son indépendance, et toujours armée ? A peine seroit-il arrivé à une extrémité du royaume, qu'elle se seroit soulevée dans l'autre : il eût fallu laisser des troupes par-tout. Il auroit donc éprouvé le sort de Charles X : aussi se proposoit-il seulement de détrôner Auguste. Joignant la politique aux armes, il déclaroit qu'il n'étoit pas venu faire la guerre aux Polonais, qu'il n'avoit d'autres ennemis que les Saxons, et il offroit de protéger la république, si elle vouloit élire un nouveau roi.

Le cardinal Radjouski étoit archevêque de Gnesne, c'est-à-dire, qu'il étoit par sa place le premier des sénateurs, le primat du royaume, le légat né du saint siége, le régent de la république pendant les interrègnes, et la première personne après le roi. Ce prélat, ennemi d'Auguste, entroit dans toutes les vues de Charles XII; et il intriguoit contre son souverain, avec tous les dehors d'un grand zèle pour la paix et d'une grande charité.

Auguste n'avoit pas gagné ceux qui

L'archevêque de Gnesne, primat du royaume, entre dans ses vues.

La noblesse, qui avoit des sujets de

mécontentement qu'excitoit Charles comme le défenseur de la république.

s'étoient opposés à son élection, et il avoit aliéné presque tous les autres. Il n'avoit trompé personne sur les motifs qu'il avoit eu de prendre les armes contre la Suède. On convenoit bien que, par ses engagemens, il devoit saisir l'occasion de recouvrer les provinces perdues; mais on savoit aussi que, par le même article des *pacta conventa*, il avoit promis de n'entreprendre aucune guerre sans le consentement de toute la république; et que par un autre, il lui étoit défendu d'introduire des troupes étrangères dans le royaume. En lui voyant donc violer ces deux articles, on jugeoit qu'il vouloit exercer en Pologne le même pouvoir absolu qu'il exerçoit en Saxe. On concluoit que s'il eût conquis la Livonie, il auroit tenté de subjuguer la république; et on lui reprochoit d'avoir, par cette guerre, livré tout le royaume aux armes du roi de Suède. S'il eût réussi, on n'eût pas osé critiquer ainsi sa conduite. Mais dans un pays où la nature du gouvernement produit des factions, un souverain est bientôt abandonné, quand les plaintes commencent, et que les mécontens sont assurés d'être soutenus. Les uns se flattent de trouver de nouveaux avantages dans une révolution ; les autres changent par inquiétude ; et les plus fidèles suivent le torrent, parce qu'ils se sentent trop foibles pour résister. Telle étoit et devoit être la disposition des esprits, lorsque Charles XII ne paroissoit avoir vaincu que pour protéger la république, c'est-à-dire, le parti des mécontens. Car en Pologne, la république n'est jamais que le parti le plus fort.

Dans cet état de fermentation, les palatinats demandèrent une diète au roi de Pologne. C'étoit lui prescrire de se donner des juges, plutôt que des défenseurs : mais un refus pouvoit aigrir encore les Polonais. Elle fut donc convoquée à Varsovie, pour le 2 décembre de l'année 1701. Si, dans les temps les plus tranquilles, cette assemblée a tant de peine à prendre une résolution, vous pouvez juger du tumulte avec lequel elle délibéroit dans une conjoncture qui enhardissoit tous les factieux. Les cabales qui la divisoient, entretinrent, ou même augmentèrent le mécontentement

Auguste est forcé à convoquer une diète, qui arrête d'envoyer une ambassade à Charles.

général. Elle ne régla rien, et elle se sépara le 17 février 1702.

Le sénat confirme ce décret, il ne permet pas au roi d'armer.
1702.

Elle avoit seulement arrêté qu'on enverroit une ambassade à Charles XII. Le sénat confirma ce décret. Dans l'intervalle d'une diète à l'autre, ce corps représente la nation. Il a le droit de faire provisionnellement des lois. Il est composé des évêques, des palatins gouverneurs perpétuels des provinces, des castellans gouverneurs des villes, et des grands officiers de la couronne. La dignité des palatins est la plus éminente : ils président dans leurs gouvernemens aux assemblées de la noblesse, et ils la commandent à la guerre. Les quatre grands officiers de la couronne sont chargés de tous les détails de l'administration : ils partagent entre eux toute l'autorité : ils peuvent tout, et ne dépendent du roi qu'autant qu'ils le veulent. Auguste ne put obtenir de ce sénat trop puissant la permission de se mettre à la tête de l'armée polonaise, et encore moins de faire venir douze mille Saxons.

Charles défait Auguste à Clissau.

Charles répondit aux ambassadeurs de

la république, qu'il régleroit tout lorsqu'il seroit à Varsovie, et il marcha. A son approche, Auguste s'enfuit avec un petit nombre d'évêques et de palatins, qui lui restoient attachés. Il envoya des lettres circulaires pour assembler la pospolite, c'est-à-dire, pour ordonner à tous les gentilshommes de monter à cheval et de le suivre. Mais la plus grande partie de la noblesse demeura dans ses terres. Alors il fit venir des troupes saxones, bien assuré que s'il étoit vainqueur, on n'oseroit pas lui reprocher de les avoir introduites dans les provinces de la république. Il les joignit aux Polonais liés à sa fortune, et jugeant qu'il falloit vaincre ou perdre le trône, il alla au-devant de Charles XII qui s'avançoit vers Cracovie. Les deux armées parurent en plaine auprès de Clissau. Auguste ramena trois fois ses troupes à la charge, c'est-à-dire, les Saxons; car les Polonais, qui formoient son aile droite, s'étoient enfuis dès le commencement de la bataille. Le roi de Suède gagna une victoire complète.

Quelques jours après, étant sorti de Cracovie dans le dessein de poursuivre son <small>Sur le faux bruit de la mort de Charles, Auguste convoque une diète.</small>

à Lublin. Charle en assemble une autre à Varsovie, et défait encore les Saxons.
1703.

ennemi, son cheval s'abattit et lui fracassa la cuisse. Cet accident le retint six semaines au lit. Le bruit courut même qu'il étoit mort. Auguste profita de cette fausse nouvelle, pour assembler à Lublin les ordres du royaume, déjà convoqués à Sandomir. Le concours y fut grand. Mais Charles, guéri de sa blessure, reprit tous ses avantages. Il assembla la noblesse à Varsovie ; et pendant qu'il opposoit diète à diète, il marcha contre le reste des Saxons qu'il défit encore. Rien ne pouvoit plus lui résister. Il étoit à l'occident de la Pologne, avec l'élite de ses troupes : son grand maréchal Rheinschild commandoit un grand corps d'armée dans le cœur de ce royaume; et trente mille Suédois, sous divers généraux, arrêtoient au nord et à l'orient les efforts des Russes.

La diète de Varsovie déclare le trône vacant.

Alors le primat, qui venoit de jurer au roi Auguste de ne rien entreprendre contre lui, leva tout-à-fait le masque. S'étant rendu à Varsovie, il déclara, au nom de l'assemblée, le 14 février 1704, Frédéric Auguste électeur de Saxe, inhabile à porter la couronne de Pologne. Aussitôt le trône fut déclaré vacant d'une voix unanime.

1704

Auguste, sachant que Charles et le primat vouloient mettre la couronne sur la tête de Jacques Sobieski, fils de Jean, fit enlever ce prince et son frère Constantin, lorsqu'ils étoient à la chasse. Alexandre, frère de ces deux Sobieski, vint demander vengeance au roi de Suède, qui lui proposa de monter sur le trône. Il refusa, déclarant qu'il ne profiteroit pas du malheur de son aîné. En vain le jeune Stanislas Leczinski, son ami, se joignit à ceux qui le pressoient d'accepter. Toutes les instances furent inutiles : il persista dans son refus généreux.

Jacques Sobieski, à qui on vouloit donner la couronne, est enlevé. Alexandre, son frère, la refuse.

Ne pouvant donner la couronne à ceux qui paroissoient y avoir plus de droit, Charles résolut de la donner au plus digne. Il choisit Stanislas Leczinski, palatin de Posnanie, et il ne fut pas trompé dans son choix. Stanislas joignoit aux vertus d'un héros, de plus grandes vertus, celles qui font le bonheur des peuples. L'assemblée de Varsovie eut ordre de l'élire : elle obéit, et ce prince fut élu le 12 juillet 1704. La guerre ne finit cependant qu'en 1707. Par le traité conclu à Alt-Ranstadt, Auguste

Stanislas Leczinski est élu. Traité d'Alt-Ranstadt.

fut forcé à renoncer pour jamais à la couronne de Pologne, et à reconnoître Stanislas pour roi légitime. Il fut même réduit à un tel point d'humiliation, qu'il ne put refuser de féliciter sur son avènement, celui qui prenoit sa place sur le trône : il fut obligé de lui écrire une lettre à ce sujet.

Patkul, ambassadeur du czar auprès d'Auguste, est livré à Charles qui le fait périr.

Jean Patkul, devenu ambassadeur du czar auprès d'Auguste, étoit alors dans les prisons de Saxe. Il avoit été arrêté pour avoir projeté un accommodement entre la Suède et la Russie, et il n'avoit formé ce projet que pour prévenir le ministère du roi Auguste, qui se proposoit de faire la paix sans le czar. Tout son crime étoit donc d'avoir voulu servir son maître, et cependant Auguste avoit violé le droit des gens et manqué à son allié. De nouveaux malheurs attendoient cet infortuné Livonien. Charles qui exigea qu'il lui fût livré, le fit périr sur la roue. Si dans cette occasion, ce prince ne fut pas injuste, il fut cruel au moins, et il montra combien il étoit implacable dans sa vengeance.

Cependant le czar donnoit des lois, disciplinoit ses troupes et fai-

Pendant que Charles XII goûtoit le plaisir de la vengeance, l'unique passion de son ame, Pierre Alexiowitz jetoit les fondemens de son empire. Présent partout, il donnoit des lois dans Moscou, il établissoit des manufactures, il créoit des flottes sur les Palus - Méotides, sur le lac Peipus, sur le lac Ladoga; il mettoit la discipline dans ses camps, il repoussoit les Suédois, il portoit ses armes dans leurs provinces, il donnoit des secours au roi Auguste, il fondoit des villes.

La journée de Narva ne l'abattit point. *Je sais bien*, disoit-il, *que les Suédois nous battront long-temps : mais enfin nous apprendrons à les battre. Evitons les affaires générales avec eux, et affoiblissons-les par de petits combats.* En effet, les défaites étoient des leçons pour les Russes. Dès l'année 1701, ils osèrent marcher contre leurs vainqueurs et leurs maîtres. Ils eurent rarement l'avantage, mais il suffisoit de l'avoir quelquefois pour s'aguerrir. Supérieurs en nombre, ce qui n'est rien par soi-même, ils se rendoient en effet supérieurs à mesure que la discipline s'établissoit parmi eux. D'une année à l'autre, les succès devenoient plus fréquens : les flottes et les armées suédoises étoient vaincues : les villes tomboient sous les efforts des Russes, et en 1704, lorsqu'Auguste étoit détrôné, Pierre achevoit de se rendre maître de l'Ingrie, et prenoit Narva d'assaut.

<small>Il traite avec humanité les citoyens de Narva.</small> Il étoit glorieux d'entrer en vainqueur dans une place qui lui rappeloit sa première défaite : ce qui fut plus glorieux encore, c'est qu'il arrêta le pillage et le massacre. Ayant tué deux soldats qui n'obéissoient pas à ses ordres, il entra dans l'hôtel de ville où les citoyens s'étoient réfugiés, et posant son épée sanglante sur la table, *ce n'est pas du sang des citoyens*, dit-il, *que cette épée est teinte, mais du sang de mes soldats que j'ai versé pour vous sauver la vie.* A ces traits d'humanité, qui sont trop rares dans la vie du czar, on reconnoît le grand homme. Mais comme il le disoit lui-même, il réformoit son peuple, et il ne pouvoit pas se réformer.

<small>Il fait une entrée triomphante.</small> Tous les succès étoient célébrés par des entrées triomphantes. Les prisonniers faits sur un ennemi qu'on avoit cru invincible, ses drapeaux, ses étendards, ses pavillons

faisoient le principal ornement de cette pompe : spectacle qui donnoit de l'émulation aux Russes, et qui rompoit l'enchantement prétendu des troupes suédoises.

Pierre employa un moyen, aussi singulier qu'ingénieux, pour achever la réforme à laquelle il travailloit. *Moyen dont il se sert pour détruire la prévention des Russes pour leurs anciens usages.*

Il fit inviter tous les boyards et les dames aux noces d'un de ses bouffons. Il exigea que tout le monde y parût vétu à l'ancienne mode. On servit un repas, tel qu'on les faisoit au seizième siècle. Une ancienne superstition ne permettoit pas qu'on allumât du feu le jour d'un mariage pendant le froid le plus rigoureux. Cette coutume fut sévèrement observée le jour de la fête, quoiqu'on fût en hiver. Les Russes ne buvoient point de vin autrefois, mais de l'hydromel et de l'eau-de-vie : il ne permit pas ce jour-là d'autre boisson. On se plaignit en vain. Il répondit en raillant : *vos ancêtres en usoient ainsi : les usages anciens sont toujours les meilleurs.* Cette plaisanterie contribua beaucoup à corriger ceux qui préfèrent toujours

8

le temps passé au présent, ou du moins à décréditer leurs murmures.

Il bâtit Péters-bourg, malgré les obstacles qui s'y opposent. 1704.

Parmi les soins que demandoient la police, les arts et la guerre, le czar entreprit de bâtir une ville à l'embouchure de la Néva, sur le golfe de la Finlande, à la vue des flottes suédoises qui tentoient tout pour interrompre ses travailleurs, et ruiner son ouvrage. C'est dans un lieu désert, marécageux, qui ne communique à la terre ferme que par un seul chemin, qu'il jeta le 27 mai 1703, les fondemens de Pétersbourg. Il fallut lutter contre la nature, combattre les ennemis, surmonter mille obstacles qu'on n'avoit pas pu prévoir; et cependant cette ville fut achevée l'année suivante, et mise hors de toute insulte. Presque dans le même temps, il fortifioit Novogorod, Pleskow, Smolensko, Asoph, Archangel. Cependant il étendoit ses conquêtes dans la Courlande, et il envoyoit des secours à son allié détrôné.

Victoire des Russes sur les Suédois 1706.

En 1706, Mentzikof, que le czar avoit fait prince et gouverneur d'Ingrie, ayant joint Auguste dans le palatinat de Posnanie, défit le général Maderfeld près de Kalish. Ce fut la première bataille rangée que les Russes gagnèrent contre les Suédois. Ce qu'il y a de singulier, c'est que cette victoire fut un contre-temps pour Auguste, qui vainquit malgré lui. Elle dérangeoit les mesures qu'il avoit prises, parce qu'il négocioit alors secrètement le traité qui fut bientôt après conclu à Alt-Ranstadt. Il demanda pardon de sa victoire, offrant de rendre tous les prisonniers suédois, de rompre avec les Russes, et de donner au roi de Suède toutes les satisfactions convenables.

Lorsque l'électeur de Saxe eut abdiqué, le czar ne négligea rien pour arrêter Charles en Pologne. Il avoit encore des troupes dans ce royaume, il en avoit plusieurs corps répandus dans la Lithuanie, et il étoit lui-même à Grodno. Croyant donc pouvoir soutenir un nouveau parti, il tenta de faire aussi une élection, et la Pologne fut sur le point d'avoir trois rois. Sur ces entrefaites, la France offrit sa médiation : mais Charles répondit qu'il traiteroit avec le czar dans Moscou. Lorsque Pierre apprit cette réponse, il répliqua: *mon frère Charles veut faire l'Alexandre, mais il ne trouvera pas en moi un Darius.*

<small>Charles marche contre li i, et passe a Berisil ème, 1707.</small>

Le roi de Suède partit enfin au mois d'août 1707, de son quartier d'Alt-Ranstadt à la tête de quarante-cinq mille hommes, comptant détrôner Pierre comme Auguste. Il semble qu'il auroit dû prendre par la Livonie, afin de recouvrer d'abord les conquêtes qu'on avoit faites sur lui, et de marcher ensuite à Moscou. Dans cette route, son armée n'eût manqué de rien, elle se fût grossie des troupes qu'il avoit dans ces quartiers, il eût eu une retraite dans le cas d'un échec, et il communiquoit par mer avec la Suède, qui pouvoit lui envoyer des secours. Il prit le chemin le moins praticable, marcha au cœur de l'hiver dans des pays ruinés, et arriva, le 6 février 1708, à quelques lieues de Grodno. Pierre ne l'attendit pas. Il faisoit reculer ses troupes à l'approche de l'ennemi, qu'il vouloit engager dans des déserts et dans des pays qu'il avoit dévastés, laissant seulement dans les postes qui pouvoient se défendre, quelques corps, afin de retarder les

Suédois dans leur marche, et de les inquiéter. Ayant pris sa route d'occident en orient, il arriva sur la rive du Niéper ou Boristhène, qui sépare la Pologne de la Russie. Il passa ce fleuve à Mohilow, dernière ville de Lithuanie. Charles, qui le suivoit, trouva des pays ruinés, des marais, des forêts immenses, des déserts, des rivières, des torrens. Son armée ne pouvoit marcher que par corps séparés : il falloit continuellement abattre des arbres pour se frayer un chemin : il falloit livrer des combats. Cependant il surmonta tous ces obstacles, et passa le Boristhène au même endroit que le czar.

CHAPITRE II.

Du midi de l'Europe depuis 1702 jusqu'en 1710.

<small>Ressources ruineuses de la France pour soutenir la guerre.</small>

LA France qui n'avoit pas désarmé après la paix de Riswyck, fut en état d'agir avant les puissances confédérées, qui sembloient n'avoir pas prévu la mort de Charles II. Elle eut donc des succès en 1702 et en 1703; mais les efforts qu'elle avoit faits pour se préparer à la guerre, demandoient qu'elle en fît de plus grands pour la continuer, et ne lui laissoient cependant que des ressources onéreuses. Dès le commencement on eut recours à des expédiens momentanés, qui mettent bientôt dans la nécessité d'en chercher d'autres, et dans l'impuissance d'en trouver, sans se ruiner de plus en plus. On avoit remis la capitation. On donna des édits bursaux: on les multiplia. C'étoit presque tous les jours des créations d'offices, de rentes, de nouveaux gages, etc. On fit une réforme des monnoies, et le marc d'argent qui, en 1700, étoit à 31 liv. 10 sous, fut à 34 liv. 4 sous en 1702. Enfin on imagina un moyen qui pouvoit être d'une grande ressource à l'état obéré, si on en usoit avec modération; mais il devoit achever la ruine des finances, si on en abusoit, et on en abusa bientôt. On introduisit des billets pour suppléer dans le commerce au défaut de l'espèce. Ils furent d'abord reçus sans aucune défiance de la part du public. Il importoit d'entretenir cette confiance. Il falloit donc les répandre avec mesure ; et les proportionnant à une somme qu'on auroit mise à part, se trouver toujours en état de rembourser une grande partie. Mais il parut si commode de payer en billets, et de fournir à toutes les dépenses avec du papier, que le gouvernement n'observa point cette proportion. Il y eut bientôt beaucoup de billets dans le public, et point d'argent dans la caisse. Les papiers perdirent leur crédit, le gouvernement fit banqueroute, et les finances tombèrent dans le plus grand désordre. Ajoutons à ces abus les variations continuelles des monnoies. Il y eut une nouvelle réforme en 1704. On baissa les espèces successivement en 1705, en 1706, en 1708 et au commencement de 1709 ; et dans cette dernière année on les haussa ensuite tout-à-coup, en sorte que le marc d'argent fut porté à 40 liv.

Commencement de ses revers. 1704.

Pendant que la France s'épuisoit au-dedans par une mauvaise administration, elle s'affoiblissoit au-dehors par les coups redoublés que ses ennemis lui portoient. Le duc de Savoie, dont la fidélité avoit été suspecte à Catinat, avoit abandonné Louis XIV au commencement de 1703, et s'étoit joint aux confédérés. Cette défection contribua aux malheurs que la France se préparoit elle-même. Ils commencèrent en 1704. l'année que Stanislas fut élu roi de Pologne. Le maréchal de Villars, à qui elle devoit les succès qu'elle avoit eus en Allemagne, l'année précédente fut rappelé, et le maréchal de Marsin, qui le remplaça, perdit la bataille d'Hochstet, le 13 août. La déroute fut complète. Les Français, qui étoient sur le Danube, repassèrent le Rhin. Ils perdirent plus de quatre-vingts lieues de pays. Il sembloit qu'on craignoit d'employer les meilleurs généraux, et cependant les confédérés avoient à leur tête les deux plus grands capitaines, le prince Eugène et le duc de Marlborough.

En 1705, Marlborough se proposoit de pénétrer en France par la Lorraine et par la Champagne. Le maréchal de Villars, qu'on lui opposa cette fois, le força de renoncer à ce projet. Les Français eurent quelques avantages en Italie, et leurs ennemis en eurent d'autres en Espagne. Il n'y eut point de grandes batailles décisives. Louis XIV et Philippe V, sentant leur foiblesse, avoient ordonné à leurs généraux de se tenir sur la défensive, et de ne rien hasarder. *Campagne de 1705.*

Léopold mourut cette année. Sa mort ne fit point de changement dans les affaires générales. Car les ministres qui l'avoient gouverné, gouvernèrent son fils Joseph, et continuèrent sur le même plan. D'ailleurs, quoique toute l'Europe armât pour la maison d'Autriche, l'empereur étoit de tous les confédérés celui qui contribuoit le moins *La maison d'Autriche exagère sa foiblesse, afin de rendre la maison de Bourbon plus redoutable. 1705.*

aux frais de la guerre. Cette maison avoit alors tout-à-fait changé de politique. Auparavant elle tendoit au despotisme sans dissimuler son ambition; alors elle y tendoit en exagérant sa foiblesse à toutes les puissances. Son unique objet étoit de persuader que la France étoit seule à redouter; considérant qu'elle s'élèveroit d'abord par l'abaissement de cette monarchie, et ensuite parce qu'on la fortifieroit de ce qu'on enlèveroit à Louis XIV. Mais si l'opinion, qu'il falloit humilier la France, devint contagieuse, ce fut par la faute de la France même, qui avoit trop voulu se faire craindre. La cour de Vienne profita de cette opinion qu'elle avoit contribué à répandre. Les confédérés, livrés aux vues particulières du roi Guillaume et du duc de Marlborough, l'embrassèrent avec plus de passion que de sagesse. Enfin on arma contre la maison de Bourbon, avec le même enthousiasme qu'on avoit armé contre la maison d'Autriche, et avec plus d'aveuglement.

Campagne de 1706. En 1706, les Français furent battus partout, excepté en Allemagne, où le maréchal de Villars soutenoit sa réputation. La campagne fut une suite de revers en Espagne, jusqu'à l'arrivée du maréchal de Berwick. Philippe avoit été contraint d'abandonner l'Espagne, l'archiduc Charles avoit été reconnu dans Madrid. Berwick reconduisit Philippe dans cette capitale, et recouvra toute l'Espagne, à l'exception de la Catalogne.

En Flandre, Villeroi, qu'on avoit opposé à Marlborough, perdit le 23 mai la bataille de Ramillies. Ce fut encore une déroute entière. Les ennemis se rendirent maîtres de presque toute la Flandre espagnole, et enlevèrent encore des places à la France.

Le 19 avril, Vendôme avoit gagné en Italie la bataille de Calcinato. Il ne restoit plus qu'à prendre Turin pour se rendre maître de tous les états du duc de Savoie. Mais Vendôme fut rappelé d'Italie en Flandre, où l'on avoit besoin d'un bon général. Le duc de la Feuillade et le maréchal de Marsin, qui le remplacèrent, ayant formé le siége de Turin, furent forcés dans leurs lignes le 7 septembre par le prince Eugène, et entièrement défaits. Ils étoient sous les ordres du duc d'Orléans, dont on ne suivit pas les conseils. Marsin avoit les ordres secrets de la cour, qui se croyant présente par-tout, vouloit conduire les opérations de la guerre au-delà des Alpes. Cette défaite fit perdre à la France, et à l'Espagne le Milanès, le Piémont, la Savoie et le royaume de Naples. Philippe ne conserva plus que la Sicile.

Campagne de 1707. En Espagne, la campagne de 1707 fut glorieuse pour le maréchal de Berwick et pour le duc d'Orléans. Le maréchal de Villars continuoit d'acquérir de la gloire en Allemagne; et le maréchal de Tessé fit lever le siége de Toulon au duc de Savoie et au prince Eugène. Il ne se passa rien en Flandre. Marlborough étoit allé en Saxe, pour pénétrer les desseins du roi de Suède, et pour le détourner de s'unir à la France, à quoi Charles ne pensoit pas.

Campagne de 1708. En 1708, le duc de Vendôme commandoit l'armée de Flandre, sous les ordres du duc de Bourgogne. On lui reproche d'avoir fait plusieurs fautes : mais on convient qu'il fut toujours contrarié par les courtisans qui entouroient le duc de

Bourgogne. Il commença la campagne par la surprise de Gand. Ayant ensuite résolu de faire le siége d'Oudenarde, il livra la bataille à milord Marlborough et au prince Eugène, qui eurent l'avantage. Il fut alors contraint de se retirer vers Gand; et il ne fut pas le maître d'attaquer les ennemis, lorsqu'ils assiégeoient Lille, qui se rendit après quatre mois de siége. Cette journée d'Oudenarde fit perdre à l'Espagne ce qui lui restoit des Pays-Bas, à l'exception de Luxembourg, de Mons et de Nieuport.

Après tant de revers la paix devenoit nécessaire à la France et à l'Espagne; et si les Espagnols ne pouvoient pas encore penser sans chagrin au démembrement de leur monarchie, il étoit temps qu'ils y consentissent au moins par impuissance. Louis XIV avoit fait des propositions dès 1706. Alors Philippe se fût vraisemblablement contenté du royaume de Naples, et des autres états qu'il possédoit encore en Italie; et il eût abandonné l'Espagne, dont l'archiduc venoit de se rendre maître. En 1707, on eût pu former d'autres projets de partage, puisqu'alors l'empereur Joseph

La paix étoit nécessaire à la France et à l'Espagne, et l'intérêt de l'Angleterre et de la Hollande demandoit qu'elle se fît.

s'emparoit de l'Italie, pendant que le duc de Berwick reconquéroit l'Espagne. Il est donc certain que les Anglais et les Hollandais auroient pu obtenir tout ce qu'ils s'étoient proposé par leur alliance, c'est-à-dire, le partage de la monarchie espagnole. Il semble par conséquent qu'ils n'avoient plus qu'à terminer la guerre. S'ils vouloient maintenir l'équilibre, ils ne devoient pas entreprendre d'opprimer la maison de Bourbon, pour rendre à la maison d'Autriche cette supériorité de puissance qui l'a rendue redoutable. De quelques espérances qu'ils osassent se flatter en considérant l'épuisement de la France, il n'étoit pas prudent de prescrire à cette monarchie des conditions qu'elle ne pouvoit accepter sans honte : c'étoit lui faire trouver des ressources dans son désespoir : c'étoit prolonger la guerre, lorsqu'ils pouvoient faire une paix glorieuse ; et cependant la fortune pouvoit changer. D'ailleurs, quoique la situation de l'Angleterre et de la Hollande ne fût pas aussi mauvaise que celle de la France, ces deux puissances étoient néanmoins dans un état violent.

Comme elles portoient presque seules tout le faix de la guerre, elles avoient fait des effort qu'elles ne pouvoient continuer sans surcharger les peuples d'impôts, et sans contracter de nouvelles dettes. Elles se ruinoient par conséquent.

Mais Marlborough, le prince Eugène, et le pensionnaire Heinsius, qui leur étoit dévoué, vouloient la guerre, et tout fut sacrifié aux vues particulières de ces trois hommes. Ils paroissoient faire penser à leur gré les peuples qu'ils conduisoient. On s'irritoit au souvenir des usurpations de Louis XIV : parce qu'on avoit eu des succès, on s'en promettoit de plus grands : encore quelques campagnes, disoit-on, et la France ne sera plus à craindre. On ne vouloit pas voir qu'elle ne l'étoit déjà plus ; et parce qu'on l'avoit humiliée, on vouloit la ruiner entièrement. C'est ainsi qu'après avoir commencé la guerre par politique, on la continua par passion.

Mais Marlborough, Eugène et Heinsius vouloient la guerre.

Les premières négociations se firent avec la république de Hollande, qui exigea, comme condition préliminaire, que l'Espagne et les états dépendans de cette mo-

Propositions préliminaires de la Hollande à la France qui demande la paix.

narchie, dans l'ancien comme dans le nouveau monde, appartiendroient à la maison d'Autriche. Elle demandoit de plus des sûretés pour son commerce, et une barrière dans les Pays-Bas contre la France, sans s'expliquer encore sur les places dont elle vouloit former cette barrière. Puisque ces articles, qui étoient les plus essentiels à traiter, étoient qualifiés de préliminaires, on pouvoit prévoir que les Hollandais formeroient beaucoup d'autres prétentions.

Louis Ier accepte, et se borne à demander un dédommagement pour Philippe V.

Dans l'impatience d'avoir la paix, Louis XIV eût voulu pouvoir conclure avant l'ouverture de la campagne de 1709; prévoyant que les premiers événemens pouvoient rompre la négociation, si elle n'étoit au moins fort avancée. Il accepta donc les premières propositions qu'on lui avoit faites, et se bornant à demander un dédommagement pour les états que Philippe abandonneroit, il se contentoit des royaumes de Naples et de Sicile. Il desiroit à la vérité qu'on y ajoutât la Sardaigne et les places que l'Espagne occupoit sur les côtes de Toscane : mais il étoit prêt à se désister sur ce dernier article. Cette négociation ne pouvoit pas réussir; car les Hollandais, qui se croyoient alors les arbitres de l'Europe, ne vouloient pas encore sincèrement la paix; et quand même ils l'auroient voulue, ils n'auroient pas eu assez de pouvoir sur leurs alliés.

C'est en vain, disoit Marlborough, que la France se flatte de faire la paix par l'entremise de la Hollande. En effet cette république ne pouvoit rien par elle-même, et c'est avec l'Angleterre qu'il eût fallu négocier. Cependant Louis XIV, prévenu que les Hollandais pouvoient donner la paix, continuoit à traiter avec eux : il y étoit même forcé, parce qu'alors le ministère de Londres se déclaroit ouvertement pour la continuation de la guerre, et qu'au contraire les états-généraux paroissoient au moins vouloir entrer en négociation.

Mais la Hollande ne pouvoit pas donner la paix.

Cependant Marlborough et le prince Eugène craignoient que les offres de la France ne fissent impression sur les peuples ; et que tout l'odieux d'une guerre, dont on étoit fatigué, et qu'ils vouloient continuer, ne retombât sur eux. Ils cherchèrent donc à

Marlborough et Eugène répandent que Louis ne veut que diviser ses ennemis.

persuader que les propositions de Louis XIV n'étoient pas sincères, qu'il ne pensoit qu'à diviser les alliés ; ils déclarèrent que toutes les conférences qu'on avoit tenues, étoient désagréables aux cours de Vienne et de Londres, qui ne souffriroient pas qu'on fît aucune distraction à la monarchie d'Espagne. La France pensoit néanmoins qu'elle ne devoit pas encore désespérer de la paix.

La France pouvoit avoir la paix, s'il se faisoit un changement dans le ministère de Londres.

Il est vrai que Marlborough et le grand trésorier Godolfin, son ami et son allié, gouvernoient l'Angleterre, et partageoient entre eux toute l'autorité : il est vrai encore qu'ils vouloient absolument la continuation de la guerre, parce qu'en les rendant nécessaires, elle contribuoit à maintenir leur crédit. Mais il se faisoit contre eux des brigues sourdes à la cour de Londres, et la reine commençoit à souffrir impatiemment la domination de son général. Une révolution dans cette cour pouvoit donc changer la face des choses : car un nouveau ministère devoit rechercher la paix, afin de s'affermir en rendant Marlborough tout-à-fait inutile. En supposant que cette révolution n'eût pas lieu, on se flattoit de pouvoir enfin gagner Marlborough même. On connoissoit la passion qu'il avoit d'amasser des richesses sans bornes : on lui avoit déjà fait quelques propositions, il les avoit écoutées sans s'offenser, et seulement rougissant quelquefois.

Les conférences qui avoient commencé à Moërdik au mois de mars 1709 entre le président Rouillé, ministre du roi, et deux députés de Hollande, Ruys et Wanderdussen, continuoient de se tenir à Boedgrave. Cependant la négociation n'avançoit point; parce qu'à mesure que la France cédoit, les Hollandais formoient de nouvelles demandes, sans s'expliquer jamais sur le terme qu'ils voudroient mettre à leurs prétentions. A peine avoient-ils obtenu une place pour leurs barrières, qu'ils en exigeoient une autre. Ils ne paroissoient pas moins ardens, lorsqu'il s'agissoit des intérêts de leurs alliés ; parce qu'ils se croyoient autorisés à demander d'autant plus pour eux-mêmes, qu'ils demandoient davantage pour l'Angleterre, pour la mai-

Plus la France cédoit, plus la Hollande demandoit, et la négociation n'avançoit point.

son d'Autriche, pour l'Empire et pour le duc de Savoie.

D'ailleurs la Hollande ne s'engageoit point et vouloit que la France s'engageât.

Il n'étoit pas possible de négocier avec eux, parce qu'ils vouloient toujours de nouvelles cessions, et que cependant ils ne s'engageoient jamais. Quoi qu'ils pussent obtenir, ils ne promettoient rien à la France, du moins ils ne lui assuroient rien; et ce qu'ils avoient accordé dans une conférence, ils le désavouoient dans une autre. Lorsqu'on leur demandoit les royaumes de Naples et de Sicile pour dédommager Philippe V, ils répondoient seulement qu'ils emploieroient leurs bons offices auprès de leurs alliés. Les électeurs de Bavière et de Cologne avoient été proscrits en 1606, à la diète de Ratisbonne. Le roi demanda qu'ils fussent rétablis dans leurs biens et dans leurs dignités; les Hollandais se contentèrent d'offrir leurs bons offices.

Elle refuse de faire ténorément quoiqu'on lui accorde tout ce qu'elle demande pour elle.

On leur avoit accordé tout ce qu'ils pouvoient desirer pour eux, et on les exhortoit à déclarer à leurs alliés, que s'ils refusoient d'entrer en négociation, la république les abandonneroit et ne songeroit plus qu'à ses intérêts. Mais c'étoit inutilement. Les Hollandais n'étoient pas assez puissans pour régler seuls les conditions de la paix, et forcer leurs alliés à les accepter. Eugène, Marlborough et Heinsius s'étoient rendus maîtres des délibérations. Leur autorité étoit soutenue par les armées des confédérés qui s'assembloient dans les Pays-Bas ; et ils avoient pour eux le plus grand nombre des citoyens, qui vouloient que la guerre continuât. D'ailleurs il n'eût pas été prudent à la république de traiter séparément : car il lui falloit pour la sûreté de son traité la garantie de ses alliés.

Cependant elle ne pouvoit se dissimuler le besoin qu'elle avoit de la paix. Le poids de la guerre devenoit tous les jours plus pesant, l'argent plus rare, le crédit moins assuré, les fonds plus difficiles à trouver. Mais quand les Hollandais considéroient le triste état où la France étoit réduite, ils supportoient volontiers leurs peines. Enivrés de leurs succès, comptant sur de plus grands encore, ils se flattoient de la voir bientôt succomber sous leurs efforts redoublés.

Elle souffre beaucoup de la guerre : mais elle se flatte d'achever la ruine de la France.

Eugène et Marlborough les entretenoient dans cette opinion.

État de la France et situation de Louis, d'après M. de Torci. 1709.

Leur confiance ne paroissoit pas sans fondement. Vous en jugerez par le tableau que M. de Torci fait de l'état où la France se trouvoit alors. « Il est vrai, dit-il,
» qu'elle étoit affligée de plusieurs maux.
» La famine imminente se joignoit à ceux
» de la guerre : le froid excessif, succé-
» dant subitement au dégel au commen-
» cement du mois de janvier, avoit fait
» périr les grains semés. Le printemps
» paroissoit sans laisser voir aucune appa-
» rence des productions des biens de la
» terre. On ne prévoyoit que malheur de
» tous côtés. Les discours étoient aussi
» tristes que les sujets de raisonnement. On
» enchérissoit encore sur le mauvais état
» du royaume; et ce que chacun en disoit,
» vrai ou faux, passoit dans les pays étran-
» gers. Il est certain qu'une guerre soutenue
» pendant huit ans contre la plus grande
» partie des puissances de l'Europe, avoit
» extrêmement affoibli les provinces. Les
» nouvelles que les étrangers en recevoient,

» persuadoient sans peine qu'elles étoient
» épuisées d'hommes et d'argent. Chaque
» jour les ressources et le crédit pour
» trouver de nouveaux fonds périssoient :
» les armées du roi, autrefois victorieuses
» avoient été forcées, après des batailles
» sanglantes, d'abandonner les pays où
» elles étoient entrées comme triom-
» phantes.

» L'Allemagne, les Pays-Bas, le Pié-
» mont avoient été le théâtre de leurs dé-
» sastres. Les ennemis du roi, accoutumés
» à rendre les places assiégées, pres-
» qu'aussitôt que le siége en étoit formé,
» s'étoient rendus maitres à leur tour des
» places de la domination de sa majesté.
» Ils menaçoient de pénétrer dans le cœur
» de la France. Elle n'étoit pas en état de
» regarder comme vaines des menaces nou-
» velles et si peu vraisemblables lorsque la
» guerre avoit commencé. Le roi donnoit
» alors ses ordres sur les bords du Danube,
» du Tage et du Pô. On n'auroit pas cru
» qu'après quelques années, il eût été réduit
» à défendre l'intérieur de son royaume,
» même obligé d'examiner s'il pourroit de-

» meurer en sûreté dans le lieu de son sé-
» jour ordinaire.

» Quoique le courage des troupes eût été
» éprouvé en toutes occasions, même les
» plus malheureuses, on doutoit si elles
» résisteroient au défaut de paiement et de
» subsistance.

» La seule ressource étoit donc celle de
» la paix desirée et demandée, comme le
» salut du royaume. Mais ce desir ardent,
» fondé sur une nécessité évidente, aug-
» mentoit l'aliénation des ennemis, et
» fournissoit à leur haine autant de raisons
» nouvelles de frapper et d'accabler la
» France, en continuant une guerre qu'elle
» ne pouvoit plus soutenir. C'étoit la source
» de tant de prétentions, qualifiées de préli-
» minaires nécessaires, des variations des
» négociateurs hollandais soumis à leurs
» alliés, des demandes nouvelles qu'ils
» avoient faites à chaque conférence, du
» désaveu fait de leur part dans les der-
» nières, des mêmes points dont ils étoient
» convenus dans les précédentes.

» Le cours d'un règne heureux n'avoit
» été traversé, pendant une longue suite

» d'années, d'aucun revers de fortune. Le
» roi ressentit d'autant plus vivement les
» calamités, qu'il ne les avoit pas éprou-
» vées depuis qu'il gouvernoit lui-même
» un royaume florissant. C'étoit un terrible
» sujet d'humiliation pour un monarque
» accoutumé à vaincre, loué sur ses vic-
» toires, ses triomphes, sa modération,
» lorsqu'il donnoit la paix et qu'il en pres-
» crivoit les lois, de se voir alors obligé à
» la demander à ses ennemis; leur offrir
» inutilement pour l'obtenir, la restitution
» d'une partie de ses conquêtes, celle de
» la monarchie d'Espagne, l'abandon de
» ses alliés; et forcé de s'adresser pour faire
» accepter de telles offres, à cette même
» république, dont il avoit conquis les
» principales provinces en l'année 1672,
» et rejeté les soumissions, lorsqu'elle le
» supplioit de lui accorder la paix à telles
» conditions qu'il lui plairoit de dicter.

» Le roi soutenoit un changement si
» sensible avec la fermeté d'un héros et la
» soumission parfaite d'un chrétien aux
» ordres de la providence, moins touché
» de ses peines intérieures que de la souf-

» france de ses peuples, toujours occupé
» des moyens de la soulager et de terminer
» la guerre. A peine appercevoit-on qu'il
» se fît quelques violences pour cacher au
» public ses sentimens. Ils étoient en effet
» si peu connus, que c'étoit alors une opi-
» nion assez commune, que, plus sensible
» à sa gloire qu'aux maux de son royaume,
» il préféroit au bien de la paix la conser-
» vation de quelques places qu'il avoit con-
» quises en personne ; que s'il pouvoit se
» résoudre à les céder, il auroit la paix, et
» qu'elle dépendoit du sacrifice de ces
» mêmes places.

» Quelques-uns de ceux qui approchoient
» le plus près de sa majesté, n'étoient pas
» exempts de former ces soupçons injustes.
» Ils se glissèrent même dans son conseil...»

Plus la paix s'éloignoit, plus on sentoit le besoin de l'obtenir, à quelque prix que ce fût. Le duc de Beauvilliers, chef du conseil des finances, et le chancelier Pontchartrain, employèrent les plus fortes raisons pour représenter combien elle étoit nécessaire ; à quelle extrémité le roi et le royaume se trouvoient réduits, si malheureusement on laissoit échapper l'occasion de la conclure; et quelles seroient les suites funestes d'une guerre qu'il n'étoit plus possible de soutenir. Ils s'adressèrent ensuite au ministre de la guerre et à celui des finances, les pressant de dire à sa majesté en ministres fidelles, s'ils croyoient, connoissant particulièrement l'état des troupes et des finances, qu'il lui fût possible de soutenir les dépenses, et prudent de s'exposer aux hasards de la campagne. Ils paroissoient donc croire qu'on ne vouloit pas sincèrement la paix; ce soupçon, qui retomboit sur Louis XIV, étoit cruel pour ce monarque.

« Une scène si triste, ajoute M. de
» Torci, seroit difficile à décrire, quand
» même il seroit permis de révéler le se-
» cret de ce qu'elle eut de plus touchant.

» Le roi éprouva pour lors que l'état
» d'un monarque, maître absolu d'un
» grand royaume, n'étoit pas toujours
» l'état le plus heureux et le plus à sou-
» haiter. Il sentit que s'il étoit au-dessus
» des autres hommes, il étoit aussi expo-
» sé à de plus grands revers; que plus on

» est élevé, plus l'infortune est sensible;
» et que c'est pour un prince un objet de
» douleur aussi vif que légitime de se voir
» attaqué de tous côtés, sans avoir les
» moyens ni de soutenir la guerre ni de
» faire la paix. »

J'ai voulu, Monseigneur, vous rapporter ce long passage de M. de Torci, parce que la peinture que ce ministre fait de la situation de votre aïeul, est une leçon qui vaut beaucoup mieux que toutes celles que je pourrois vous donner moi-même. Rappelez-vous actuellement tout le règne de Louis XIV. Considérez d'un côté le faste avec lequel il donnoit des lois à l'Europe; et de l'autre, l'héroïsme qu'il montre dans ses adversités. Jugez en conséquence de la vraie gloire, et dites quel est le temps où ce monarque vous paroît avoir été le plus grand. Je me flatte que vous n'en jugerez pas comme le vulgaire.

Louis se résout à faire de nouveaux sacrifices. Il fut arrêté de faire de nouveaux sacrifices, d'abandonner encore plusieurs places à la république de Hollande, de se contenter du royaume de Naples sans la Sicile, pour le dédommagement de

Philippe V, de remettre aux conférences pour la paix les intéréts des électeurs de Cologne et de Bavière, et de consentir que le prétendant, à qui le roi avoit donné un asyle, sortît de France. Tels sont les ordres qu'on se proposoit d'envoyer au président Rouillé.

Mais il restoit peu de temps pour conclure. Les conférences duroient depuis deux mois : on étoit à la fin d'avril, et l'ouverture de la campagne n'étoit retardée que par le dérangement de la saison. Afin de presser la négociation, il eût été à souhaiter d'employer un négociateur, qui, étant instruit plus particulièrement de l'état des choses, pût prendre sur lui de passer ses pouvoirs, s'il trouvoit le moment heureux, mais inespéré de conclure. Le marquis de Torci, ministre des affaires étrangères, s'offrit au roi, et partit pour la Haye le 1er. mai, chargé d'exécuter les ordres qui avoient d'abord été expédiés pour le président Rouillé. *Torci, son principal ministre, part pour la Haye.*

Ce voyage donna lieu à bien des discours. Quelques-uns le jugeoient aussi contraire au service qu'à la gloire du roi, pensant *Le roi vouloit prouver à l'Europe et à la France combien il desiroit sincèrement la paix.*

qu'il ne convenoit pas que son principal ministre allât demander en suppliant la paix à ses ennemis. Mais plus cette démarche paroissoit extraordinaire, plus elle prouvoit les vrais sentimens de Louis XIV, et il importoit de faire connoître à l'Europe et à la France même les dispositions sincères où il étoit de tout sacrifier à la paix. C'étoit un des objets que se proposoit le marquis de Torci. Il espéroit encore de pénétrer les desseins des ennemis, et peut-être de les engager à les révéler eux-mêmes.

Torci a des conférences avec Heinsius, et la négociation souffre de nouvelles difficultés.

Torci négocia directement avec Heinsius, en présence de Buys et de Wanderdussen, qui furent admis aux conférences. Mais le pensionnaire ne se montra pas moins difficile avec lui, que les deux députés l'avoient été avec le président Rouillé. Il étaloit d'un côté les forces des confédérés; il représentoit de l'autre l'état de foiblesse où la France étoit réduite. Dès-lors il ne doutoit plus des succès de la campagne prochaine, pour laquelle tous les préparatifs étoient faits. Il disoit que la confiance des Hollandais étoit si grande, que plusieurs murmuroient des conditions dont le députés s'étoient expliqués avec le président Rouillé ; et il en concluoit que dans des conjonctures aussi favorables, il n'étoit pas naturel de penser à se relâcher. Ainsi, quoique Buys et Wanderdussen eussent promis que la république emploieroit ses bons offices pour conserver le royaume de Naples et de Sicile à Philippe V, il déclara qu'il ne se feroit aucun démembrement de la monarchie d'Espagne ; que la république s'y étoit engagée par des traités faits avec ses alliés ; et qu'elle ne pouvoit proposer de priver la maison d'Autriche d'une partie de cette monarchie, parce qu'elle ne vouloit pas manquer à ses engagemens. Il ne s'en tenoit pas là. Il s'agissoit encore de satisfaire l'Angleterre, l'empereur, l'empire et le duc de Savoie. Sous prétexte d'opposer de tous côtés des barrières à l'ambition de la France, on eût voulu lui enlever toutes ses provinces frontières, et l'ouvrir de tous côtés à l'ennemi. On affectoit de la craindre pour former des prétentions ; et il sembloit que toutes les puissances voisines voulussent saisir l'occasion de s'enrichir à ses dépens. Enfin, si le pensionnaire s'occupoit vivement des intérêts des alliés, il ne négligeoit pas ceux de la république. Bien loin de se borner aux places que les députés avoient demandées pour la barrière, il disoit, sans dissimulation, qu'il falloit profiter des circonstances, qui promettoient d'en obtenir encore de nouvelles.

A l'arrivée de Marlborough les conférences recommencent. Cependant la négociation languissoit. Le prince Eugène étoit arrivé : mais on attendoit encore milord Marlborough, qui étoit à Londres, et dont le retour n'étoit retardé que par les vents. Torci avoit ordre de lui offrir jusqu'à quatre millions, si la France obtenoit la paix à des conditions moins dures. Il arriva le 18 mai. Les conférences recommencèrent : elles devinrent fréquentes : mais Torci et Rouillé connurent bientôt qu'elles n'auroient aucun succès. Marlborough avoit besoin de la guerre pour se maintenir contre les brigues que ses ennemis tramoient à Londres ; et elle étoit pour lui un fonds de richesses bien supérieur aux offres de Louis XIV.

Louis satisfait l'Angleterre et la En effet, on avoit satisfait l'Angleterre et la Hollande sur toutes leurs demandes ; et le roi se désistant de tout dédommagement pour son petits-fils, abandonnoit absolument toutes les parties de la monarchie d'Espagne à la maison d'Autriche. Il sembloit donc que les Anglais et les Hollandais n'avoient plus qu'à terminer une guerre dont ils portoient presque tout le poids. Mais parce qu'ils ne vouloient pas la paix, ils trouvoient toujours, dans les prétentions de leurs alliés, des prétextes pour l'éloigner. Ils demandèrent que la France restituât toute l'Alsace à l'Empire, et qu'elle abandonnât au duc de Savoie toutes les places qu'il avoit conquises en Dauphiné,* et d'autres encore.

<small>Hollande sur toutes leurs demandes ; et renonce, pour son petit-fils, à toute la monarchie d'Espagne.</small>

Quand le roi auroit cédé sur ces articles, il n'auroit pas obtenu la paix. L'Espagne suffisoit seule pour faire naître de nouvelles difficultés. On demanda quelle sûreté Louis XIV donneroit de la cession entière de cette monarchie. Torci et Rouillé répondirent que le roi rappelleroit les troupes qu'il avoit données à son petit-fils, et que cette sûreté étoit suffisante ; parce que Philippe V privé des secours de la France,

<small>Il offre de retirer les troupes qu'il avoit données à Philippe V.</small>

seroit hors d'état de se soutenir contre les forces des confédérés.

On veut qu'il soit garant que cette monarchie sera dans deux mois livrée toute entière à la maison d'Autriche.

On répliquoit que le rappel des troupes françaises ne suffisoit pas ; et qu'il falloit une assurance positive que la monarchie d'Espagne seroit livrée toute entière à la maison d'Autriche ; parce qu'autrement la France jouiroit de la paix, pendant que les autres puissances seroient obligées de continuer la guerre pour déposséder Philippe V.

On n'osoit pas encore proposer à Louis XIV de déclarer la guerre à son petit-fils, condition odieuse qu'on insinua bientôt après. Mais on exigeoit qu'il fût garant de la cession de toute l'Espagne.

On veut qu'il donne des places en ôtage.

C'étoit lui demander plus qu'il ne pouvoit exécuter. Car dès qu'il ne s'agissoit pas d'armer contre Philippe V, que pouvoit-il faire de plus que de ne pas armer pour lui ? Cependant on s'opiniâtroit à vouloir sa garantie. Pour en être assurés, les Hollandais demandoient qu'il leur donnât plusieurs places en ôtage, et qu'il leur remît en même temps toutes celles dont il vouloient former leur barrière. Ce n'est qu'à ces conditions qu'ils lui offroient un armistice de deux mois, pendant lequel il seroit tenu d'engager Philippe V à descendre du trône. S'il n'y réussissoit pas, la guerre contre la France recommençoit aussi-tôt, et les ennemis reprenoient les armes avec tous les avantages des places qui leur auroient été remises. Ces propositions étoient si extraordinaires qu'il eût été beaucoup plus raisonnable de se refuser à toutes les conférences, et de déclarer qu'on ne vouloit pas la paix.

Comme tout le temps des conférences se consumoit en disputes, où l'on répétoit continuellement les mêmes choses, sans jamais conclure; les négociateurs français pensèrent qu'en mettant par écrit les articles compris sous le titre de préliminaires, ils pourroient fixer l'état de la question, et forcer les ennemis à répondre d'une manière plus précise. Ils se flattoient au moins d'en retirer un autre avantage, et ce fut aussi le seul qu'ils retirèrent : c'étoit de faire connoître au public les offres du roi, et les réponses qu'on y auroit faites. Car alors les Français seroient bien convaincus

Torci remet à Heinsius un écrit concernant les offres du roi.

qu'il vouloit sincèrement la paix, et les Hollandais pourroient s'appercevoir que les intérêts de la république étoient sacrifiés à l'ambition de leurs alliés.

Heinsius y ré- pond.

Le mémoire des négociateurs français renouvela les disputes : on se répéta et on ne conclut point. Alors la seule utilité que Torci pouvoit retirer de son voyage, étoit de savoir à quelles conditions précises les ennemis accorderoient la paix, et d'avoir, de leur main un écrit qui dévoilât leurs desseins et leurs procédés. C'est l'objet qu'il s'étoit proposé dès le commencement de la négociation. Il demanda donc que, puisqu'il avoit remis un projet des offres du roi, ils lui communiquassent à leur tour un projet de leurs demandes. Le pensionnaire accepta la proposition ; et de concert avec Eugène, Marlborough et Sinzendorff, ministre de l'empereur à la Haye, il écrivit un plan général d'articles préliminaires.

Il est prouvé qu'on met la paix à des conditions qui ne sont pas au pouvoir de Louis.

Ce plan conforme à toutes les prétentions que les ennemis avoient formées jusqu'alors, auroit remis entre leurs mains les principales places de la frontière de

Flandre ; et ils auroient recommencé la guerre deux mois après, si dans ce terme le roi d'Espagne n'eût pas renoncé au trône. C'étoit mettre la paix à des conditions qui n'étoient pas au pouvoir de Louis XIV, et que, par conséquent, il ne pouvoit pas promettre. Il ne restoit plus au marquis de Torci qu'à revenir en France. Il partit de la Haye le 28 mai. Le roi, après avoir entendu le compte qu'il lui rendit de son voyage, rejeta le projet du pensionnaire : il rappela le président Rouillé, et la négociation finit.

On se plaignit en Angleterre et en Hollande des chefs de la confédération qui laissoient échapper la paix, lorsque l'une et l'autre de ces deux puissances obtenoient tout ce qu'elles pouvoient desirer. Les ennemis personnels de Marlborough surent profiter, à son désavantage, de sa complaisance à préférer les intérêts de l'empereur au bien de sa patrie; et l'empereur même ne fut pas satisfait. On avoit, selon lui, donné trop peu d'attention à la barrière de l'empire.

<small>L'Angleterre et la Hollande se plaignent qu'on laisse échapper la paix.</small>

Ces plaintes qui semoient la division <small>Les François sont prêts à tout</small>

sacrifier pour soutenir le roi dans cette guerre. parmi les confédérés sont un des fruits que la France retira de la négociation de la Haye. Elle en recueillit un autre, lorsque, d'après les conseils de Torci, Louis XIV écrivit aux gouverneurs des provinces, pour informer ses sujets des facilités qu'il avoit apportées à la paix, et de l'opposition opiniâtre de ses ennemis. Les raisons étoient bonnes. Exposées avec simplicité, elles étoient accompagnées des sentimens d'un père pour ses peuples, et de la confiance d'un souverain en leur zèle. Elles produisirent l'effet qu'on en devoit attendre. Les Français indignés en sentirent moins le fardeau de la guerre; et prêts à sacrifier leurs biens et leur vie, ils ne songèrent qu'à la gloire du roi et de la nation.

Ils sont défaits à Malplaquet; mais la victoire coûte cher aux ennemis. 1709. Les ennemis avoient pris Tournai. Ils marchoient, sous les ordres d'Eugène et de Marlborough, pour faire le siége de Mons, et le maréchal de Villars avançoit au secours de cette place. La bataille se livra près du village de Malplaquet. Elle fut la plus longue et la plus meurtrière de cette guerre. Les Français qui avoient manqué de pain un jour entier, jetèrent celui qu'on

venoit de leur donner pour courir au combat.
Ils perdirent le champ de bataille où ils laissèrent environ dix mille hommes : mais la victoire en coûta, dit-on, près de trente mille aux ennemis. L'infanterie des Hollandais fut presque ruinée ; et la prise de Mons, qui fut la suite de cette journée, ne les dédommagea pas de leurs pertes.

Le maréchal de Villars fut blessé pendant l'action, lorsqu'il passoit de l'aile gauche au centre qui plioit. Cet accident ne permit pas au centre de se rétablir. Il fallut penser à la retraite. Le maréchal de Boufflers la fit en bon ordre ; et l'armée se retira vers le Quesnoi, emportant des étendards et des drapeaux pris sur l'ennemi. Les Français, qui étoient plus foibles avant la bataille, se trouvoient alors supérieurs en forces : on ne sait pas pourquoi ils ne tentèrent pas une seconde fois d'empêcher le siége de Mons.

Du côté de la Savoie, et du côté du Rhin, ils eurent toujours l'avantage. Mais les événemens étoient biens plus décisifs en Flandre. C'est là que les ennemis faisoient tomber tous leurs efforts ; et ils pouvoient s'ouvrir un chemin jusqu'à la capitale. La journée de Malplaquet fit faire de nouvelles démarches pour obtenir la paix.

<small>Louis se soumet à toutes les conditions qu'on lui impose, et demande seulement qu'on trouve quelque tempérament à la garantie qu'on exige de lui.</small>
Quelque dures que fussent les conditions contenues dans les préliminaires dressés par Heinsius, le roi déclara qu'il accepteroit toutes celles dont l'exécution dépendoit de lui : c'est-à-dire, qu'il offrit d'abandonner toutes les places qu'on avoit demandées, soit pour otage, soit pour barrières aux Provinces-Unies, à l'Empire, au duc de Savoie; de raser depuis Bâle jusqu'à Philisbourg toutes celles qu'on vouloit bien lui laisser; et de satisfaire les Anglais qui demandoient que le port de Dunkerque fût comblé, et qu'on en rasât les fortifications. Cependant deux articles souffroient encore de grandes difficultés : le quatrième, par lequel Louis XIV devoit promettre que son petit-fils abandonneroit toute la monarchie d'Espagne dans deux mois; et le trente-septième, qui, faisant dépendre la paix de l'exécution du quatrième, déclaroit que, si après ce même espace de temps, Philippe V conservoit encore quelques partes de la monarchie d'Espagne, on reprendroit

les armes contre la France, dont les places frontières auroient été rasées ou livrées aux ennemis. Le roi accordant tout, à l'exception de ces deux articles, se bornoit à demander qu'on trouvât quelque tempérament, pour applanir les obstacles qu'ils faisoient à la paix. On consentit à négocier. Le maréchal d'Huxelles et l'abbé de Polignac, nommés plénipotentiaires, arrivèrent à Moërdick le 9 mai 1710. Ils eurent aussitôt une conférence avec Buys et Wanderdussen, qu'on leur avoit députés, et qui les attendoient sur un yacht à peu de distance. Le lendemain ils allèrent à Gertruidenberg, lieu que les confédérés avoient choisi pour continuer la négociation.

Louis XIV avoit retiré d'Espagne toutes ses troupes, persuadé, dit le marquis de Torci, que, cessant de secourir le roi son petit-fils, il prouveroit le desir sincère qu'il avoit de faciliter la paix. Il se peut que ce motif fût entré pour quelque chose dans cette démarche : mais il est certain que la France avoit besoin pour elle-même de toutes ses forces. Quoi qu'il en soit, Philippe V soutenoit alors la guerre avec ses

<small>Philippe V ne recevoit plus de secours de la France, et se défendoit avec ses seules forces.</small>

seules troupes contre les Anglais, les Hollandais et les Portugais : trois puissances, qui agissoient rarement de concert, parce que les prétentions qu'elles formoient toutes ensemble sur l'Amérique, étoient pour elles autant de semences de divisions. Aussi l'accession du roi de Portugal à la grande alliance, en 1703, n'avoit pas répondu aux grandes espérances des confédérés. Ils avoient particulièrement compté sur les troupes portugaises pour la guerre d'Espagne, et elles leur avoient manqué dans les occasions les plus essentielles.

<small>Voyant le peu de concert de ses ennemis, et l'attachement de ses sujets, il étoit résolu à ne pas céder sa couronne.</small> Philippe V. voyant que ses ennemis n'étoient pas capables de réunir leurs forces, et sachant que ses sujets avoient autant d'attachement pour lui que d'éloignement pour l'archiduc, étoit déterminé à tout risquer plutôt que d'abandonner sa couronne. Il l'avoit déclaré plusieurs fois, il le déclaroit encore ; et c'est parce que les confédérés étoient bien instruits de la ferme résolution de ce prince, qu'ils persistoient à demander, comme nécessaire à la paix, une condition qu'ils étoient sûrs de ne pas obtenir. Ils n'acceptoient d'entrer

en négociation, que parce qu'ils n'osoient refuser aux vœux des peuples le desir apparent de rendre le repos à l'Europe ; et dans le vrai ils vouloient continuer la guerre, parce qu'ils se flattoient d'accabler la France.

Les plénipotentiaires avoient demandé par ordre du roi d'être admis à la Haye, afin de pouvoir conférer avec le pensionnaire et les députés de l'état, aussi souvent que le bien des affaires et l'avancement de la négociation pourroient l'exiger. Les chefs de la confédération avoient d'autres vues : ils ne vouloient que retarder la conclusion. C'est pourquoi ils avoient fixé le lieu des conférences loin de la Haye, dans une petite ville fermée, où qui que ce soit ne pouvoit entrer, encore moins parler aux plénipotentiaires, sans que l'état en eût aussitôt avis. Les ministres de France étoient donc comme en prison à Gertruidenberg : les députés n'y venoient que de loin à loin : on laissoit de longs intervalles d'une conférence à l'autre; et sans paroître vouloir rompre la négociation, on la faisoit traîner jusqu'à l'ouverture de la campagne.

Cependant on ne conféroit que de loin en loin avec les plénipotentiaires français qu'on tenoit comme enfermés à Gertruidenberg.

On demande que Louis arme contre son petit-fils.

Lorsque le roi s'étoit plaint qu'on lui eût insinué de joindre ses forces à celles des confédérés pour détrôner son petit-fils, le prince Eugène et milord Marlborough désavouèrent cette proposition, comme un artifice inventé pour abuser le public, et persuader que les ennemis de la France ne vouloient qu'éloigner la paix. Cependant dès les premières conférences de Gertruidenberg, cette condition odieuse fut proposée comme essentielle; et on avertissoit même qu'elle ne lèveroit pas encore toutes les difficultés. Car Buys déclara que les états-généraux se réservoient la faculté de former, après la signature des préliminaires, de nouvelles demandes, qu'il nomma *ultérieures*.

Encore se réserve-t-on des demandes ultérieures qu'on n'explique pas.

Il fut ce qu'elles contiendroient. Il est vrai que Wanderdussen dit, comme en secret, aux plénipotentiaires qu'on vouloit comprendre dans ces demandes ultérieures, Valenciennes, Douai, Cassel; et de plus, un dédommagement des frais que les siéges de Tournai et de Mons avoient causés. Mais se contenteroit-on de ces trois places? et quel seroit d'ailleurs ce dédommagement dont on parloit? Former toujours de nouvelles prétentions, après avoir obtenu ce qu'on avoit demandé; et se réserver la liberté d'en former encore sans s'expliquer sur ce qu'on demandera; c'étoit montrer des dispositions bien contraires à la paix, à la bonne foi, et à la raison même; car il étoit absurde d'exiger que la France accordât, par les préliminaires, des demandes ultérieures qu'on n'expliquoit pas.

Pour se flatter de persuader à Philippe V de renoncer à la couronne d'Espagne, il falloit au moins avoir un dédommagement à lui proposer. Après bien des difficultés, les confédérés n'accordèrent que la Sicile, avec la condition barbare que Louis XIV. se chargeroit lui seul de contraindre son petit-fils à sortir d'Espagne, de gré ou de force. Encore s'opiniâtrèrent-ils à ne pas s'expliquer nettement sur leurs demandes ultérieures. *On offre en dédommagement la Sicile à Philippe V.*

Le roi, pour le bien de la paix, consentit à conseiller à Philippe V de se contenter de la Sicile; il s'engagea à ne lui donner aucun secours directement ni indirectement; il offrit même de contribuer par *Louis consent à tout, pourvu qu'on ne le force pas à armer contre son petit-fils.*

des subsides à la guerre que les confédérés auroient à lui faire, et à leur donner jusqu'à un million par mois. En un mot, il accepta toutes les conditions, excepté celle de faire directement la guerre à son petit-fils. Alors on exigea qu'il la fît seul et à ses dépens. *Notre volonté*, disoient les confédérés, *est que le roi se charge, ou de persuader au roi d'Espagne, ou de le contraindre lui seul et par ses seules forces, de renoncer à toute sa monarchie. On accorde à la France une trève de deux mois pour cette opération ; et après l'expiration de ce terme, on lui fera la guerre, si elle n'a pas réussi dans cette entreprise.*

<small>Mais on veut qu'il se charge lui seul de le détrôner.</small>

<small>Plus Louis est humilié, plus il trouve de ressources.</small>

Autant Louis XIV avoit autrefois dicté des lois avec hauteur, autant alors il se voyoit humilié. Mais la politique atroce et déraisonnable de ses ennemis le servoit, parce qu'elle lui faisoit trouver des ressources dans son courage et dans l'indignation des Français. Il ne falloit qu'un événement pour changer la face des choses.

<small>Cependant la campagne de 1710 parut la lui ôter.</small>

Cependant la campagne de 1710 fortifia les confédérés dans leurs préventions, et les confirma dans le dessein d'accabler toutes et à lui et à son petit-fils. tout-à-fait la France. Ils prirent Douai, Béthune, Aire et S.-Venant. Philippe V, après avoir perdu la bataille de Saragosse, fut contraint de se retirer en Navarre avec les débris de son armée; et l'archiduc, reconnu à Madrid et à Tolède, ne parut pas devoir trouver désormais beaucoup d'obstacles à la conquête entière de la monarchie espagnole.

Tel étoit l'état des choses à la fin du mois d'août 1710 : l'Espagne échappoit à Philippe V, et la France étoit sans espérance de voir finir une guerre qu'elle ne pouvoit plus soutenir.

CHAPITRE III.

De la campagne de Pultava avec ses suites, et de celle du Pruth.

<small>L'Europe étonnée observoit Charles XII avec inquiétude.</small>

Lorsqu'en 1706 tout le nord demeuroit dans le silence à la vue des succès de Charles XII, le midi n'étoit pas sans inquiétude des desseins que formeroit ce jeune conquérant. Les ambassadeurs de presque tous les princes de la chrétienté vinrent lui apporter les hommages de toute l'Europe dans son camp d'Alt-Ranstadt, près de Lutzen, lieu mémorable par la dernière victoire et par la mort du grand Gustave. Ils croyoient voir ce capitaine revivre dans Charles XII, qui, répandant déjà la consternation en Danemarck, en Saxe, en Pologne, en Lithuanie, en Russie, pouvoit pénétrer dans l'Empire qui lui étoit ouvert; et ce conquérant leur paroissoit pouvoir changer à son choix la face de l'Europe, au midi comme au nord. Ainsi toutes les puissances le ménageoient à l'envi.

L'empereur Joseph fit bien voir combien il le redoutoit. La diète de Ratisbonne ayant menacé de déclarer le roi de Suède ennemi de l'Empire, s'il entroit en Saxe, Joseph se hâta de s'excuser de cette démarche, et lui députa le comte de Wratislaw pour l'appaiser.

L'empereur Joseph qui le craint, se hâte de le satisfaire sur toutes ses demandes.

Le comte de Zobor, chambellan de l'empereur, avoit parlé avec peu de respect du roi de Suède, et sur-tout du roi Stanislas qu'il traitoit de rebelle; et le baron de Stralenheim, envoyé de Suède à Vienne, lui avoit donné un démenti et un soufflet. C'étoit à l'empereur à demander une réparation : mais Charles XII l'exigea, l'obtint, et le comte de Zobor, qui lui fut livré, fut gardé quelques jours prisonnier à Stetin.

Le roi de Suède demanda encore, que l'empereur rappelât quatre cents officiers allemands, qui étoient passés au service du czar; qu'il lui livrât quinze cents Russes, qui s'étoient réfugiés sur les terres de l'Empire; et que conformément au traité de Westphalie, il accordât aux protestans de Silésie le libre exercice de leur religion, et leur rendît toutes leurs églises.

Ces demandes furent reçues comme des ordres. Joseph n'osa rien refuser à un vainqueur, qui se croyoit maître chez les autres, dès qu'il les pouvoit menacer de ses armes. Les Russes n'échappèrent que parce que l'envoyé de Russie à Vienne eut le temps de les faire évader.

Le bruit couroit qu'il vouloit unir ses forces à celles de la France.

Le roi de Suède ne jugeoit rien d'impossible pour lui ; et les puissances de l'Europe, paroissant porter le même jugement, fondoient sur ce prince leurs espérances ou leurs craintes. Ainsi le nom de Charles XII avoit quelque influence sur la guerre du midi. Le bruit s'étoit même répandu qu'il vouloit se joindre à la France contre la maison d'Autriche. C'est pourquoi Marlborough fit, en 1707, le voyage de Saxe. Il connut bientôt que ce bruit étoit sans fondement, de sorte qu'ayant démêlé les vues de Charles XII, il ne jugea pas à propos de lui faire des propositions pour le détourner d'un dessein qu'il n'avoit pas.

Il eût pu disposer de la monarchie d'Espagne, mais il a cru important de se venger du czar.

Il n'est pas douteux que le roi de Suède n'eût été l'arbitre de l'Europe, s'il l'eût voulu : il semble même qu'étant moins ambitieux de conquérir des royaumes que d'en donner, il auroit dû être flatté de la gloire de disposer de la monarchie d'Espagne. Mais il étoit pressé de se venger du czar, et parce qu'il se flattoit de l'avoir bientôt détrôné, il jugeoit qu'il seroit toujours à temps de s'ériger en juge des autres puissances. Le desir de la vengeance le conduisit donc en Russie : ce fut un mauvais guide pour lui.

Nous l'avons laissé, en 1708, au-delà du Boristhène. Les vivres commençoient à lui manquer. Dans la marche longue et pénible de Grodno au Boristhène, son armée avoit subsisté du biscuit dont il s'étoit précautionné, et elle l'avoit consumé presque entièrement : il n'avoit plus de ressources que dans Lœwenhaupt, qui devoit le joindre avec un corps de vingt mille hommes, et qui lui amenoit sept à huit mille chariots chargés de provisions de bouche et de guerre. Cependant ce général n'arrivoit point. Avec un si grand convoi, il ne pouvoit avancer que lentement dans de mauvais chemins ; et le général Baur, qui commandoit un détache-

Ce dessein le conduit au delà du Boristhene, où les provisions de toute espèce lui manquent.

ment dans la Courlande, le harceloit continuellement.

<small>Le czar, qui attend que la famine lui livre ses ennemis, ne laisse après lui que des pays qu'il a dévastés.</small>

Il falloit vaincre ou périr; et il ne paroissoit pas possible de vaincre. Le czar étoit trop prudent pour hasarder une action générale, lorsque la famine pouvoit seule ruiner ses ennemis. Il livroit seulement de petits combats, où les Suédois, toujours vainqueurs, faisoient des pertes qu'ils ne pouvoient réparer.

Il se retiroit du côté de Smolensko, ne laissant après lui que des pays où il avoit tout détruit. C'étoit le chemin de Moscou : mais une armée sans provision ne pouvoit le prendre.

<small>Mazeppa s'étoit ligué avec Charles;</small>

Mazeppa s'étoit ligué secrètement avec Charles XII, croyant avoir trouvé l'occasion de se venger du czar, qui, dans la chaleur du vin, avoit menacé de le faire empaler. Il avoit promis au roi de Suède trente mille hommes, des munitions de guerre et des provisions de bouche.

<small>Et le roi jugeoit que l'Ukraine lui préparoit la conquête de la Russie.</small>

L'Ukraine est un des meilleurs pays de l'Europe; tout y vient presque sans culture : mais la partie méridionale, où les habitans ne sèment ni ne plantent, ne sauroit être fort peuplée, et les guerres en avoient fait un désert. Charles, jugeant qu'étant maître de ce pays, il pourroit facilement conquérir la Russie, projeta d'y passer l'hiver, et envoya ordre à Lœwenhaupt de l'y venir joindre. Il eût sans doute été plus sage d'attendre ce général que de s'en éloigner : mais ce prince, qui jusqu'alors avoit été trop heureux pour être prudent, étoit si éloigné de prévoir des revers, qu'il n'imaginoit pas seulement devoir trouver des obstacles.

Il détacha Lageracrons avec quatre mille hommes, pour jeter des ponts et frayer le chemin de l'armée. Ce général s'égara dans une vaste forêt, pleine de marécages ; de sorte que les Suédois, laissant dans les marais la plus grande partie de leur artillerie et de leurs chariots, arrivèrent exténués de lassitude et de faim, sur les bords de la Desna, où Mazeppa avoit marqué le rendez vous. Ils trouvèrent au lieu de ce chef des Cosaques, un corps de Russes qui s'avançoit vers l'autre bord de la rivière. Des détachemens de l'armée du czar avoient prévenu la trahison.

Mais lorsqu'il arrive sur les bords de la Desna, il y trouve un corps de Russes, et Mazeppa ne le joint qu'avec trois ou quatre mille hommes.

Maîtres des principales places de l'Ukraine, et des provisions destinées au roi de Suède, ils avoient déjà fait périr sur la roue trente des complices de Mazeppa. Cet hetman n'amena que trois ou quatre mille hommes au camp des Suédois, et n'apporta point de vivres. Charles XII, qui avoit alors forcé le passage de la Desna, fondoit toutes ses espérances sur les intelligences que Mazeppa conservoit dans l'Ukraine : car il n'en avoit plus sur Lœwenhaupt, qui venoit d'arriver avec les débris de son armée.

Il comptoit sur les troupes et sur les provisions que Lœwenhaupt conduisoit, mais ce général, défait par le czar, ne lui amena que quatre mille hommes.

Le czar étoit resté sous Smolensko avec l'élite de ses troupes. Il songeoit aux moyens d'empêcher Lœwenhaupt de joindre le roi de Suède, lorsqu'il apprit que ce général avoit passé le Boristhène au-dessus de Mohilow. Il envoya contre lui le prince Mentzikof, et il s'avança lui-même avec le reste de son armée. Dans trois jours il livra trois combats. Le premier ne fut pas décisif. Au commencement du second, voyant que ses troupes plioient, il ordonna à l'arrière-garde de tirer sur les fuyards, et sur lui-même, s'il se retiroit. Il eut l'avantage. Le troisième, le plus opiniâtre et le plus meurtrier, ne finit qu'avec le jour. Les Suédois ne furent jamais mis en déroute ; mais ils perdirent environ seize mille hommes, tués ou prisonniers. Lœvenhaupt abandonnant son artillerie et ses chariots, profita de la nuit pour passer la Sossa, avec quatre mille hommes qui lui res-, toient, et alla joindre Charles XII.

Eloigné de Suède de près de cinq cents lieues, et environné d'ennemis, ce prince marchoit dans des déserts qu'il ne connoissoit pas, et où il ne trouvoit que des villages ruinés. Autant il desiroit une action générale, autant le czar, qui l'évitoit, cherchoit l'occasion de livrer de petits combats, et de risquer, comme il le disoit, dix Russes contre un Suédois ; par cette conduite il minoit insensiblement l'armée de son ennemi, tandis que la sienne pouvoit toujours se recruter. *Il eût desiré une action générale ; mais Pierre ne hasard oit que de petits combats.*

Le froid excessif qui survint en 1709, fut un nouveau fléau pour les Suédois, qui, étant presque nus, résistoient moins que les Russes à la rigueur de la saison. Deux mille tombèrent morts dans une marche. *Le froid de 1709 est un nouveau fléau pour les Suédois.*

On avoit jeté presque tous les canons dans des marais, faute de chevaux pour les traîner; et cette armée, prête à périr de misère, ne subsistoit plus que par les soins de Mazeppa. Le froid fut si grand, qu'on fut obligé de part et d'autre de convenir d'une suspension d'armes. Mais dès le premier de février on commença à se battre au milieu des glaces et des neiges.

Charles met le siége devant Pultava. 1709.

Après avoir pris Veprick, ville de peu d'importance, Charles mit le siége devant Pultava, au mois de mai 1709. Cette place est située sur la Vorskla, à l'extrémité orientale de l'Ukraine. Le czar en avoit fait un magasin. Il y avoit des vivres et toute sorte de munitions : elle étoit fortifiée, défendue par une forte garnison, et par le général Allart, bon ingénieur.

Si Charles prenoit cette ville, il rendoit l'abondance à son armée; et il pouvoit attendre de nouveaux secours, ou marcher à Moscou par des défilés qui servent de passages aux Tartares : défilés difficiles à la vérité, et qu'il étoit aisé à l'ennemi de rendre impraticables; mais il se flattoit que si le czar venoit au secours de Pultava, il le battroit, et qu'une nouvelle victoire surmonteroit bien des obstacles.

Le czar, dont les troupes étoient dispo-sées de manière à pouvoir se rassembler au besoin, parut à la tête de soixante mille hommes, ayant la Vorskla entre lui et le roi de Suède. Charles n'en avoit que vingt-quatre mille, dont les Suédois faisoient à peine la moitié. C'est tout ce qui lui restoit de quarante-cinq mille qu'il avoit amenés de Pologne, et de vingt mille que Lœwenhaupt avoit conduits. Cependant il se trouveit entre le Boristhène et la Vorskla, dans un pays désert, sans place de sûreté, sans munitions, vis-à-vis d'une armée qui lui coupoit la retraite et les vivres; et pour comble de malheur, il fut blessé d'un coup de carabine, qui lui fracassa le pied gauche. *Pierre avance sur la Vorskla.*

Le czar, ayant appris cette blessure, passa la Vorskla au-dessus de Pultava, et retrancha son armée à droite et à gauche pour enfermer les Suédois. Alors le roi de Suède sortit de ses retranchemens, se faisant porter sur un brancard ; mais après un combat de deux heures, ses troupes cédant au nombre, furent enfoncées, mises en dé- *Pinasse cette rivière, et défait les Suédois.*

route, et il fut contraint de fuir lui-même. Cette action se passa le 8 juillet.

Charles cherche un asyle chez les Turcs.

Le roi de Suède, ayant été mis dans un carosse, arriva la nuit du 9 au 10 juillet sur les bords du Boristhène, avec les débris de son armée. Il passa ce fleuve avec environ dix-huit cents hommes, tant suédois que polonais et cosaques. Il avoit perdu plus de neuf mille hommes sur le champ de bataille, et il en laissoit dans les fers douze à treize mille. Il continua son chemin dans des pays arides et déserts jusqu'au fleuve Hypanis, qu'on nomme aujourd'hui Bog, et qu'il eut le bonheur de passer à propos. Car cinq cents hommes de sa suite furent enlevés par les Russes qui le poursuivoient. Il se trouvoit alors sur les terres des Turcs, qui lui donnèrent un asyle à Bender.

Auguste recouvre la couronne de Pologne.

La Pologne n'avoit jamais été entièrement soumise au roi Stanislas. Siniawski, grand-général de la couronne, avoit toujours refusé de le reconnoître : il étoit soutenu par le czar, qui, quelques jours avant la bataille de Pultava, lui avoit encore envoyé vingt mille hommes, commandés par le général Goltz. De nouveaux secours, aussitôt après la défaite de Charles XII, furent conduits par le prince Mentzikof, et achevèrent de relever le parti d'Auguste. Ce roi armoit alors en Saxe; et désavouant le traité d'Alt-Ranstadt, il avoit fait enfermer les deux ministres qui l'avoient signé, comme s'ils eussent passé leurs pouvoirs. Pierre parut bientôt lui-même à Varsovie. Il se rendit ensuite à Thorn, où il renouvela un traité d'alliance avec Auguste, auquel il rendoit la couronne, et qui lui céda toutes ses prétentions sur la Livonie. Stanislas n'étant plus que le sujet d'une guerre civile, qu'il ne pouvoit pas même soutenir, exhorta les polonais qui lui restoient fidelles à se ranger du parti d'Auguste; et se retira dans la Poméranie Suédoise, avec le général Crassau que Charles avoit laissé en Pologne. Ainsi les Suédois furent obligés d'évacuer tout-à-coup un pays où quelques jours auparavant ils donnoient la loi. La Lorraine ne savoit pas l'intérêt qu'elle pouvoit prendre à cette révolution, qui devoit cependant contribuer un jour à son bonheur.

Les puissances du nord se préparent à profiter de l'état d'épuisement où se trouve la Suède.

Les puissances qui avoient tremblé au seul nom de Charles XII, se préparèrent à profiter des malheurs de la Suède. Le Danemarck renouvela ses prétentions sur la Scanie et sur les duchés de Holstein et de Brême. L'électeur de Brandebourg, alors roi de Prusse, en avoit d'anciennes sur la Poméranie suédoise. L'électeur de Hanovre, le duc de Mecklenbourg et l'évêque de Munster songeoient à s'enrichir aussi des dépouilles de Charles : et Pierre, alors l'arbitre du nord, se proposoit de conquérir toutes les provinces, sur lesquelles les czars avoient formé des prétentions, c'est-à-dire, la Livonie, l'Ingrie, la Carélie et une partie de la Finlande. Contre tant d'ennemis, la Suède se trouvoit trop foible. Presque dépeuplée par les recrues qu'elle avoit envoyées aux armées de Charles XII pendant neuf ans, elle étoit menacée de perdre au moins toutes les conquêtes de Gustave-Adolphe.

Conquêtes du czar 1710.

Pierre recueilloit rapidement les fruits de la victoire de Pultava. Il négocioit, il armoit tout-à-la-fois; et dans la campagne de 1710, il se rendit presque entièrement maître de la Livonie, de la Carélie et de la Finlande. Le roi de Danemarck, son allié, faisoit alors une puissante diversion dans la Scanie. Mais l'armée danoise, après avoir remporté quelques avantages, fut entièrement défaite par le général Steinbock : de dix-sept mille hommes dont elle étoit composée, il ne s'en sauva pas la moitié.

L'empereur Joseph, qui n'avoit point de prétentions à former sur la Suède, se reprocha ses complaisances forcées pour Charles, qu'il ne craignoit plus ; il ôta aux protestans de Silésie le libre exercice de leur religion, et permit aux catholiques de reprendre leurs églises. *L'empereur Joseph se reproche ses complaisances pour Charles.*

La France et la Suède avoient commencé la guerre en même-temps, et toutes deux avec des succès : les Français étoient vainqueurs sur le Danube, lorsque les Suédois l'étoient sur l'Oder. Si ces deux puissances s'étoient alors réunies, elles n'auroient pas été moins formidables que du temps de Gustave-Adolphe. Mais Charles, qui se fioit en ses armes, suivoit plutôt les mouvemens de sa vengeance que les conseils *La France et la Suède avoient eu des succès en même temps.*

de la politique. Peut-être auroit-il craint de contribuer aux succès d'un allié, dont les prospérités excitoient sa jalousie et qu'il vit dans la suite avec une sorte de plaisir succomber sous les efforts des confédérés.

Elles tombent tout's deux, mais la Suède est sans ressource.

La France tomba lentement, et conservoit encore des ressources : la Suède tomba tout-à-coup, et n'en avoit plus. Il arriva même que son malheur devint avantageux à la France : il causa une diversion.

La chûte de la Suède cause une diversion en faveur de la France.

A l'exception du czar, tous les princes qui formoient des prétentions sur les provinces de Suède, étoient entrés dans la grande alliance. Cependant plusieurs n'avoient pas pu donner tous les secours qu'ils avoient promis : car Charles XII avoit, sans le vouloir, fait une diversion en faveur de Louis XIV. Sa défaite en causoit une plus grande, puisque des princes, qui jusqu'alors avoient porté leurs armes contre la France, songeoient à les tourner contre la Suède. Si la guerre s'allumoit, sur-tout dans la Poméranie et dans le duché de Holstein, qui sont des provinces de l'empire, il étoit naturel qu'elle attirât insensiblement de ce côté une grande partie des forces du corps germanique. C'est ce que prévirent les confédérés ; et pour l'empêcher, ils imaginèrent un moyen qui ne produisit aucun effet, et qui n'est remarquable que par sa singularité.

Par un traité qu'ils conclurent à la Haye sur la fin de 1709, il fut stipulé que la guerre contre les Suédois ne se feroit point en Poméranie, ni dans aucune des provinces de l'Allemagne ; et que les ennemis de Charles XII pourroient l'attaquer par-tout ailleurs. Le roi de Pologne et le czar, qui accédèrent à ce traité, y firent insérer l'article le plus extraordinaire : c'est que douze mille Suédois, qui étoient en Poméranie n'en pourroient sortir pour aller défendre les autres provinces de la Suède.

<small>Moyen qu'on imagina pour empêcher l'effet de cette diversion. Il ne pouvoit réussir.</small>

Pour assurer la neutralité de la Poméranie et des douze mille Suédois, on projeta de lever une armée qui camperoit sur le bord de l'Oder, et qui seroit composée des troupes de l'empereur, du roi de Prusse, de l'électeur de Hanovre, du landgrave de Hesse, de l'évêque de Munster : c'est-à-dire, que l'on confioit cette neutralité à plusieurs princes, qui étoient intéressés à porter la guerre en Poméranie. Rien de tout cela ne fut exécuté.

Charles XII tente d'armer la Porte contre la Russie.

Pendant que les puissances du nord faisoient une guerre qui inquiétoit celles du midi, Charles XII, dans son asyle de Bender, concevoit le dessein d'armer l'empire ottoman contre la Russie. Le comte de Poniatowski, gentilhomme polonais, qui l'avoit suivi, formoit à Constantinople des intrigues jusques dans le sérail, et se flattoit quelquefois de réussir au gré du roi de Suède. Mais Tolstoi, ambassadeur du czar, travailloit à rompre ses mesures, et il y avoit réussi.

Le kan des Tartares de Crimée sollicite aussi la Porte à prendre les armes, et la guerre est résolue.

La puissance que Pierre montroit sur les Palus-Méotides et sur la mer Noire, où il avoit fortifié des places, creusé des ports et construit des flottes, suffisoit pour donner de l'ombrage à la Porte; et c'étoit sans doute une des raisons que les intrigues de Poniatowski faisoient valoir. Le kan des Tartares de Crimée, qui avoit vu Charles XII à Bender, appuyoit sur tous les motifs de prendre les armes contre la Russie. Il avoit le même intérêt que lui à l'abaissement d'un voisin qu'il redoutoit. Il fut consulté, dit-t-on, par le sultan Achmet III, qui régnoit alors; et la guerre fut résolue.

Pierre n'attend pas que l'ennemi la porte dans ses états. Il crée un conseil de régence à Moscou ; il laisse le prince Mentzikof à Pétersbourg, pour veiller sur les provinces qu'il a conquises; il envoie l'amiral Apraxin commander dans Asoph, et il marche avec le général Schérémétow vers le Niester, au mois de mars.

<small>Le czar, qui veut prévenir ses ennemis, s'avance sur le Niester.</small>

Il comptoit que la Moldavie et la Valachie se déclareroient pour lui. Ces provinces, qui étoient autrefois le pays de Daces, sont aujourd'hui des espèces de fiefs qui relèvent de la Porte, et dont le sultan dispose. On nomme hospodar ou vayvode les princes qui les gouvernent.

<small>Il comptoit sur les vayvodes de Moldavie et de Valachie, dont il ne retire aucun secours.</small>

Démétrius Cantimir, vayvode de Moldavie, et Bassaraba Brancovan, vayvode de Valachie, avoient promis de se joindre au czar, et de lui fournir toutes les provisions nécessaires pour son armée. Mais le second lui manqua, et le premier ne put pas remplir tous ses engagemens. Comme il ne gouvernoit les Moldaves que depuis peu, il n'eut pas assez de crédit sur eux pour les entraîner dans sa révolte. Il vint se joindre aux Russes, comme Mazeppa s'étoit joint aux Suédois; et même il leur fut encore d'une moindre ressource.

Il hâte sa marche pour dégager son avant-garde, qui campois sur le Pruth.

L'avant-garde, commandée par Schérémétow, campoit alors à Jassy, capitale de la Moldavie, située sur la rivière de Bahluy, à deux milles du Pruth, nommé par les anciens Hiéruse. Les Moldaves fuyoient; et ne laissant à l'ennemi que des pays déserts, ils portoient à l'armée turque les provisions que Cantimir avoit destinées aux Russes. Cependant Pierre hâtoit sa marche avec le reste de son armée, pour venir dégager Schérémétow, qui pouvoit être enveloppé par les Turcs. Ils avoient passé le Danube sous les ordres du visir Baltagi-Méhémet : ils approchoient du Pruth, et ils marchoient vers Jassy, au nombre d'environ deux cent cinquante mille hommes, en y comprenant les Tartares.

Il ne peut plus ni se retirer ni combattre qu'avec désavantage.

Il s'agissoit de leur défendre le passage du Pruth : mais le czar n'arriva pas à temps, et son armée, réduite à la moitié dans une longue marche sous un soleil brûlant et parmi des déserts arides, n'étoit tout au plus que de quarante mille hommes. Un corps assez considérable que le général Renne lui amenoit, ne pouvoit arriver jusqu'à lui : les Turcs avoient coupé la communication. Campés sur l'une et l'autre rive du Pruth ; ils étoient maîtres de la campagne ; et les Russes, enveloppés de toutes parts, ne pouvoient ni se retirer, ni subsister où ils étoient, ni combattre qu'avec un désavantage évident. Tout leur manquoit jusqu'à l'eau : ils ne pouvoient tenter d'en puiser dans le fleuve, sans s'exposer au feu d'une nombreuse artillerie, que le grand visir avoit placée sur la rive gauche. Cependant ils se défendoient avec courage ; ils ne purent être entamés. Mais ils ne pouvoient pas résister long-temps à la disette. Pierre sentit alors qu'il avoit fait la même faute que le roi de Suède à Pultava ; que comme lui, il s'étoit engagé trop avant dans un pays ennemi, et qu'il avoit trop compté sur les promesses d'un allié peu puissant.

C'est à vingt-cinq lieues de Bender que le vainqueur de Charles XII se voyoit au moment de perdre avec la liberté le fruit Hauteur déplacée de Charles XII.

de tant de soins pour policer et étendre son empire. Le roi de Suède avoit refusé de suivre les Turcs ; parce qu'il crut au-dessous de lui de se trouver dans une armée où il ne commandoit pas. Baltagi-Méhémet lui envoya Poniatowski, pour l'inviter à venir voir les dispositions qu'il avoit faites ; il refusa encore, exigeant que le grand visir lui fît la première visite. Cette fierté étoit bien deplacée. Peut-être qu'avec plus de complaisance, il eût gagné ce général, qui l'oublia bientôt, et qui ne travailla que pour les intérêts de la Porte.

Cruelle situation du czar. — Tel étoit l'effet de la discipline que le czar avoit mise parmi ses troupes : huit mille Russes soutinrent dans un combat les efforts de cent cinquante mille Turcs, leur tuèrent sept mille hommes, et les forcèrent à retourner en arrière. Cependant les escarmouches continuoient : les Russes étoient foudroyés par le canon des ennemis : leur cavalerie étoit presque toute démontée : ils périssoient par la famine, et ils paroissoient devoir enfin succomber sous le nombre. Pierre, incertain si, hasardant une action générale, il traîneroit au combat son armée languissante, se retira dans sa tente; et défendit que personne osât y entrer, sous quelque prétexte que ce fût, ne voulant pas qu'on fût témoin des troubles qui l'agitoient, ni qu'on le détournât d'une résolution désespérée, s'il la jugeoit nécessaire. Une femme lui rendit l'espérance et le sauva.

En 1702, la petite ville de Marienbourg, qui étoit située sur les confins de la Livonie et de l'Ingrie, ayant été prise et détruite par les Russes, tous les habitans furent emmenés en captivité. Il y avoit parmi eux une jeune paysanne livonienne, veuve d'un sergent qu'elle avoit perdu le jour ou le lendemain de ses noces. Orpheline dès l'âge de cinq ans, elle étoit chez un ministre luthérien qui avoit donné quelques soins à son éducation. Elle est connue sous le nom de Catherine.

Le czar avoit épousé Catherine.

Catherine ayant été le partage d'un général, qui la céda au prince Mentzikof, eut occasion d'être connue du czar, dont elle attira toute l'attention. Charmé de sa beauté, et plus encore de son esprit et de son courage, Pierre l'aima et l'épousa secrètement en 1707. Il crut trouver en elle une ame capable de seconder ses desseins.

Ce mariage étoit contraire aux usages des Russes.

Ce mariage choquoit les préjugés des Russes : non qu'en Russie les princes crussent alors se dégrader, lorsqu'ils ne s'allioient pas à des princes : ils ne se piquoient pas même d'être assez délicats pour chercher dans une femme les vertus de son sexe. Il y avoit une loi ou un usage qui ne permettoit pas au czar d'épouser une étrangère : il épousoit une de ses sujettes : il la prenoit d'ordinaire dans la noblesse, quelquefois dans le peuple, et presque jamais dans les grandes maisons. Il eût craint de les rendre trop puissantes, ou de mettre la jalousie parmi elles. Quand il vouloit se marier, il suivoit le conseil que Sulli donnoit en badinant à Henri IV; car il faisoit assembler les plus belles personnes de la nation, et il choisissoit celle qui lui plaisoit davantage.

Les vertus de Catherine pouvoient faire taire les préjugés.

Avec des vertus au-dessus de son sexe, Catherine étoit destinée à être souveraine d'un empire où elle avoit été amenée captive. Elle partageoit les fatigues du czar: elle l'accompagnoit dans ses voyages et dans ses campagnes : elle adoucissoit ses peines; elle le portoit à la clémence : elle le rendoit plus grand. Elle étoit à la bataille de Pultava, se montrant par-tout, encourageant les soldats, faisant enlever les blessés, donnant ses soins à tous, et se signalant par sa bienfaisance autant que par son courage. Pierre déclara son mariage le jour même qu'il partit pour la guerre de Moldavie, c'est-à-dire, le 17 mars 1711.

Lorsqu'il alloit passer le Boristhène, il la pria de ne pas aller plus avant : il craignoit de l'exposer à de nouveaux dangers. Mais elle regarda cette attention comme un outrage à sa tendresse et à son courage; et le czar fut contraint de céder à ses instances.

Ce fut le salut de l'armée ; car elle entra dans la tente malgré les défenses. Elle fit voir au czar qu'il étoit possible de réussir par une négociation : elle s'en chargea, et réussit en effet. Il y avoit des circonstances favorables à son dessein. Le général Renne, après avoir passé trois rivières, étoit arrivé sur le Danube, et avoit pris la ville et le

Elle négocie avec les Turcs.

château de Brahila. Un corps de troupes, parti des frontières de Pologne, avançoit à grandes journées. Le visir ne savoit pas, sans doute, la disette que souffroient les Russes. Il avoit éprouvé combien il étoit difficile de les vaincre. Il pouvoit craindre de perdre tous les avantages de la campagne, s'il les réduisoit au désespoir lorsqu'ils étoient au moment de recevoir de nouveaux secours. Enfin il voyoit à leurs mouvemens qu'ils étoient disposés à se faire jour au travers de l'ennemi, s'ils n'obtenoient pas la paix aux conditions qu'ils offroient. « Baltagi, dit M. de Voltaire, qui
» n'aimoit pas la guerre, et qui cependant
» l'avoit bien faite, crut que son expédition
» étoit assez heureuse, s'il remettoit aux
» mains du grand-seigneur les villes et les
» ports pour lesquels il combattoit, s'il renvoyoit, des bords du Danube en Russie,
» l'armée victorieuse du général Renne ;
» et s'il fermoit à jamais l'entrée des Palus-
» Méotides, le Bosphore Cimmérien, la
» mer Noire, à un prince entreprenant ;
» enfin, s'il ne mettoit pas des avantages
» certains au risque d'une nouvelle bataille,

» que le désespoir pouvoit gagner contre la
» force. »

Ces raisons et des intrigues dont on ne sait jamais bien la vérité, procurèrent d'abord une suspension d'armes, pendant laquelle les Turcs apportèrent des vivres dans le camp des Russes, et bientôt après la paix fut faite près d'un village nommé Falstchii, sur les bords du Pruth. On convint qu'Asoph seroit rendu à la Porte; que quelques places fortes seroient démolies, et que le czar ne s'opposeroit point au retour de Charles XII en Suède. Poniatowski et le kan des Tartares traversèrent à l'envi cette négociation. Charles vint lui-même à l'armée pour l'empêcher : mais lorsqu'il arriva, le traité étoit conclu.

La paix qu'elle obtient sure l'armée.

Cette campagne coûta près de soixante mille hommes au czar. Il perdit ses ports et ses forteresses sur les Palus-Méotides, et par conséquent l'empire de la mer Noire. Il souffrit encore beaucoup dans la retraite, les Tartares ne cessant de harceler ses troupes, malgré l'escorte que le grand-visir lui avoit donnée. Après avoir mis les débris de son armée en quartier d'hiver dans la

Pendant que Catherine le devance à Pétersbourg, il fait avec Auguste une alliance défensive contre les Turcs.

Lithuanie, il eut à Jaroslaw une entrevue avec Auguste, et ces deux princes conclurent un traité d'alliance défensive contre les Turcs.

Catherine le devança à Pétersbourg. Elle étoit accompagnée de Démétrius Cantimir, que Pierre ne voulut jamais livrer, quoiqu'on le lui eût demandé avec instance par un des articles préliminaires. Il donna à ce prince, qui avoit tout abandonné pour lui, des terres dans l'Ukraine avec une pension considérable.

<small>Il déclare plus solemnellement son mariage avec Catherine.</small>

Au mois de février de l'année suivante, 1712, il déclara plus solemnellement qu'il n'avoit fait, son mariage avec Catherine, et le célébra à Pétersbourg avec magnificence. En 1724, il la fit couronner et sacrer, voulant par cette cérémonie inusitée dans ses états, préparer les esprits à la voir régner après lui. Elle nous a été, dit-il dans la déclaration qu'il donna pour ce couronnement, d'un très-grand secours dans tous les dangers, et particulièrement à la bataille du Pruth, où notre armée étoit réduite à vingt-deux mille hommes.

<small>Il songe à mettre</small>

Après avoir fait la paix avec la Porte, il

restoit encore une carrière assez vaste à Pierre le Grand. Il avoit des établissemens à perfectionner en Russie, de nouvelles réformes à faire, des conquêtes à poursuivre sur la Suède, et le roi Auguste à affermir sur le trône. Il s'occupa de tous ces objets. Mais celui qui lui tenoit le plus à cœur, c'étoit d'enlever aux Suédois toutes les provinces qu'ils possédoient en Allemagne. Car s'il n'achevoit de ruiner cette puissance, elle paroissoit le devoir toujours traverser dans ses desseins. Il médita donc les moyens de l'abattre : il jeta le plan de ses opérations, et il projeta des traités d'alliance avec l'électeur de Hanovre, et avec les rois de Prusse et de Danemarck.

<small>la dernière main à ses grands desseins.</small>

LIVRE DIX-NEUVIÈME.

CHAPITRE PREMIER.

De la pacification d'Utrecht.

<small>La grande alliance étoit menacée d'une dissolution entière.</small>

PENDANT que les révolutions violentes du nord diminuoient les forces des confédérés, il s'en faisoit d'un autre côté une plus lente et plus sourde, qui devoit enfin les dissiper entièrement.

<small>Cependant Philippe pensoit à se retirer dans les Indes occidentales, lorsqu'il obtient le duc de Vendôme.</small>

Au mois d'août 1710, Philippe V se flattoit si peu de relever son parti, qu'il pensoit à transférer le siège de sa monarchie aux Indes occidentales. Dans cette position, ce prince, son conseil et les grands demandèrent le duc de Vendôme à Louis XIV, pour l'opposer à Staremberg et à Stanhope, deux grands capitaines qui commandoient les armées des confédérés. Le roi de France, hors d'état de donner des troupes à son petit-fils, ne lui refusa pas un général dont il ne se servoit plus.

Depuis la malheureuse campagne d'Oudenarde, en 1708, Vendôme étoit retiré dans Anet : mais son nom, au-dessus des disgraces, ne se renferma pas dans sa retraite. Dès qu'il parut à Valladolid, où il rassembla les débris de l'armée de Philippe, les peuples crurent voir leur sauveur. Saisis d'enthousiasme, ils se rangent à l'envi sous ses drapeaux : les villes, les villages, les communautés religieuses ouvrent leurs bourses, pour fournir aux frais de la guerre : au lieu des contradictions qu'il avoit essuyées dans les Pays-Bas, il trouve un roi trop malheureux pour avoir une volonté, et des courtisans dont le caractère avoit changé avec la fortune de leur maître. Ayant donc véritablement toute l'autorité d'un général, il conduisit à Madrid Philippe, qui rentra dans sa capitale, aux acclamations des peuples. Il prit d'assaut Brihuéga, où il fit prisonnier Stanhope et cinq mille Anglais : le lendemain, 10 décembre, il défit à Villaviciosa Staremberg, qui venoit au secours de Brihuéga : enfin, en

Ce général le rétablit sur le trône.

quatre mois, il rétablit et affermit Philippe sur le trône.

<small>Si les confédérés eussent acceptéles offres de Louis XIV, Philippe n'eût pas recouvré sa couronne.</small>

L'affection des Espagnols pour ce prince étoit si grande, qu'ils aimoient mieux brûler leurs vivres que de les vendre à l'archiduc. C'est ce qui faisoit dire à Stanhope, qu'on pouvoit parcourir l'Espagne avec une armée victorieuse, mais qu'il faudroit une armée encore plus grande pour la conserver. Si les confédérés eussent accepté les offres que faisoit Louis XIV, de reconnoître Charles pour roi d'Espagne, de ne donner aucun secours à son petit-fils, de fournir des subsides pour le détrôner, il est vraisemblable que le zèle des Espagnols se seroit refroidi, et que se voyant tout-à-fait abandonnés de la France, ils se seroient fait une loi de la nécessité. Il est au moins certain que Brihuéga n'auroit pas été prise, et que Staremberg n'auroit pas été vaincu, puisque Vendôme n'auroit pas commandé l'armée de Philippe.

<small>Le dixième sur les terres levé sans murmure;prouve les ressources que Louis trouvoit dans ses sujets.</small>

Depuis le mois d'août 1710, la France n'eut pas des succès comme l'Espagne: mais ses ennemis n'eurent pas de nouveaux avantages sur elle. Au mois d'octobre, le roi établit la levée du dixième sur tous les revenus des terres. Cette nouvelle imposition, dont l'édit fut enregistré sans résistance et sans murmures, fit voir aux confédérés que la France avoit des ressources qui leur manquoient, et ouvrit les yeux à ceux qui ne se laissoient pas conduire par l'esprit de parti. Ils purent connoître que leurs procédés odieux avoient attaché les peuples à un prince qui sacrifioit tout pour la paix. Ils eurent d'autant plus lieu d'être étonnés des ressources de Louis XIV dans l'affection de ses sujets, qu'alors il s'en falloit de cinq millions que les Anglais fussent en état de lever en un an les dépenses de l'année courante. Cependant c'étoit principalement à eux à faire les frais de la guerre, auxquels les alliés pouvoient encore moins fournir. Vous voyez que toute l'Europe étoit épuisée.

Il étoit temps que l'Angleterre cherchât la paix, ce qui ne se pouvoit sans faire un changement dans le gouvernement. Voilà la révolution, qui devoit rendre le calme à l'Europe. Pour en comprendre les causes et en prévoir les effets, il faut

Une révolution qui se préparoit en Angleterre, devoit rendre le calme à l'Europe.

se ressouvenir des factions qui divisoient l'Angleterre.

Les Stuarts avoient été à la tête de la faction des Torys. Les Stuarts s'opiniâtrant à établir le despotisme, sous prétexte de conserver leur prérogative, n'avoient pas pu prendre beaucoup de part aux demêlés des autres puissances de l'Europe. Ils étoient à la tête d'une faction qui se conduisoit par les principes des épiscopaux, et à laquelle on donna le nom de Torys.

Les sectes comprises sous le nom de non-conformistes, formoient la faction des Whigs. Les Whigs formoient la faction opposée. C'étoit un assemblage de toutes les sectes comprises sous la dénomination de Non-conformistes : sectes qui ne pouvoient se souffrir, mais qu'un intérêt commun réunissoit contre l'église anglicane. Ennemis du pouvoir arbitraire et de l'autorité sans bornes, les Whigs se regardoient comme seuls bons patriotes. Ils avoient déclamé contre l'avarice de Charles II, qui se mettoit aux gages de la France : ils l'avoient blâmé de ne pas s'opposer à l'ambition de Louis XIV : ils avoient frémi pour l'Angleterre à la vue des progrès de ce monarque; et par cette conduite ils s'étoient attiré la faveur du peuple.

Ils avoient eu la principale part à la révolution de 1688, qui fit passer la couronne sur la tête de Guillaume III, prince d'Orange. Il les favorisa, moins peut-être par reconnoissance, que parce qu'ils entroient dans ses vues : car ce parti étoit animé contre la France ; et il importoit à Guillaume de faire la guerre à cette monarchie, jusqu'à ce qu'il en eût été reconnu. Ils s'élevèrent donc aux premiers emplois, ils dominèrent dans le parlement, ils gouvernèrent, et le ministère de Londres eut un esprit tout différent de celui qu'il avoit eu sous les Stuarts.

Guillaume III avoit ménagé les Whigs qui entroient dans ses vues et à qui il devoit la couronne.

Ayant conservé leur crédit sous la reine Anne, ils furent maîtres des armées et de toutes les parties du gouvernement. Car le duc de Marlborough avoit abandonné le parti des Torys pour embrasser celui des Whigs, plus favorable à son ambition ; et il disposoit des principaux ministres qui lui étoient dévoués : tels étoient le comte Godolfin, grand trésorier, et le comte Sunderland, secrétaire d'état.

Marlborough s'étoit attaché à eux, et ce parti s'étoit rendu maître du gouvernement.

Il est certain qu'avant la révolution, le ministère de Londres s'occupa trop peu du

Les Whigs oublièrent l'objet de la grande alliance.

reste de l'Europe. Les Whigs avoient donc raison de le blâmer : mais lorsqu'ils gouvernèrent eux-mêmes, ils auroient dû ne prendre part aux guerres du continent, qu'autant qu'il étoit de l'intérêt de l'Angleterre de maintenir la balance entre les maisons d'Autriche et de Bourbon. Ce fut aussi l'objet de la grande alliance ; et on l'eût rempli dès 1706, si on eût voulu faire la paix. On ne le voulut pas, parce que les confédérés, aveuglés par la prospérité, le furent encore plus par les vues particulières de leurs chefs. On continua donc la guerre par passion, sans avoir d'objet fixe, et sans savoir quand on la termineroit. Les négociations de la Haye et de Gertruidenberg en sont la preuve.

Ils s'obstinèrent dans une guerre qui ruinoit la nation.

Lorsqu'on se fut écarté du premier objet de la grande alliance, la guerre ne se fit plus que pour l'intérêt de la maison d'Autriche, et des chefs de la confédération, dont elle nourrissoit l'ambition et l'avarice. La Hollande pouvoit, à la vérité, se proposer d'obtenir un plus grand nombre de places pour sa barrière : mais l'Angleterre n'attendoit rien, et cependant elle contri-

buoit seule plus que tous les alliés ensemble.
Il y a eu telle campagne où l'empereur
ne fournissoit guère plus d'un régiment
contre la France à sa seule charge. Il ne
paroissoit prendre aucune part à la guerre
d'Espagne : bien loin de donner des troupes
à l'archiduc, à peine lui donnoit-il de quoi
avoir une table. Le roi de Portugal et le
duc de Savoie ne faisoient presque rien
pour la cause commune. Du côté du Rhin,
les princes de l'empire étoient d'ordinaire
dans l'inaction. Tout le fort de la guerre
se faisoit donc dans les Pays-Bas, aux dépens des Hollandais et des Anglais; et
parce que les premiers fournissoient à peine
la moitié du contingent auquel ils s'étoient
engagés, l'Angleterre étoit obligée d'y suppléer. Ainsi elle donnoit des subsides à ses
alliés, elle entretenoit leurs armées : et
comme si on eût combattu pour elle, il n'y
avoit point de petit prince, lorsqu'il n'obtenoit pas ce qu'il demandoit, qui ne menaçât
de retirer ses troupes, quoiqu'il n'eût pas
de quoi les faire subsister chez lui.

Sous les Stuarts, l'Angleterre avoit vu
fleurir son commerce, et elle s'étoit enrichie.

Si alors elle étoit honteuse de ne jouer d'ailleurs aucun rôle dans l'Europe, elle devoit l'être bien plus de celui qu'elle jouoit depuis la révolution, puisqu'elle étoit la dupe de ses pensionnaires, c'est-à-dire, de ses alliés; qu'elle se ruinoit pour entretenir au-dedans une faction, et au-dehors des alliances inutiles; et qu'elle s'opiniâtroit à soutenir une guerre onéreuse, à laquelle elle ne prenoit point d'intérêt. Les dettes s'accumuloient, le peuple gémissoit sous les taxes, le commerce tomboit de jour en jour, la nation s'appauvrissoit, un petit nombre de familles absorboit toutes les richesses. Quels étoient donc les desseins de ceux qui gouvernoient alors l'Angleterre ? d'abattre la maison de Bourbon, pour rendre à la maison d'Autriche toute la puissance de Charles-Quint; ils ne vouloient donc plus maintenir l'équilibre. Mais la vérité est qu'ils ne feignoient de redouter la France que pour sacrifier leur patrie à une guerre qui leur étoit inutile.

Ce que cette guerre coûta, dans cinq ans, à l'Angleterre.
Depuis 1706 exclusivement, jusqu'en 1711, la guerre coûta, dit milord Bolingbroke, plus de trente millions de livres

sterling à l'Angleterre. On est étonné et indigné, remarque encore ce ministre, quand on compare cette dépense avec le peu de progrès que firent les confédérés.

Cette politique fausse et prodigue, comme il l'appelle, s'est introduite en Europe avec le système de l'équilibre. Les puissances riches ont imaginé d'acheter des alliés, et de donner des subsides aux puissances pauvres. Il arrive qu'elles dépensent beaucoup pour acquérir peu, ou même pour rendre ce qu'elles ont conquis : il ne leur reste plus que des dettes. Cette politique durera sans doute : car lorsque les gouvernemens ont pris une allure, ils ne la quittent pas facilement, sur-tout si elle est mauvaise. Introduite, comme je viens de le dire, avec le système de l'équilibre, elle l'assure beaucoup mieux que les négociations et les congrès, parce que dans un siècle où on ne fait la guerre qu'avec de l'argent, elle hâte la ruine des puissances les plus riches. Il n'y en a point aujourd'hui qui puisse, sans se nuire à elle-même, soutenir pendant trois ou quatre campagnes, une suite non interrompue de succès. Milord Boling-

Fausse politique des puissances de l'Europe.

broke a prédit que l'Angleterre s'appauvrira par cette politique, et que de la pauvreté; elle tombera dans l'esclavage.

Il importoit de casser le parlement et de changer tout le ministère.

Pour arrêter les abus du gouvernement d'Angleterre, et terminer une guerre aussi extravagante qu'onéreuse, il falloit que la reine ouvrît les yeux sur la conduite de ses ministres, qu'elle cassât le parlement où les Whigs étoient supérieurs, et qu'elle en convoquât un nouveau. Je ne sais si la considération du bien public étoit capable de produire ce changement heureux : une intrigue le produisit.

Intrigue de la Hill.

La duchesse de Marlborough, qui jouissoit de la plus grande faveur, avoit mis auprès de la reine une de ses parentes, nommée Hill, et s'étoit donné une rivale. Cette femme sut plaire aux dépens de sa bienfaitrice, qui choquoit souvent la reine par ses hauteurs. La duchesse de Marlborough fut disgraciée.

Elle prend les ébauches de Harlei.

Incapable de reconnoissance, la Hill étoit capable de ressentiment. Or, elle avoit à se venger du comte de Sunderland, qui avoit tout tenté pour l'éloigner de la cour; et du duc de Marlborough, qui avoit refusé un régiment à son frère, quoique la reine l'eût accordé. Elle se conduisit d'après les conseils de Harlei, qui cherchoit à s'insinuer dans la confiance de la reine, et qui, ayant été secrétaire d'état, avoit perdu sa place par le crédit de Marlborough. Il avoit donc aussi à se venger.

Sur ces entrefaites les sermons de quelques Torys attirèrent l'attention publique. Un d'eux, nommé Sacheverel, qui avoit prêché devant la reine, fut accusé d'avoir attaqué la dernière révolution; condamné la tolérance; fait entendre que l'église anglicane étoit en danger sous le règne présent, que l'administration dans les affaires ecclésiastiques et civiles, tendoit à la ruine du gouvernement, et d'enseigner enfin l'obéissance passive. *Sermon d'un Tory.*

Cette doctrine étoit contre la reine Anne, parce qu'en condamnant la dernière révolution, elle attaquoit les droits de cette princesse au trône. Elle n'étoit pas moins contraire au parlement, presque tout composé de Whigs, puisqu'elle blâmoit l'administration présente; et qu'en enseignant une obéissance passive, elle reconnoissoit *Il soulève le parlement où les Whigs dominoient.*

dans le souverain une autorité arbitraire et absolue.

La reine Anne voit que les Whigs sont les ennemis de son autorité.

La reine fut témoin des contestations qui s'élevèrent dans le parlement au sujet de cette doctrine : elle vit avec quelle vivacité les Whigs se soulevoient contre l'obéissance passive et contre le pouvoir arbitraire. Elle connut qu'elle avoit donné sa confiance à des hommes qui n'étoient attentifs qu'à diminuer son autorité. Les torts du parlement lui firent bientôt oublier ceux de Sacheverel; et dans le dessein de le dissoudre, elle le prorogea, c'est-à-dire, qu'elle en suspendit les séances, et les remit à un autre temps.

Comme elle vouloit casser le parlement la Hill lui conseille de donner sa confiance à Harlei.

Elle avoit besoin de conseils. La Hill, alors nommée Mashan, du nom de son mari, lui parloit souvent de Harlei, comme d'un homme indigné de l'ingratitude de ceux que la reine avoit comblés de bienfaits. Il étoit d'ailleurs reconnu pour un homme éclairé, intelligent dans les affaires, et très-propre à manier l'esprit de la nation.

La reine change tout son conseil, casse le Parlement

Harlei, ayant été introduit à des audiences secrètes, n'eut pas de peine à persuader à la reine que les critiques des Torys tomboient uniquement sur l'administration des Whigs; que la meilleure partie de la nation étoit indignée du pouvoir excessif dont Marlborough et Godolfin s'étoient emparés ; et que ces deux hommes ne continuoient la guerre que pour amasser des richesses immenses, pendant que toute l'Angleterre gémissoit sous le poids des taxes. La reine lui donna sa confiance, et sur ses avis elle changea tout son conseil.

Sunderland fut le premier sacrifié aux ressentimens de la Mashan. Quelque temps après, c'est-à-dire, au mois d'août 1710, la reine renvoya Godolfin, et nomma cinq commissaires pour l'administration des finances. Harlei, qui en étoit un, pouvoit être regardé comme le seul ; car il avoit choisi les autres, et il étoit sûr de n'essuyer de leur part aucune contradiction : la disgrace des autres ministres suivit de près celle de Godolfin. De tous ceux qui les remplacèrent, je ne nommerai que S. Jean, ou milord Bolingbroke, un des beaux esprits de sa nation. C'est le même que je vieus de citer. Il fut fait secrétaire d'état. Bientôt après, la dissolution du parlement fut publiée, et la reine en convoqua un nouveau.

Cependant elle conservu le commandement des armées à Marlborough, parce qu'elle n'osoit encore découvrir ses desseins.

Tous ces changemens, qui se faisoient précisément dans le temps où la France et l'Espagne paroissoient aux abois, firent craindre aux Whigs et à la Hollande que la reine n'eût pris des résolutions contraires aux vues des confédérés. En vain l'ambassadeur de cette princesse assuroit les états-généraux, qu'elle conservoit les mêmes sentimens pour la cause commune ; elle ne pouvoit dissiper l'inquiétude des alliés, et cependant elle n'osoit encore déclarer ouvertement ses desseins. Elle crut donc devoir continuer le commandement des armées à Marlborough : le nouveau ministre limita seulement l'autorité de ce général, qui connut par-là qu'il étoit craint, et qu'on ne pouvoit se passer de ses services.

Il importe à la reine et aux nouveaux ministres de rendre Marlborough inutile, et par conséquent de faire la paix.

Marlborough étoit encore assez puissant pour se venger, puisqu'il continuoit d'être nécessaire Pour n'avoir plus à le redouter, il falloit donc le rendre inutile, et par conséquent faire la paix. C'étoit l'intérêt de la reine, de la Mashan, du nouveau ministère : heureusement cet intérêt s'accordoit avec celui de toute l'Europe. Mais ne pouvant entamer ouvertement une négociation, qui auroit été traversée par les Whigs et par les alliés, il s'agissoit de trouver une voie sûre et secrète pour faire connoître à la France les dispositions de la reine Anne et de son conseil.

Lorsque le maréchal de Tallard, ambassadeur auprès du roi Guillaume, revint en France, il avoit laissé à Londres un chapelain, nommé Gaultier, qui, étant instruit des affaires d'Angleterre, pouvoit donner à la France des avis utiles. Gaultier s'étoit introduit chez le comte de Jersey, qui avoit été ambassadeur auprès de Louis XIV, après la paix de Riswyck; et il s'étoit allié avec Prior, autrefois secrétaire d'ambassade de Jersey, et connu par ses poésies. Jersey, lié avec les nouveaux ministres, proposa ce chapelain comme un homme de confiance, en même temps obscur, tel qu'il le falloit pour une négocia-

[marginal note: Ils font connoître leurs intentions à Louis XIV.*]*

tion secrète. Sa proposition fut agréée, et il fut commis pour instruire Gaultier, mais verbalement, et sans lui rien donner par écrit.

<small>Contens des propositions que le roi leur fit ; ils sont jaloux de rester maîtres de la négociation que la Hollande veut reprendre.</small>

Gaultier fit deux voyages en France. A son second retour, il rapporta des propositions dont les ministres de Londres furent contens, et telles qu'ils les avoient demandées, pour oser les communiquer aux Etats-Généraux. Saisis de la négociation, ils étoient jaloux de la conserver, considérant qu'il étoit de l'intérêt de l'Angleterre et du leur, de ne laisser dépendre d'aucune autre puissance la fin ou la continuation de la guerre. La Hollande, qui offrit alors au conseil de Versailles de reprendre les conférences, leur donna de l'inquiétude; et ils sollicitèrent vivement le roi de France de se refuser aux propositions de cette république. Ainsi les deux puissances qui avoient voulu la guerre avec le plus d'opiniâtreté, paroissoient alors s'envier l'avantage de contribuer à la paix.

<small>Louis devoit se refuser, et se refuse aux offres des Hollandais.</small>

Louis XIV n'avoit pas besoin d'être sollicité. Après les humiliations qu'il avoit essuyées à la Haye et à Gertruidenberg, il n'avoit garde de renouer des négociations infructueuses, sur-tout dans les conjonctures où il se trouvoit : car il découvroit de nouvelles ressources dans l'affection de ses sujets ; son petit-fils venoit d'être rétabli sur le trône d'Espagne ; il connoissoit enfin qu'il ne pouvoit avoir la paix que par l'Angleterre. Il eût d'autant plus mal fait d'accepter les offres des Hollandais, que la suite fit voir qu'ils n'étoient encore capables ni de modération, ni de bonne foi.

Prior accompagna Gaultier dans un autre voyage en France, et fut chargé des préliminaires proposés par le conseil de la reine Anne. Mais il n'avoit d'autre pouvoir que de les communiquer et de rapporter une réponse précise et décisive. Cette réponse n'étoit pas facile à faire : car on ne pouvoit accorder aux Anglais tout ce qu'ils demandoient, sans ruiner le commerce des Français et des autres nations de l'Europe ; et par un refus, on s'exposoit à rompre la négociation, à peine commencée. Il eût fallu, pour traiter les articles qui souf-

Prior lui apporte les propositions de la reine Anne.

froient des difficultés, que les pouvoirs de Prior l'eussent autorisé à céder sur quelques-uns, et à donner des modifications sur d'autres.

Ménager passe à Londres pour y traiter les articles qui souffroient des difficultés.

Dans l'embarras où se trouvoit le ministère de Versailles, le roi jugea à propos de porter la négociation à Londres, et d'y envoyer un homme instruit de ses intentions, et assez éclairé pour ne pas le compromettre. Le choix tomba sur Ménager, député de la ville de Rouen au conseil du commerce. Il partit avec Prior et Gaultier; et arriva le 18 août 1711.

Sur ces entrefaites, Joseph étant mort, il n'étoit pas de l'intérêt des confédérés de donner l'Espagne à l'archiduc, qui héritoit de tous les domaines de la maison d'Autriche.

L'empereur Joseph étoit mort quatre mois auparavant, le 17 avril. Cet événement paroissoit favorable à la négociation de Londres : car les confédérés ne pouvoient pas raisonnablement s'obstiner à vouloir désormais conserver la couronne d'Espagne sur la tête de l'archiduc, qui devenoit l'héritier de tous les domaines de la maison d'Autriche. C'eût été détruire l'équilibre qu'ils se piquoient de vouloir maintenir. Aussi le roi de Portugal et le duc de Savoie déclarèrent-ils qu'ils ne continueroient pas la guerre pour réunir dans la même personne la monarchie d'Espagne avec l'Empire.

Mais la guerre étoit utile à Marlborough, dont les intérêts ne changeoient pas avec le système de l'Europe. Les Hollandais obéissoient aveuglément à toutes ses impressions, et les Whigs s'opposoient à la paix, parce que les Torys qui commençoient à prendre la supériorité, la desiroient. Ainsi les nations, victimes de l'esprit de parti et des vues particulières de quelques chefs, continuoient la guerre sans savoir pourquoi elles la faisoient. Lorsqu'on représentoit à milord Sommers, un des ministres que la reine Anne avoit renvoyés, combien il étoit inutile et ruineux de la prolonger, il se contentoit de répondre qu'il avoit été élevé dans la haine de la France.

Mais Marlborough et les Whigs s'opiniâtrent à vouloir la guerre.

Quand un homme, qui a été à la tête des affaires, ose répondre ainsi ; il ne faut pas s'étonner si on tenta tout pour traverser la négociation. Il y eut des complots contre les ministres, des conspirations contre l'état. On demandoit si la reine pouvoit conclure des traités sans la participation de Georges,

Ils vouloient forcer la reine à la continuer, ou ils menaçoient de ôter la couronne à la tête de l'électeur de Hanovre.

électeur de Hanovre, que le parlement avoit désigné pour lui succéder. On s'élevoit avec audace, avec frénésie contre le gouvernement. Les Whigs, en un mot, s'opiniâtrant à favoriser l'empereur et les Hollandais, formoient des ligues avec des puissances étrangères, pour forcer la reine à continuer la guerre, ou pour mettre la couronne sur la tête de l'électeur de Hanovre.

Il importoit donc aux ministres de Londres de hâter la paix; mais ils craiguoient des disgraces après la mort de la reine.

La paix pouvoit seule dissiper ces ligues: il importoit donc à la reine Anne et à son conseil de la conclure promptement. Cet intérêt bien connu de la France, fit que les deux cours négocièrent avec beaucoup de confiance et de bonne foi.

Cependant les ministres de Londres n'étoient pas sans inquiétudes. La santé de la reine ne promettoit pas de longs jours, et ils prévoyoient des disgraces à l'avénement de l'électeur de Hanovre, en qui les Whigs mettoient toutes leurs espérances, et qui appelé au trône par ce parti, le favorisoit. On pouvoit alors leur faire un crime d'avoir fait la paix sans les alliés, ou de les y avoir forcés : on pouvoit même leur en faire un d'avoir ouvert une négociation avec Louis XIV : car il étoit déclaré par un acte du parlement, que qui que ce soit en Angle-gleterre, ne pourroit être autorisé à traiter avec un prince qui recevoit le prétendant dans ses états ; et cependant le prétendant étoit en France.

Ce n'est qu'en faisant une paix glorieuse pour la nation, et avantageuse pour les alliés, qu'ils pouvoient prévenir les malheurs dont ils se voyoient menacés. Ils ne le cachoient pas à la France, qui dans le besoin qu'elle avoit de terminer la guerre, se prêtoit à ces considérations. Ils auroient donc procuré les conditions les plus favorables à la Hollande, si elle eût voulu entrer en négociation conjointement avec eux.

Une paix glorieuse pouvoit seule les justifier.

Cette république auroit dû voir que ses intérêts étoient liés avec ceux des ministres de Londres, et que, par conséquent, elle pouvoit compter sur eux. Mais elle s'aveugla. En s'opposant opiniâtrément à la paix, elles les mit dans la nécessité de conclure à quelque prix que ce fût. Plus elle résistoit, plus elle suscitoit contre eux un parti puissant, plus ils sentoient le besoin de presser

Cependant déjà coupables aux yeux des confédérés et des Whigs pour avoir ouvert la négociation, il ne leur restoit plus qu'à conclure.

la négociation. Il n'étoit plus temps pour eux ni de reculer, ni de lire dans l'avenir des malheurs que mille accidens pouvoient écarter. La conjoncture présente demandoit la paix, et demandoit qu'elle se fît promptement. Ils se voyoient donc contraints d'abandonner tout ce qui la pouvoit retarder, par conséquent de négliger en partie les intérêts des alliés, et d'avoir de plus grandes complaisances pour Louis XIV. C'est ainsi que les ennemis de la France servoient cette monarchie par leur conduite inconsidérée. Ils hâtoient la paix qu'ils ne vouloient pas lui donner ; et plus ils s'y opposoient, plus ils la lui ménageoient favorable.

Artifices des négociateurs.

L'art des négociateurs est d'un côté de demander au-delà de ce qu'on veut, afin d'obtenir ce qu'on veut en effet ; et de l'autre d'offrir moins qu'on ne veut céder, afin de n'être pas forcé à céder au-delà. On dispute ensuite le terrein : on se rapproche lentement. Celui qui accorde un article qu'il avoit d'abord refusé, s'en fait un droit pour obtenir quelque dédommagement ; et celui qui se relâche sur une demande qu'il avoit faite, entend qu'on lui en sache gré, et veut retirer quelque fruit de sa complaisance.

Tout cet artifice deviendroit inutile, si les puissances qui négocient, connoissoient réciproquement l'état où elles se trouvent; et si jugeant l'une et l'autre des intérêts de celles avec qui on traite, comme toutes deux jugent séparément des siens, elles négocioient toujours dans la vue de terminer promptement. Dès-lors on s'entendroit, avant d'avoir ouvert les conférences. Comme l'une ne sauroit ce que l'autre doit raisonnablement exiger, et que l'autre, pour prendre le tour de M. de Sévigné, sauroit ce que l'une doit raisonnablement céder, on pourroit commencer par conclure. Voilà, diroit-on d'un côté, ce que je veux; et je m'y borne, sans rien demander de plus, parce que je sais que vous me l'accorderez. Voilà, diroit-on de l'autre, ce que je cède, et je n'offre rien de moins, parce que je sais ce que vous avez droit de prétendre. Des plénipotentiaires qui viendroient au congrès avec de pareilles instructions, ne s'assembleroient que pour découvrir qu'ils

Avec des lumières et de la bonne foi, sans artifice, on termineroit promptement les négociations.

sont d'accord : ils traiteroient avec autant de simplicité que de lumières.

Si l'art de négocier en étoit à ce point, il seroit à sa perfection. On renonceroit à des artifices, qu'on estime aujourd'hui, et qui s'usent enfin. La bonne foi deviendroit l'ame des négociations : et les négociateurs seroient véritablement habiles, puisque leurs succès seroient uniquement le fruit de leurs lumières. Mais cela n'arrivera pas : car les puissances foibles suppléeront à la force par la ruse : les négociateurs peu éclairés auront besoin d'être fins; et comme on s'obstinera toujours à user d'artifices au moins d'un côté, il faudra bien que de l'autre on continue encore à en faire usage.

Une puissance dominante peut empêcher qu'on use d'artifices avec elle.

Il n'appartient qu'à une puissance dominante de couper court à tout ce manége; et elle y réussira, pourvu qu'elle se pique de modération et de justice. Or, l'Angleterre dominoit en 1711. Par un heureux concours de circonstances, elle vouloit une paix prompte, qui conciliât, s'il étoit possible, tous les intérêts. Elle se trouvoit forcée à être médiatrice entre ses ennemis et ses alliés : c'étoit à elle à juger de ce qui devoit être exigé d'une part, et cédé de l'autre, à le déclarer promptement, et à conclure.

Les ministres de Londres prévirent bien sans doute que Menager, suivant les ordres qu'il devoit avoir reçus, ne céderoit que peu-à-peu, et comme par force ; qu'à chaque article qu'il accorderoit, il voudroit obtenir un dédomagement ; que par conséquent le temps des conférences se consumeroit en disputes ; et que la négociation traîneroit. Pour abréger, ils déclarèrent à Ménager, qu'avant de traiter avec lui, ils vouloient avoir une réponse par écrit au mémoire que Prior avoit porté en France.

<small>Pour prévenir ces artifices, les ministres de Londres demandent que Ménager réponde, par écrit, aux propositions qu'ils ont faites.</small>

Il n'étoit plus possible de ne s'expliquer que par degrés, de faire des réserves, de se préparer des dédommagemens. Il falloit répondre à chaque article : refuser, c'eût été se rendre suspect de mauvaise foi, ou du moins d'artifices. Ménager jugea donc avec raison devoir dresser le mémoire qu'on lui demandoit.

Dans la première partie, qui traitoit des demandes particulières de l'Angleterre, le roi convenoit de reconnoître la reine Anne en qualité de reine de la Grande-Bretagne; de reconnoître aussi la succession à cette couronne, de la manière que les actes du parlement l'avoient réglée en faveur de la ligne protestante.

Ménager les satisfaits.

Il accordoit aux Anglais, comme autorisé par le roi d'Espagne, Gibraltar et le Port-Mahon, pour assurer leur commerce dans la Méditerranée.

Ils devoient jouir, dans les pays de la domination d'Espagne, de tous les avantages accordés, ou qui le seroient à la nation la plus favorisée. Enfin le roi de sa part cédoit l'île de Terre-Neuve.

Ils ne veulent régler, dans les préliminaires que les intérêts de l'Angleterre.

Dans la seconde partie du mémoire, le roi expliquoit ce qu'il demandoit pour lui, pour son petit-fils et pour les alliés de la France et de l'Espagne. Mais les ministres ne voulurent régler dans les préliminaires, que les intérêts de la nation anglaise : ils réservèrent ceux de la France et de ses alliés pour être traités dans le congrès, promettant au reste que le roi auroit lieu d'être content des bons offices de la reine

On confère sur les articles contestés.

Comme le mémoire de Ménager satisfaisoit les Anglais sur les articles importans, il plut à la reine et aux ministres. On convint de commencer des conférences pour éclaircir les points contestés; et Ménager traita avec les commissaires nommés à cet effet. De ce nombre étoient S. Jean et Harlei, alors comte d'Oxford.

Il fallut d'abord consentir à la démolition des ouvrages construits à Dunkerque, tant sur terre que sur mer, et cependant se résoudre à ne pas savoir ce qu'on obtiendroit pour prix de cette complaisance. Louis XIV demandoit la restitution de Lille et de Tournai. Les commissaires promirent de lui procurer un dédommagement; mais ils dirent qu'il leur étoit impossible de déterminer encore en quoi il consisteroit.

Il fut ensuite question d'assurer le commerce des Anglais en Amérique. Ils proposoient, à cet effet, que Philippe, qu'ils reconnoissoient pour roi d'Espagne, livrât à l'Angleterre des places aux Indes occidentales, comme ils l'avoient déjà demandé dans les préliminaires. Ménager ayant répondu que ce prince n'accepteroit jamais de pareilles conditions, S. Jean se réduisit à obtenir la traite des Nègres pour trente ans : à quoi Ménager répondit que le roi employeroit ses puissans offices, pour procurer cet avantage aux Anglais.

La traite des Nègres est un droit exclusif de transporter de la côte de Guinée en Amérique, tous les Nègres nécessaires aux colonies espagnoles établies dans ce continent. Les Français avoient joui de ce privilége jusqu'alors. Les Anglais l'acquirent par le traité d'Utrecht; et cette branche de commerce est d'autant plus considérable pour eux, qu'elle leur fournit l'occasion de faire une grande contrebande. La compagnie qui achète les Nègres en Afrique, et qui les vend aux Indes occidentales, se nomme la compagnie de *l'Assiento*, d'un mot espagnol qui signifie ferme, parce qu'en effet elle prend à ferme la traite des Nègres.

<small>On signe les articles préliminaires.</small> S. Jean ayant fait un mémoire au sujet des questions agitées dans la conférence, l'abbé Gaultier, qui avoit été présent à tout ce qui s'étoit dit, fut chargé de le porter à Versailles, et de rendre compte de ce qui s'étoit passé. La réponse de Louis XIV satisfit les ministres de Londres, à quelques

difficultés près qui furent bientôt levées, parce que de part et d'autre on vouloit sincèrement finir. On signa donc les articles préliminaires, et Ménager n'eut plus qu'à revenir en France.

La reine avoit déjà désigné ses plénipotentiaires pour le congrès. L'un étoit Robertson, évêque de Bristol, l'autre le comte de Stafford, alors ambassadeur en Hollande, et le troisième, Prior. J'aurai soin de dresser les ordres qui leur seront envoyés, disoit S. Jean à Ménager. Cessez un moment d'être ministre de France, soyez simplement témoin de notre bonne foi, et du desir sincère que nous avons de la paix : et faites en le rapport fidèle à votre cour. Mais observez que nous ne pouvons nous départir des bienséances à l'égard de nos alliés. Il s'agit pour nous de maintenir la succession dans la ligne protestante, de procurer à la Hollande et à l'Empire une barrière sûre et raisonnable et de conserver à l'Angleterre les avantages dont nous sommes convenus avec vous.

De crainte d'être traversées, les deux cours s'étoient réciproquement demandé

La reine désigna ses plénipotentiaires pour le congrès.

Elle instruit les états généraux de l'état de la négo-

sation et de ses intentions. le secret sur les propositions qu'elles se faisoient l'une à l'autre. Mais puisqu'elles avoient heureusement levé toutes les difficultés, il ne restoit plus qu'à faire connoître l'état de la négociation. Le comte de Stafford eut ordre d'en rendre compte au pensionnaire, et de lui dire que, si la reine s'étoit contentée de stipuler des conditions générales pour ses alliés, c'étoit uniquement par la seule considération de ne pas s'ingérer à décider de leurs prétentions, et dans la vue de leur laisser l'entière liberté d'en traiter eux-mêmes aux conférences de la paix; que son intention étoit d'agir de concert avec ses alliés; que nulle offre de la France ne l'engageroit à faire la paix, si elle n'obtenoit par le traité, que la république de Hollande fût satisfaite sur les articles de la barrière, du commerce, et sur les autres prétentions; que si les états-généraux s'attachoient à soutenir les préliminaires de 1709, elle leur déclaroit qu'elle n'étoit pas en état de continuer une guerre, à laquelle ses alliés n'avoient jamais fourni tout leur contingent; qu'elle leur donnoit le choix, ou de le fournir désormais régulièrement, ce qui n'étoit pas en leur pouvoir, ou de faire la paix avec elle.

En conséquence de ces résolutions, le comte de Stafford devoit presser le pensionnaire de déterminer les états à consentir au choix qu'elle avoit fait d'Utrecht pour le congrès, et à remettre incessamment des passe-ports pour les plénipotentiaires du roi de France, afin que les conférences s'ouvrissent le 12 janvier de 1712. On étoit alors au mois de novembre 1711. Elle déclare qu'elle a choisi Utrecht pour le congrès, et demande des sauf-conduits pour la France.

Gaultier vint en France chargé d'un mémoire, par lequel la reine informoit le roi des démarches qu'elle avoit faites auprès des états-généraux; et des oppositions qu'ils mettoient à l'ouverture du congrès, jusqu'à ce qu'il se fût expliqué plus particulièrement sur les articles qui les concernoient. Elle avoit répondu que ces articles contenoient en général tout ce que les alliés pouvoient prétendre, et les jugeant suffisans, elle avoit réitéré ses ordres au comte de Stafford pour presser l'expédition des passe-ports, et le choix de la ville qu'elle avoit proposée. Elle fait part à Louis de ses démarches.

Elle lui demande sous le secret de ce qu'il veut faire pour chacun des confédérés.

Elle demandoit, comme un moyen d'avancer la paix, que le roi lui confiât son secret sur ce qu'il vouloit faire en faveur de chacun des confédérés, assurant qu'elle useroit de sa confiance avec discrétion, et seulement pour l'avantage de l'un et de l'autre. Oxford et Saint-Jean avoient joint à ce mémoire des lettres qui ne permettoient pas de douter de la droiture de leurs intentions. Leurs intérêts propres en étoient garans, toute leur conduite en étoit une preuve, et les intrigues de Buys, député à Londres pour soulever la nation contre ce ministre, ne faisoient pas craindre que la France fût sacrifiée à la Hollande.

Louis s'ouvre au point qu'il lui communique le fond des instructions faites pour ses plénipotentiaires.

Sur ces considérations le roi crut devoir s'ouvrir : en effet la méfiance eût été déplacée. Il répondit donc à tous les articles sur lesquels on demandoit des éclaircissemens; et déclarant ce qu'il vouloit d'abord proposer, et à quoi il vouloit ensuite se réduire, il communiqua aux ministres de Londres le fond du mémoire, qui devoit servir d'instructions à ses plénipotentiaires. Il falloit un singulier concours de circonstances, pour forcer la cour de Londres et la cour de Versailles à traiter avec autant de franchise.

Par la réponse que le roi fit au mémoire de la reine de la Grande-Bretagne, il consentoit à donner une barrière aux Hollandais, et à favoriser leur commerce. Mais avant de régler cette barrière, il jugeoit nécessaire de savoir à quel prince on destinoit les Pays-Bas. Dans le cas qu'on les laisseroit à l'électeur de Bavière, à qui le roi d'Espagne les avoit cédés, il approuvoit que les places fortes fussent gardées par une garnison hollandaise; et de son côté il laisseroit aux états-généraux Menin, Sauverge, Ypres et sa châtellenie, Furnes et le Furnembach.

Il demandoit pour l'équivalent de ces places, qu'on lui rendît Aire, Béthune, Saint-Venant, Bouchain, Douai et leurs dépendances.

En disant qu'il se proposoit de demander Lille et Tournai, en dédommagement de la démolition des ouvrages de Dunkerque, il confioit à la reine que pour le bien de la paix, il se contenteroit de la ville et de la citadelle de Lille avec ses dépendances.

Il s'engageoit à reconnoître l'archiduc Charles pour empereur, a lui restituer Brisach ; à lui rendre à lui et à l'Empire le fort de Kell, à raser ceux de Strasbourg construits sur le Rhin, à démolir les fortifications vis à vis Huningue et généralement toutes celles qui étoient élevées au-delà de ce fleuve. Il demandoit en retour la restitution de Landaw, et le rétablissement des électeurs de Cologne et de Bavière.

Il consentoit que le duc de Savoie s'agrandît en Italie, comme la reine Anne le desiroit : il le souhaitoit même autant qu'elle. Mais il ne vouloit pas lui laisser Exilles et Fénestrelle.

Frédéric III, électeur de Brandebourg, voyant l'élévation du prince d'Orange et d'Auguste de Saxe, eut l'ambition d'être roi ; et ne pouvant pas, comme eux, acquérir de nouveaux états, il donna à une de ses provinces le nom de royaume, et mit une couronne sur sa tête. Il s'agissoit d'être reconnu. Il le fut d'abord par l'empereur, par le roi d'Angleterre et par d'autres princes, parce qu'il offrit d'entrer à cette condition dans la grande alliance qui se formoit alors, ce qui fut agréé. Les intérêts de ce confédéré ne pouvoient pas être oubliés. Louis XIV consentoit donc à le reconnoître pour roi de Prusse, ainsi qu'à ne pas refuser au duc de Hanovre la qualité d'électeur que l'empereur lui avoit donnée. C'étoit à-peu-près là tous les points, sur lesquels on l'avoit prié de s'expliquer. L'abbé Gaultier qui rapporta cette réponse aux ministres de Londres, eut ordre de leur dire que le roi ne doutoit pas d'une confiance réciproque de leur part, ni de leur discrétion à faire un usage prudent et par degrés de la connoissance qui leur étoit donnée.

Les ministres de Londres, flattés des procédés ouverts de Louis XIV, se trouvoient plus disposés à le favoriser ; et ils sentoient croître en eux ces dispositions, lorsqu'ils considéroient la conduite de ceux qui s'opposoient à la paix.

Plus le parti qui veut la guerre s'oppose à la paix, plus il importe au conseil de Londres de la hâter, même par des complaisances pour la France.

Avec près de sept millions de livres sterling que la campagne de 1711 avoit coûté à l'Angleterre, tous les efforts de Marlborough s'étoient bornés à la prise de Bouchain. Cependant les Hollandais s'opiniâtroient dans le dessein de continuer la guerre. Ils animoient plus que jamais les Whigs, qui trouvoient un autre appui dans l'empereur. On ne se proposoit pas moins que d'exciter un soulèvement en Angleterre ; et Gallas, ministre de Charles VI, n'étoit à Londres qu'un chef de faction. Le conseil de la reine, à qui les complots des Whigs et les intrigues des Hollandais et des Allemands étoient connus, en devoit desirer davantage la fin de la négociation commencée ; et l'intérêt qui le lioit à la France, devenant plus fort par les oppositions mêmes des alliés, il ne pouvoit manquer de procurer à cette couronne les conditions avantageuses, qu'il seroit possible de concilier avec les avantages de l'Angleterre.

Le nouveau parlement est pour la paix, malgré les oppositions de beaucoup de membres.

La reine se rendit le 10 décembre 1711 au parlement qu'elle avoit convoqué, elle y déclara qu'elle étoit résolue à terminer, par une paix glorieuse et utile, une guerre onéreuse par le sang et les trésors qu'elle coûtoit à la nation. Les Whigs s'élevèrent avec emportement contre tout traité, qui ne restitueroit pas à la maison d'Autriche la monarchie entière d'Espagne. Mais, après de longs débats, le parti de la paix demeura supérieur de cent vingt-six voix dans la chambre des communes, et la superiorité ne lui manqua que d'une seule dans la chambre-haute.

On n'ignoroit pas que Marlborough avoit répandu de l'argent et corrompu plusieurs membres. On ne doutoit pas non plus que Buys n'eût contribué par des pratiques secrètes, à susciter les oppositions que la reine avoit trouvées dans une partie de son parlement. Le député donnoit au moins lieu de croire, qu'il attendoit quelque événement capable de renverser les mesures du ministère. Les états-généraux lui avoient envoyé les sauf-conduits, avec ordre de les remettre à la reine. Cependant il ne l'avoit point fait : comme il n'avoit pas même de prétexte pour les retenir, il paroissoit que dans l'attente d'une révolution, il les gardoit pour retarder l'ouverture des conférences. Il les délivra enfin, lorsqu'il vit que tous les détours devenoient inutiles et suspects. S. Jean se hâta de les faire passer

Les plénipotentiaires français se rendent à Utrecht. 1712.

en France. Le maréchal d'Huxelles, l'abbé de Polignac et Ménager, plénipotentiaires du roi, se disposèrent à partir. Leurs instructions étoient conformes au mémoire communiqué au conseil de Londres. Ils arrivèrent à Utrecht, le 19 Janvier 1712. Buys, nommé par la province de Hollande pour assister aux conférences, les avoit précédés de quelques jours.

<small>Eugène, sollicité par les Whigs, vient à Londres; mais il trouve Marlborough dépouillé de toutes ses charges, accusé et jugé coupable.</small> Le prince Eugène étoit à Londres depuis le 16. Il y étoit venu, sollicité par les Whigs, qui fondoient sur lui toutes leurs ressources, et qui ne doutoient pas qu'avec ses talens il ne vînt à bout de culbuter au moins le ministère. Mais il s'étoit rendu trop tard aux sollicitations vives qu'on lui avoit faites. Le comte d'Oxford ayant prévenu son arrivée, il trouva Marlborough déposé de toutes ses charges, accusé de péculat, et jugé coupable par la chambre des communes. Reçu avec toutes les distinctions qui lui étoient dues, il fut observé de si près, qu'il ne lui fut pas possible de fomenter les cabales des Whigs ; il repartit après deux mois de séjour, ayant formé, dit-on, des complots, qui donnèrent seu-

lement quelque inquiétude, et qui auroient fait tort à sa réputation, s'ils avoient été prouvés et publiés. Les ministres se trouvoient supérieurs à leurs ennemis, lorsque la France éprouva des malheurs qui apportèrent de nouveaux retardemens à la paix.

Louis dauphin, fils unique du roi, étoit mort au mois de février 1711. Le duc de Bourgogne, son fils aîné, qui étoit frère de Philippe, roi d'Espagne, et qui avoit deux fils, le duc de Bretagne et le duc d'Anjou, mourut lui-même le 18 février 1712, six jours après sa femme, Marie-Adélaïde de Savoie; et le 8 du mois suivant une maladie inconnue mit encore le duc de Bretagne au tombeau. Il ne restoit plus que Louis duc d'Anjou, âgé de deux ans, et dont la vie paroissoit en danger.

Mort du duc de Bourgogne et du duc de Bretagne

1712.

Ces coups redoublés, capables par eux-mêmes de frapper vivement un père qui aimoit ses enfans, et les Français qui estimoient le duc de Bourgogne, devenoient plus funestes encore dans la conjoncture présente. Car la succession à la couronne de France sembloit s'ouvrir à Philippe V,

On craint que la couronne d'Espagne et celle de France ne se réunissent sur la tête de Philippe V.

et l'Europe se voyoit menacée de voir cette couronne et celle d'Espagne sur la tête du même prince : danger dont elle s'effrayoit beaucoup plus qu'elle ne devoit; mais enfin elle s'en effrayoit.

Cette crainte retarde la négociation.

Les conférences d'Utrecht n'avançoient pas. Prior, à qui la reine avoit confié le secret de la négociation, n'y étoit pas arrivé, il n'y arriva même point. Ainsi l'évêque de Bristol et le comte de Staffort, n'osant rien prendre sur eux, se conduisoient avec beaucoup de circonspection. Contre l'attente de Louis XIV, ils ne s'ouvroient point avec ses ministres; ils parloient même encore comme ennemis. Ils ne pouvoient guère se conduire autrement; parce que dans la situation chancelante des choses, une démarche précipitée pouvoit les rendre criminels, si le parti contraire à la paix venoit à prévaloir.

Il falloit la dissiper.

Cependant la reine et son conseil la desiroient toujours : mais avant de faire de nouvelles tentatives auprès des alliés, il falloit prendre des mesures pour prévenir la réunion redoutée des deux monarchies. Les Hollandais, de plus en plus animés contre la France, s'opiniâtroient plus que jamais à n'accorder la paix qu'aux conditions spécifiées dans les préliminaires de 1709; et dans une circonstance où Philippe V paroissoit si près de succéder à Louis XIV, leurs raisonnemens étoient capables d'ébranler ceux qui vouloient le plus sincérement la fin de la guerre. C'est alors même qu'ils remuoient en Angleterre, et qu'ils se flattoient d'y susciter des soulèvemens.

Ces circonstances ralentissoient nécessairement les démarches des ministres de Londres. Cependant elles ne changeoient rien à leurs dispositions : au contraire elles leur faisoient sentir davantage la nécessité d'y persister. Le 23 mars ils envoyèrent un mémoire à la cour de Versailles, par lequel ils demandoient, comme l'unique moyen de calmer les alarmes de l'Europe, que Philippe V renonçât purement et simplement aux droits de sa naissance, et qu'il cédât la couronne de France au duc de Berri, son frère, troisième et dernier fils du dauphin.

Dans cette vue le ministère de Londres demande que Philippe V renonce purement et simplement à la couronne de France.

1712.

Cette proposition embarrassa le ministère *Réponse du ministère de France, qui*

J'imagine que la renonciation seroit nulle.

de France, qui, s'imaginant que la renonciation seroit nulle, ne pouvoit le déclarer sans rompre toute négociation, ni le dissimuler sans manquer à la bonne foi. Cependant la sincérité prévalut sur toute autre considération. Le marquis de Torci, principal ministre, écrivit à S. Jean, que la renonciation seroit nulle suivant les lois fondamentales du royaume, selon lesquelles « le prince qui est le plus proche
» de la couronne, en est héritier de toute
» nécessité; que c'est un héritage qu'il ne
» reçoit ni du roi son prédécesseur, ni du
» peuple, mais en vertu de la loi; de sorte
» que lorsqu'un roi vient à mourir, l'autre
» lui succède immédiatement, sans demander le consentement de personne;
» qu'il succède, non comme héritier, mais
» comme le maître du royaume dont la
» seigneurie lui appartient; non par choix,
» mais seulement par le droit de sa naissance.
» Qu'il n'est obligé de sa couronne ni à
» la volonté de son prédécesseur ni à aucun
» édit, ni à aucun décret, ni à la libéralité
» de qui que ce soit; qu'il ne l'est qu'à la

» loi : cette loi est estimée l'ouvrage de
» celui qui a établi les monarchies ; et
» qu'on tient en France qu'il n'y a que
» Dieu seul qui puisse l'abolir, par con-
» séquent qu'il n'y a aucune renonciation
» qui puisse la détruire. »

Torci emprunta pour cette reponse, comme il le dit, les termes d'un fameux magistrat, Jérôme Bignon, avocat général. Cet exemple prouve que les opinions d'un homme qui a un nom, deviennent des préjugés qu'on adopte sans examen. Car ou je me trompe fort, ou toute cette doctrine ne porte que sur de grands mots. On croiroit que Bignon parle du peuple Juif.

Cette réponse qui ne porroit que sur les mots eût rendu la paix impossible.

Ce magistrat auroit-il soutenu que cette doctrine étoit bien établie et bien reconnue avant Philippe Auguste ? Je demanderois donc pourquoi les souverains prenoient des mesures, de leur vivant, pour assurer la couronne à leur fils. Si c'est depuis Philippe Auguste que Dieu a établi cette loi fondamentale dont il parle, je demande sous quel règne elle a été révélée.

Si, avant Louis XIV, il y avoit eu une

loi qui n'eût pas permis a un prince de renoncer à la couronne, il falloit alors changer cette loi, puisque ce changement devenoit nécessaire à la maison de Bourbon, à la France, à l'Espagne, à l'Europe entière. Les lois ayant été faites pour le bonheur des peuples, ce seroit une grande absurdité d'imaginer qu'elles sont encore sacrées lorsqu'elles deviennent nuisibles.

Pour être affermis sur le trône, les Bourbons n'ont pas besoin que Dieu vienne dire aux Français : Voilà mon oint, voilà votre roi. Ils sont sûrs de régner par l'affection de leur sujets. Ils en sont sûrs, parce que l'obéissance n'est pas moins due aux lois que les peuples se font, qu'aux lois que Dieu leur donne; et que désobéir aux premières, c'est toujours désobéir à Dieu, à qui nous rendrons compte de tous nos engagemens.

<small>Le ministère anglais ne croit pas que la renonciation fût nulle.</small> C'est la flatterie, Monseigneur, qui a fait cette loi fondamentale; mais la flatterie tourne tôt ou tard contre le souverain. Vous le voyez : la paix n'eût pas été possible, si toute l'Europe eût pensé comme Louis XIV et son conseil, ou il eût fallu

en revenir avec les Hollandais aux préliminaires de 1709. Heureusement les puissances étrangères ne connoissoient pas les lois fondamentales de la France, et elles crurent que la renonciation seroit bonne.

« Nous voulons croire, repondit S. Jean,
» que vous tenez en France, qu'il n'y a
» que Dieu seul qui puisse abolir la loi sur
» laquelle votre droit de succession est
» fondé ; mais vous nous permettrez aussi
» de croire en Angleterre, qu'un prince
» peut se départir de ses droits par une
» cession volontaire ; et que celui en fa-
» veur de qui il auroit fait la renonciation,
» pourroit être soutenu avec justice dans
» ses prétentions, par les puissances qui
» en auroient garanti le traité. »

L'incertitude du parti que prendroit le roi d'Espagne, faisoit languir la négociation. Pour perdre moins de temps, les plénipotentiaires d'Angleterre proposèrent à ceux de France de travailler en attendant à lever de concert les autres difficultés qui s'opposoient à la paix. Ils s'assemblèrent chez l'évêque de Bristol ; et afin de ne pas donner d'ombrage aux alliés, ils prirent

En attendant la réponse de Philippe, on leve les autres difficultés qui s'opposoient à la paix.

pour prétexte de traiter quelque points de commerce entre la France et l'Angleterre. Les conférences réussirent comme on se l'étoit promis. Le traité eût été bientôt conclu entre les deux couronnes, si on avoit eu la renonciation du roi d'Espagne.

On propose à Philippe un échange qui retarde encore la négociation.

On cherchoit également à Londres et à Versailles, si, dans le cas où Philippe refuseroit de la donner, il seroit possible de trouver quelque expédient pour y suppléer. Milord Oxford proposa une alternative : il donnoit le choix à ce prince, ou de conserver le royaume d'Espagne, en renonçant aux droits de sa naissance, ou de conserver les droits de sa naissance en abandonnant l'Espagne au duc de Savoie, son beau-père, et en se contentant des états de ce prince, auxquels on joindroit les royaumes de Naples et de Sicile. Oxford crut peut-être avoir trouvé le vrai moyen de hâter la paix, parce qu'il pensa que le second parti seroit plus agréable à Louis XIV, et plus convenable à sa famille, vu l'inquiétude que donnoit la santé du duc d'Anjou.

Philippe venoit alors de répondre qu'il renonceroit à la couronne de France. Ainsi l'option proposée par Oxford, ne fit que retarder la négociation : car il fallut attendre une nouvelle réponse.

Louis XIV exhorta vivement son petit-fils à préférer l'échange qu'on lui proposoit. Philippe persista dans la première résolution qu'il avoit prise, et renonça à tous les droits de sa naissance. Peut-être y fut-il en partie déterminé par l'ambition de la reine sa femme, qui ne voulut pas sacrifier la monarchie d'Espagne, à l'incertitude d'être un jour reine de France. Quoi qu'il en soit, la renonciation fut faite quelques mois après par le roi d'Espagne, ratifiée par les états de son royaume, acceptée par Louis XIV, publiée par les ordres de ce prince, enregistrée dans tous les parlemens de la manière la plus solemnelle, et à la paix, garantie par toutes les puissances de l'Europe. On peut encore remarquer que le roi de France et le roi d'Espagne ne paroissent pas avoir douté de la validité de cet acte, si on en juge par les lettres qu'ils s'écrivirent à ce sujet : et quand ils en auroient douté, il n'en résulteroit autre chose, sinon qu'ils n'auroient pas traité de bonne foi, et la

Philippe donne une renonciation à la couronne de France.

mauvaise foi ne rend pas un acte nul. Voilà donc une loi fondamentale, ou il n'y en a point. Par conséquent la branche de Bourbon, qui a passé en Espagne, ne conserve plus aucun droit à la couronne de France. En soutenant le contraire, je vous plairois peut-être davantage, mais je vous tromperois.

Tout étoit d'accord entre la France et l'Angleterre, et la reine Anne avoit l'aveu de son parlement. 1712.

L'Angleterre et la France se trouvoient parfaitement d'accord. Il ne restoit plus qu'à rompre les obstacles que les autres puissances mettoient à la paix. La reine se rendit au parlement le 17 juin 1712. Elle communiqua aux deux chambres l'état où elle avoit conduit la négociation. Elle fit l'énumération des avantages qu'elle procuroit à ses alliés : elle exposa les mesures qu'elle avoit prises pour assurer la succession dans la maison de Hanovre ; enfin elle fit valoir ses soins pour prévenir l'union des couronnes de France et d'Espagne. Elle fut écoutée avec un applaudissement général : seulement quelques membres de la chambre-haute protestèrent contre plusieurs articles de sa harangue : mais ces protestations furent sans effet.

L'Angleterre pouvoit alors faire sa paix séparément. C'eût été sans doute le moyen le plus court de terminer tout-à-fait la guerre. Le conseil de Londres, croyant devoir user de plus de circonspection, n'osa prendre ce parti. Il auroit craint de choquer trop les alliés. Il prit un parti moyen, qui leur étoit presque aussi contraire, et qui les choqua tout autant. Le duc d'Ormond, qui commandoit les troupes anglaises depuis la déposition de Marlborough, eut ordre de se séparer du prince Eugène, et de ne concourir avec lui dans aucune entreprise; et bientôt après, il y eut entre la France et l'Angleterre une suspension d'armes pour quatre mois dans les Pays-Bas.

Les troupes anglaises se séparent du prince Eugène. Suspension d'armes entre la France et l'Angleterre, pour les Pays-Bas.

En considération de ces démarches de la cour de Londres, le roi étoit convenu de remettre Dunkerque aux Anglais, jusqu'à ce que les fortifications en eussent été démolies. Cependant ces démarches n'avoient pas produit tout l'effet qu'il en avoit attendu : car les étrangers à la solde de l'Angleterre, avoient pour la plupart refusé de suivre le duc d'Ormond, et étoient restés avec le prince Eugène, dont l'armée se

Cette suspension ne produit pas tout l'effet qu'on en avoit attendu.

trouvoit par-là supérieure à celle des Français. Il y avoit donc beaucoup à diminuer des avantages que la suspension avoit promis.

S. Jean, que la reine avoit fait pair d'Angleterre, sous le titre de vicomte de Bolingbroke, répondit que cette princesse voyoit avec un déplaisir sensible que ses desseins avoient été traversés ; qu'elle étoit résolue à ne se pas rebuter; et que si le roi vouloit lui remettre Dunkerque, elle ne feroit aucune difficulté de conclure sa paix particulière. Il remarquoit au reste que l'Angleterre cessant de payer la solde aux troupes étrangères, les états-généraux ne seroient pas en état de les faire subsister long-temps.

Cessation de toute hostilité entre ces deux couronnes.

Comme l'offre d'une paix particulière conduisoit plus promptement à la paix générale, le roi accepta la proposition de la reine. Il envoya ordre à l'officier qui commandoit dans Dunkerque, d'y laisser entrer les troupes anglaises. Aussitôt la suspension, qui n'avoit eu lieu que dans les Pays-Bas, devint générale ; et les hostilités cessèrent par mer et par terre entre les deux couronnes.

La reine Anne avoit pris le parti le plus sage : car si elle se fût déterminée à faire encore une campagne, et qu'elle eût eu avec ses alliés des succès tels qu'ils se le promettoient, ils auroient pu se rendre maîtres de la négociation. Si, au contraire, les Français avoient eu l'avantage, ils n'auroient plus voulu traiter avec l'Angleterre aux conditions qu'ils avoient offertes. Cette princesse avoit donc pris à propos une résolution décisive, telle qu'elle convenoit à ses intérêts.

Les Hollandais se plaignirent hautement, eux qui avoient abandonné leurs alliés à Nimègue, dans une conjoncture bien différente, et qui avoient seuls tiré avantage d'une guerre, où l'on ne s'étoit engagé que pour les défendre ; eux qui, dans cette dernière guerre qu'ils vouloient continuer, avoient souvent déconcerté les opérations, en retardant la marche de leurs troupes, en refusant même de les envoyer, et en négligeant les préparatifs qu'ils étoient obligés de faire. Après s'être plaints, ils déclarèrent avec confiance qu'ils feroient la guerre sans la Grande-Bretagne, se flat-

Les Hollandais se flattent de soutenir la guerre avec avantage.

tant toujours que quelque révolution changeroit le gouvernement de ce royaume, et comptant qu'ils porteroient bientôt le ravage jusques dans le cœur de la France. Sinzendorff, ministre de l'empereur à la Haye, et le prince Eugène, les berçoient de ces vaines espérances.

Eugène assiége Landrecie. Disposition de son armée.

Après avoir pris le Quesnoi, le 4 juillet, le prince Eugène fit le siége de Landrecie. Cette entreprise parut téméraire, parce qu'il ne pouvoit tirer ses vivres et ses munitions que de Marchiennes ; et qu'il avoit par conséquent douze lieues de pays à garder. Il tira des lignes pour couvrir la marche de ses convois. Un corps de troupes, sous les ordres du prince d'Anhalt-Dessau, avoit investi Landrecie. L'armée que commandoit le prince Eugène, s'étendoit depuis le camp des assiégeans jusqu'à l'Escaut qui la séparoit du camp de Denain. Le comte d'Albemarle, général des troupes hollandaises, avoit dans ce dernier camp, bien retranché, dix à douze mille hommes. Ses lignes commençoient à l'Escaut, au-dessus de Denain et au-dessous de Prouvi, et finissoient à la Scarpe, au-dessus et au-dessous de Marchiennes, où l'armée avoit ses magasins. Par cette disposition, le prince Eugène pouvoit se porter sur sa droite ou sur sa gauche, suivant les mouvemens que feroient les ennemis.

Villars s'approcha de Châtillon - sur- Sambre, afin de faire croire qu'il vouloit attaquer le camp de Landrecie. Il fit ouvrir les chemins; il fit jeter plusieurs ponts sur la rivière, et disposa tout pour marcher au camp des assiégeans. Eugène ne doutant point d'avoir découvert le vrai dessein du maréchal, se rapprocha pour soutenir le prince d'Anhalt, et sa droite se trouva, par ce mouvement, éloignée de Denain d'environ trois lieues. C'est où Villars l'attendoit. Alors il s'avance pendant la nuit vers Denain; et pour cacher sa marche, il laisse sur la Sambre le comte de Coigny, auquel il ordonne de passer cette rivière, et d'envoyer, à la pointe du jour, de petits partis à la vue du camp de Landrecie.

Villars force les lignes de Denain.

Eugène, qui ne fut instruit de ces mouvemens qu'à sept heures du matin, ne put arriver au secours de Denain, que lorsque les lignes avoient été forcées. De toutes les troupes qu'il avoit mises à la garde de ce camp, il ne recueillit au plus que quatre cents hommes, tout le reste ayant été pris, tué ou noyé.

<small>Les ennemis lèvent le siège et perdent plusieurs places.</small>

Cette action se passa le 24 juillet. Les ennemis de la France, ayant perdu Marchiennes bientôt après, levèrent le siège de Landrecie, et perdirent encore S. Amand, Douai, le Quesnoi et Bouchain. Villars eut, par sa victoire, la gloire d'avancer la paix, et de procurer à la France des conditions plus honorables et plus avantageuses. Un bon général est l'ame des négociations.

<small>Les Hollandais demandent la paix.</small>

En effet, les espérances des Hollandais étoient évanouies. Ils reconnurent qu'ils ne pouvoient soutenir la guerre sans les secours de la Grande-Bretagne. Ils voulurent renouer avec la France les conférences qu'ils avoient interrompues depuis long-temps; et leurs plénipotentiaires vinrent supplier ceux de la reine Anne d'employer leurs bons offices à cet effet. « Nous prenons la figure » que les Hollandais avoient à Gertrui- » denberg, et ils prennent la nôtre, écri- » voit l'abbé de Polignac. C'est une re- » vanche complète. Le comte de Sin-

» zendorff sent bien vivement sa décadence. »

Quoique la renonciation de Philippe eût été promise, et qu'on fût assuré de l'obtenir, elle n'avoit pas encore été faite avec la solemnité requise. Ce ne fut que le 5 novembre 1712, que ce prince la fit dans l'assemblée des états de son royaume, et les lettres patentes données par Louis XIV sur cet acte, ne furent enregistrées au parlement que le 15 mars de l'année suivante. C'est ce qui retarda la conclusion d'une paix particulière entre la France et l'Angleterre.

La renonciation de Philippe s'étoit fait attendre.

Je ne sais pas pourquoi le conseil de Versailles suspendit si long-temps l'enregistrement de cette renonciation. Milord Bolingbroke avoit sollicité vivement pour qu'on se pressât davantage; promettant qu'aussitôt après l'accomplissement de cette condition essentielle, la reine feroit sa paix particulière; qu'elle déclareroit à ses alliés n'avoir d'autres offres à leur faire que les conditions que le roi avoit proposées; qu'elle leur donneroit trois mois pour en délibérer; et qu'après ce terme, Louis XIV

Louis XIV en avoit retardé l'enregistrement quoique la cour de Londres sollicitât que cet acte pour faire sa paix particulière.

ne seroit plus tenu de leur accorder les mêmes conditions : mais ce même ministre avertissoit la France, que si, avant l'enregistrement, les Hollandais revenoient à la raison, et imploroient la protection de la reine, il seroit difficile de faire accepter le plan de paix que le roi proposoit, et que l'Angleterre ne pourroit se dispenser de procurer de meilleures conditions à ses alliés.

Si l'on se fût plus pressé, elle eût été moins favorable à ses alliés.

L'événement vérifia l'avis que Bolingbroke avoit donné au ministère de France. La reine favorisa les Hollandais. Elle leur conserva Tournai, dont le roi leur demandoit la restitution. Elle leur auroit procuré de plus grands avantages, si, au lieu de s'opposer à la paix, ils s'étoient joints à elle une année plus tôt. Mais depuis la journée de Denain, il n'étoit plus possible de donner la loi aux Français.

Pacification d'Utrecht terminée.

Enfin, le 11 avril 1713, Louis XIV fit son accommodement particulier, par cinq traités différens, avec l'Angleterre, le Portugal, la Prusse, la Savoie et les Provinces-Unies. L'Espagne signa sa paix avec l'Angleterre et la Savoie, le 13 juillet 1713.

Elle traita le 26 juin 1714, avec les états-généraux, et le 6 février de l'année suivante, avec le Portugal. Tous ces actes furent signés à Utrecht.

L'empereur avoit de la peine à se résoudre à la paix. Mais étant abandonné de tous ses alliés, et voyant les succès du maréchal de Villars, il fut enfin forcé de conclure le 26 mars 1714. Le traité se fit à Rastadt. Le 6 septembre de la même année, les intérêts des princes de l'Empire furent réglés dans des conférences qui se tinrent à Bade; et le 15 novembre de l'année suivante, Charles VI, Georges I, qui avoit succédé à la reine Anne, et les états-généraux conclurent à Anvers le traité de la barrière des Pays-Bas.

La France avoit, par le traité d'Utrecht, remis aux Provinces-Unies les Pays-Bas espagnols, tels que Charles II, roi d'Espagne, les avoit possédés en vertu du traité de Riswyck; et les états-généraux s'étoient engagés à les remettre à la maison d'Autriche pour les posséder en toute souveraineté, avec la clause que, sous quelque prétexte que ce fût, elle n'en pourroit jamais céder ou transférer aucune place à la couronne de France, ni à aucun prince du sang de ce royaume. Or, la république de Hollande stipule, dans le traité de la barrière, les conditions auxquelles elle reconnoît la souveraineté de la maison d'Autriche sur les Pays-Bas; et elle y prend toutes les précautions qu'elle a jugées nécessaires à sa sûreté.

CHAPITRE II.

De l'Europe, depuis le traité d'U-trecht jusqu'à la cessation de toute hostilité.

PAR les armes de Villars et par les derniers traités, la France avoit recouvré les principales places qu'on lui avoit enlevées pendant la guerre. Philippe V étoit affermi sur le trône d'Espagne, et reconnu par toutes les puissances, l'empereur seul excepté. Le duc de Savoie avoit le royaume de Sicile par la cession du roi d'Espagne. Les traités de Rastadt et de Bade avoient rétabli les électeurs de Bavière et de Cologne dans leurs états, droits et prérogatives. La France reconnoissoit la dignité électorale de la maison de Hanovre, ainsi que la royauté de l'électeur de Brandebourg, Frédéric Guillaume, qui venoit de succéder à son père Frédéric I. La succes-

Quoique le traité d'Utrecht eût terminé bien des querelles, il n'ôtoit pas tout sujet de guerre.

sion à la couronne d'Angleterre étoit assurée à la ligne protestante. Charles VI avoit acquis les Pays-Bas, le royaume de Naples, la Sardaigne et le Milanès. Les Anglais étoient maîtres de Gibraltar et de Port-Mahon. Enfin les Provinces-Unies venoient de former cette barrière pour laquelle elles avoient si long-temps combattu. Après tant de guerres et tant de traités, la paix étoit encore mal affermie. Si les puissances fatiguées avoient posé les armes, la plupart formoient encore des prétentions, et n'attendoient que le moment de les faire valoir. Mais avant de considérer les suites des traités d'Utrecht et de Bade, il faut jeter un coup-d'œil sur le nord. Nous essayerons ensuite d'embrasser toute l'Europe.

<small>Charles XII revient dans ses états.</small> Après un trop long séjour en Turquie, et une conduite fort extraordinaire, Charles XII se résolut enfin à revenir dans ses états. Il traversa l'Allemagne incognito, et arriva le 21 novembre 1714 à Stralsund. Ses affaires étoient dans une situation désespérée.

<small>1714.</small>

<small>La Suède avoit</small> Le czar, maître de la Livonie, de l'Ingrie,

de la Carélie et d'une partie de la Fin- *perdu plusieurs provinces.* lande, l'étoit encore de la mer Baltique. Frédéric IV, roi de Danemarck, venoit de dépouiller le duc de Holstein, et après avoir conquis les duchés de Brême et de Verden, il les avoit mis en dépôt pour soixante mille pistoles entre les mains de Georges, électeur de Hanovre. Enfin les généraux suédois, dans l'impuissance de défendre la Poméranie contre les Russes et les Saxons, l'avoient donnée en séquestre au roi de Prusse. Ainsi Charles XII dépouillé par ses ennemis, l'étoit encore par des princes avec lesquels il n'avoit eu jusqu'alors aucun démêlé : car il jugeoit bien que le séquestre n'avoit été qu'un prétexte pour s'enrichir de ses dépouilles. En effet, Frédéric-Guillaume n'affectoit la neutralité, que pour recueillir les fruits de la guerre sans en partager les hasards.

Charles XII protesta contre le séquestre, *Ligue qui se propose de chasser tout-à-fait d'Allemagne les Suédois.* et fit déclarer contre lui deux nouveaux ennemis. Le roi de Prusse et l'électeur de Hanovre se liguèrent avec le Danemarck, la Pologne et la Russie. Le dessein des confédérés étoit de chasser tout-à-fait les

Suédois d'Allemagne : ils avoient déjà partagé entre eux les conquêtes qu'ils se proposoient de faire.

Frédéric I, roi de Prusse, dissipoit ses finances, et trafiquoit du sang de ses peuples.

Frédéric Ier, roi de Prusse, avec la magnificence d'une ame vaine, dissipoit ses revenus en fêtes, en bâtimens, en chevaux, en valets. Ses prodigalités enrichissoient ses favoris et ses chasseurs, pendant que la famine et la peste ravageoient ses provinces, auxquelles il ne donnoit aucun secours. Il trafiquoit du sang de ses peuples, dit l'auteur des mémoires de Brandebourg, et il vendoit vingt mille hommes pour en entretenir trente mille. Il est un des princes à qui l'Angleterre et la Hollande donnoient des subsides pour faire la guerre à Louis XIV. *Il est difficile de comprendre,* dit l'écrivain que je viens de citer, *comment cette espèce de fierté, qu'ont les ames généreuses, peut se concilier avec la bassesse qu'il y a d'être aux aumônes de ses égaux.*

Frédéric Guillaume, son fils, qui se ligue contre la Suède, se rend puissant par son économie.

Frédéric-Guillaume, bien différent de son père, voulant être puissant par lui-même, mit la réforme dans sa cour, dans sa maison, dans toutes ses dépenses. Il régla ses finances avec discernement ; il établit la discipline parmi ses troupes ; enfin, riche par son économie, il étoit à peine sur le trône, et il devenoit déjà une puissance redoutable à ses voisins. Il entretenoit cinquante mille hommes sans être à l'aumône de ses égaux. Tel est le nouvel ennemi qui armoit contre la Suède.

Charles XII n'eut plus que des revers jusqu'à sa mort. Au mois de décembre 1715, les confédérés se rendirent maîtres de Stralsund, et l'année suivante ils prirent Wismar, l'unique place que les Suédois conservoient en Allemagne.

Charles XII perd toutes les places qu'il occupoit en Allemagne.

Auparavant, craint ou recherché de toutes les puissances de l'Europe, le roi de Suède se voyoit alors réduit à porter à la diète de Ratisbonne des plaintes auxquelles on n'avoit aucun égard. L'empereur regardoit comme un avantage pour lui et pour l'Allemagne, que ce prince inquiet fût chassé au-delà de la mer Baltique. Il venoit de se liguer avec les Vénitiens contre les Turcs : il avoit besoin de toutes les forces de l'Empire : il attendoit des secours de la part des ennemis du roi de

Il porte ses plaintes à la diète de Ratisbonne qui n'y a nul égard.

Suède. Il étoit donc bien éloigné de se déclarer contre eux, et d'entretenir la guerre dans le nord, lorsqu'il se disposoit à la porter en Hongrie. Frédéric-Guillaume néanmoins ne voulut point prendre part à cette nouvelle guerre, sous prétexte qu'il avoit encore besoin de ses troupes contre les Suédois. Mais dans le vrai, c'est qu'il ne vouloit pas contribuer à l'agrandissement de la maison d'Autriche.

Etat de la Suède qui avoit encore la guerre contre le Danemarck.

Lorsque les confédérés eurent partagé leurs conquêtes, le Danemarck resta presque seul armé contre la Suède. La Norwège, où Charles XII avoit déjà porté ses armes, dans le temps même qu'on lui enlevoit Wismar, devint le seul théâtre de la guerre. Cependant les Suédois, accablés d'impôts, ou plutôt d'extorsions, se voyoient tous dans la nécessité d'être soldats. Les campagnes étoient désertes. Il ne restoit presque dans les villages que des vieillards, des femmes et des enfans.

Georges succède à la reine Anne.

La reine Anne étoit morte le 12 août 1714, et Georges, électeur de Hanovre, avoit été proclamé roi de la Grande Bretagne, conformément aux vœux des Whigs.

et aux dispositions faites par le parlement. Ce prince étoit fils d'Ernest-Auguste, duc de Brunswick-Lunebourg et de la princesse Sophie, petite-fille de Jacques Ier. Sophie étoit née du mariage d'Elisabeth d'Angleterre avec Frédéric V, électeur Palatin, ce prince qui avoit été élu roi de Bohême, et qui avoit donné commencement à la guerre de trente ans. On a remarqué qu'il y avoit quarante-cinq personnes qui se trouvoient plus près du trône que l'électeur de Hanovre.

Georges, persuadé que les principaux ministres du dernier règne avoient eu des vues contraires à ses intérêts, et que, sous le prétexte de la paix, ils ne s'étoient unis à la France que pour préparer le rétablissement du fils de Jacques II, établit une commission qu'il chargea d'examiner avec la dernière rigueur la conduite du comte d'Oxford et du vicomte de Bolingbroke. Robert Walpole, nommé pour examiner les papiers de l'un et de l'autre, les lut avec la passion d'un Whig, qui s'étoit toujours opposé à la paix, qui avoit cabalé dans les communes afin de la traverser, et qui, par

Il fait le procès à Oxford et à Bolingbroke.

ces raisons, avoit été renfermé à la tour. Bolingbroke prévint l'orage en quittant l'Angleterre : Oxford fut arrêté ; mais parce qu'on ne put rien prouver contre lui, le roi Georges lui rendit enfin la liberté, après un long procès et une longue prison.

Les commencemens de son règne sont troublés par une guerre civile.

Cependant la naissance avoit mis un trop grand intervalle entre cet étranger et le trône, et tous les Anglais ne croyoient pas également voir en lui un souverain légitime. Agréable aux Whigs, il devenoit odieux aux Torys, qui, par les changemens faits dans le gouvernement se voyoient privés de toute la faveur. D'ailleurs les esprits sans passion et sans préjugé ne pouvoient se dissimuler l'injustice qu'on faisoit à la maison des Stuarts. Ces dispositions furent la cause d'une guerre civile, qui ne fut assoupie que dans le cours de 1716 ; et il restoit toujours un esprit de révolte, qui suffisoit pour troubler le règne de Georges I.

Mort de Louis XIV. Leçon qu'il laisse au dauphin.

La mort de Louis XIV, arrivée le 1 septembre 1715, changea tout le système de l'Europe. Après un règne de soixante-douze ans, ce prince, dans la soixante-dix-septième année de son âge, apprécioit enfin, à la

vue du tombeau, cette grandeur, cette gloire qui l'avoit ébloui trop long-temps : « Mon fils, dit-il, deux jours avant sa
» mort au duc d'Anjou, alors dauphin,
» je vous laisse un grand royaume à gou-
» verner. Je vous recommande sur-tout
» de travailler, autant que vous pourrez,
» à diminuer les maux et à augmenter les
» biens de vos sujets; et pour cet effet, je
» vous demande avec instance de conserver
» toujours précieusement la paix avec vos
» voisins, comme la source des plus grands
» biens, et d'éviter soigneusement la guerre,
» comme la source des plus grands maux.
» Ne faites donc jamais la guerre que pour
» vous défendre, ou pour défendre vos
» alliés. Je vous avoue que, de ce côté-là,
» je ne vous ai pas donné de bons exem-
» ples : mais aussi c'est la partie de ma vie
» et de mon gouvernement ont je me re-
» pens davantage ». Cet aveu excuse les fautes de ce monarque. Ce prince avoit de la générosité, de la fermeté, de l'élévation dans l'ame. Il fut grand par la tranquillité avec laquelle il vit les approches de la mort. Il faut le plaindre d'avoir eu une mauvaise

éducation, d'avoir été mal entouré, d'avoir eu des succès de trop bonne heure. Avec les qualités qu'il tenoit de la nature, il eût été grand dès sa jeunesse, si ses premiers malheurs n'eussent pas duré si peu.

Inquiétudes de la France et de l'Europe, en considérant la jeunesse de Louis XV.

Il y avoit plus d'un an que le duc de Berri étoit mort. Louis XV n'avoit pas encore cinq ans accomplis. La France trembloit à la vue des malheurs dont elle étoit menacée, si elle perdoit son jeune roi, dont la santé ne la rassuroit pas; et l'Europe n'étoit pas sans inquiétude quand elle considéroit que Philippe V, malgré ses renonciations, pouvoit contester au duc d'Orléans, régent du royaume, les droits que le traité d'Utrecht lui donnoit à la couronne. Quoique pour la plupart mécontentes des conditions de la paix, les puissances, encore épuisées, ne songèrent qu'à prévenir une guerre, à laquelle elles n'étoient pas assez préparées. Autant elles avoient redouté l'union de la France et de l'Espagne, autant alors elles redoutèrent les divisions qui paroissoient les devoir armer l'une contre l'autre.

Traité de la triple alliance.

Le duc d'Orléans croyoit voir un ennemi

dans Philippe V, et Georges I voyoit que le prétendant avoit encore un grand parti en Angleterre. Ces deux princes, comme plus intéressés à prévenir une nouvelle guerre, négocièrent pendant le cours de l'année 1716 ; et l'année suivante, ils conclurent à la Haye la triple alliance avec les états-généraux. Ces puissances se garantissoient mutuellement toutes les dispositions des traités d'Utrecht : elles s'engageoient à ne donner aucun asyle à ceux qui seroient déclarés rebelles par l'un des contractans ; et en cas de troubles domestiques, ou d'attaque de la part de quelques ennemis étrangers, elles se promettoient des secours prompts et efficaces. Ainsi la France, pour assurer son repos, et pour maintenir les droits de la maison d'Orléans, fut dans la nécessité de se liguer avec l'Angleterre et la Hollande; et bientôt elle fera la guerre à l'Espagne.

Lorsqu'un mauvais gouvernement a jeté les peuples dans une espèce de léthargie, il semble qu'il n'y ait plus que les troubles des guerres civiles qui puissent rendre aux ames une activité qu'elles ne se sentoient

C'est après des guerres civiles qu'un bon gouvernement peut retirer une nation de la léthargie où elle étoit auparavant.

plus. Alors l'esprit de faction, qui produit naturellement l'enthousiasme, donne du ressort à tous les partis, produit des soldats, et crée des talens militaires. A la paix, le gouvernement trouve des hommes qui sentent le besoin d'agir, et parce qu'ils se sont fait une habitude de l'action, et parce qu'ils ont des pertes à réparer. S'il est sage, il entretiendra, il nourrira cette inquiétude, en protégeant les arts, et les arts seront cultivés : car, par-tout où ils ont fait des progrès, vous les avez toujours vu fleurir après de longues guerres, et même commencer parmi les troubles.

Le gouvernement de Philippe V n'a fait que je ter les peuples dans leur premier assoupissement.

Ce ne fut pas ainsi qu'en Espagne le gouvernement dirigea l'inquiétude des peuples. Epuisé, n'ayant que des ressources qui devoient l'épuiser encore ; il fit de nouveaux efforts pour troubler toute l'Europe. Il entreprit de grandes choses avec des petits moyens dans un siècle où avec de grands moyens on n'en faisoit d'ordinaire que de petites. Après de vaines tentatives, il succomba par lassitude, et les peuples, également las, retombèrent dans leur premier assoupissement.

Jules Albéroni, né à Plaisance, en 1664, avoit eu occasion, lorsqu'il étoit curé d'un village dans le Parmesan, de s'introduire auprès du duc de Vendôme, qui conçut de l'estime pour lui. Ayant rendu aux Français, pendant la guerre, des services qui ne lui permettoient pas de rester dans sa patrie, il suivit le duc de Vendôme en France, et ensuite en Espagne. Ce général se servit de lui pour entretenir une correspondance avec la princesse des Ursins, qui avoit beaucoup de crédit sur Philippe. Albéroni sut se faire goûter, de sorte qu'après la mort du duc de Vendôme, en 1712, il se vit encore assuré d'une puissante protection. Son crédit s'accrut au point que Marie-Louise-Gabrielle de Savoie, reine d'Espagne, étant morte en 1715, il eut beaucoup de part au mariage de Philippe V avec Elisabeth Farnèse. La nouvelle reine lui marqua sa reconnoissance par le chapeau de cardinal, et par une confiance entière. Albéroni fut bientôt premier ministre. C'étoit une imagination bouillante, faite pour former de grandes entreprises, plutôt que pour les bien concerter.

Fortune du cardinal Albéroni.

Il médite la conquête de l'Italie.

Les traités qu'on avoit faits jusqu'alors n'avoient pas terminé les différends entre Charles VI et Philippe V : car l'un n'avoit pas donné sa renonciation à la monarchie d'Espagne, et l'autre n'avoit pas donné la sienne aux états que l'empereur possédoit en Italie et dans les Pays-Bas. Le cardinal Albéroni flattant la reine Elisabeth de l'espérance de procurer des établissemens à ses fils, médita la conquête de l'Italie. Il se proposoit de réserver pour l'Espagne la Sicile, Naples et la Sardaigne, et il offroit au duc de Savoie le Milanès en échange de la Sicile. Comme la guerre que les Turcs faisoient alors à l'empereur paroissoit favorable à ses desseins, il négocioit avec la Porte pour la faire durer.

Il réunit les brouillons en France pour troubler la régence du duc d'Orléans.

En même-temps il cherchoit à susciter des troubles en France, comptant beaucoup sur les mécontentemens que les parlemens, la noblesse et le peuple faisoient paroître. Le prince de Cellamare, ambassadeur d'Espagne, tramoit sourdement une conspiration, dans laquelle plusieurs grands entrèrent. Un parti, qui se formoit en Bretagne, n'attendoit que la flotte des Espagnols pour se déclarer : et des soldats déguisés filoient insensiblement, et venoient se joindre aux rebelles. Le projet du cardinal Albéroni étoit d'ôter la régence au duc d'Orléans, et de la donner à Philippe V, afin de gouverner lui-même tout-à-la-fois la France et l'Espagne.

Les intrigues de ce cardinal ne se bornoient pas là. Il négocioit encore à Pétersbourg et à Stockholm. Il trouva dans le baron de Gœrtz, premier ministre du roi de Suède, un esprit remuant, capable des desseins les plus audacieux. A peine ces deux hommes se furent-ils communiqué leurs projets, qu'ils ne formèrent plus qu'un plan des vues qu'ils avoient eues séparément.

Les ennemis du roi de Suède étoient divisés. Le czar sur-tout paroissoit mécontent de l'espèce de défiance avec laquelle les rois de Pologne, d'Angleterre, de Danemarck et de Prusse s'étoient conduits avec lui, et de tout ce qu'ils avoient fait pour l'empêcher d'avoir un établissement en Allemagne. Gœrtz, jugeant donc qu'il seroit facile de séparer ce prince de ses alliés, imagina de l'engager à faire la paix avec la Suède, et se flatta d'y déterminer son maître. En effet, Charles XII, irrité contre Georges qui lui avoit enlevé Brême et Verden, quoiqu'il ne lui eût point donné occasion de se déclarer contre lui, lui sacrifioit volontiers sa vieille haine contre le czar, au nouveau desir de se venger du roi d'Angleterre. Il est vrai qu'il falloit abandonner plusieurs provinces à la Russie; mais Gœrtz lui faisoit envisager la gloire de rétablir Stanislas, le prétendant, le duc de Holstein, de reconquérir les provinces qu'on lui avoit enlevées, et de donner la loi à l'Europe.

Cette intrigue se tramoit tout-à-la fois en Angleterre, en France, en Hollande, en Russie et en Suède.

Charles, à qui de pareils projets ne pouvoient manquer de plaire, donna des pouvoirs à son ministre pour traiter avec toutes les cours où il voudroit négocier. Gœrtz vint en Hollande, en France : il se concerta avec Albéroni, et il fit sonder le czar, qui parut entrer dans ses desseins, moins sans doute parce qu'il comptoit sur le succès, que parce qu'il risquoit peu. Il avoit toujours l'avantage de s'assurer de ses conquêtes par un traité. Les propositions qu'on devoit lui faire, étoient de fournir des vaisseaux pour transporter dix mille Suédois en Angleterre, et trente mille en Allemagne, et d'entrer lui-même en Pologne, avec quatre-vingt mille Russes.

Le comte de Gyllembourg, ambassadeur de Suède en Angleterre, encourageoit les mécontens. Le parti du prétendant avoit déjà fourni des sommes considérables. Gœrtz, qui les toucha en Hollande, avoit acheté des armes et des vaisseaux. Le chevalier de Folard, alors au service de Charles XII, étoit venu en France pour engager dans ce parti des officiers français et irlandais. Mais comment conduire secrètement une conspiration qui se trame tout à-la-fois en Angleterre, en France, en Hollande, en Espagne, en Russie et en Suède?

Le duc d'Orléans, ayant découvert ces intrigues, en donna avis au roi d'Angleterre, dans le même temps que les Hollandais communiquoient au ministre de Londres à la Haye les soupçons qu'ils avoient de la conduite de Gœrtz. Le plénipotentiaire du roi de Suède et Gyllembourg

Gœrtz et Gyllembourg, ambassadeur de Suède en Angleterre, sont arrêtés.

furent arrêtés, le premier à Deventer en Gueldres, et le second à Londres.

Le czar vient en France et à sa considération le duc d'Orléans demande et obtient la liberté de ces deux ministres.

Cette même année le czar vint en France, où il fit trop peu de séjour pour étudier une nation où il y a beaucoup à louer et beaucoup à blâmer. Il s'occupa sur-tout des arts; et il saisit cette occasion pour proposer un traité d'alliance, que le régent n'accepta pas, parce qu'il eût été contraire aux engagemens qu'il prenoit avec la Grande-Bretagne. A sa considération, le duc d'Orléans demanda et obtint la liberté des ministres du roi de Suède. Gœrtz, devenu libre, n'abandonna pas ses projets : mais nous sommes bientôt à la fin de toutes ces intrigues.

L'escadre angloise ruine la flotte qu'Albéroni avoit armée pour ses projets de conquêtes.

Au mois d'août 1716, le prince Eugène avoit battu les Turcs à Peterwaradin, et au même mois de l'année suivante, il les défit encore à Belgrade, et se rendit maître de cette place. Albéroni, voyant qu'il ne pouvoit changer les dispositions que la Porte apportoit à la paix, hâta les expéditions dont il avoit fait les préparatifs. Les Espagnols envahirent la Sardaigne, et débarquèrent en Sicile. Cette flotte, la plus considérable que l'Espagne eût armée depuis Philippe II, fut entièrement ruinée par l'escadre anglaise, qui vint au secours de l'empereur.

Le traité de Passarowitz venoit de terminer la guerre entre la Porte et Charles VI, qui acquéroit Temeswar, Belgrade et toute la Servie. Les Vénitiens, qui avoient conquis la Morée à la fin du dix-septième siècle, et à qui elle avoit été abandonnée par le traité de Carlowitz, l'avoient perdue dans cette guerre et ne la recouvrèrent pas.

<small>Paix entre la Porte et l'empereur à Vienne.</small>

Dans le temps même que ces choses se passoient, l'Angleterre et la France prenoient sur elles de régler les différends qui subsistoient entre l'empereur et le roi d'Espagne. Le 2 août, elles conclurent à Londres le traité de la quadruple alliance, dans lequel elles se proposoient de faire entrer l'empereur, qui le signa tout aussitôt ; et la Hollande, qui, sous différens prétextes, n'y accéda qu'au mois de février de l'année suivante.

<small>Alors l'Angleterre et la France concluent le traité de la quadruple alliance.</small>

<small>1718.</small>

Par ce traité, Charles VI reconnoissoit Philipe V pour roi d'Espagne, et Philippe cédoit à Charles les pays-bas et les provinces d'Italie, qui étoient le sujet de la guerre. Ces deux princes devoient donner des renonciations aux états qu'ils s'abandonnoient l'un à l'autre.

Le duc de Savoie rendoit la Sicile à l'empereur, et on lui donnoit en échange la Sardaigne.

Quoique le saint siége regardât et regarde encore Parme et Plaisance comme des fiefs dont il peut seul disposer, et qui, au défaut d'hoirs mâles dans la maison Farnèse, doivent être réunis au domaine de l'église, la quadruple alliance, sans aucun égard pour ces prétentions, déclare que les duchés de Parme et de Plaisance, ainsi que le duché de Toscane, seroient tenus pour fiefs masculins de l'Empire; et que lorsque la succession de ces états sera ouverte, on les donnera aux fils d'Elisabeth Farnèse, en suivant l'ordre de primogéniture. Par cette dernière disposition, favorable à la reine d'Espagne, on comptoit persuader à la cour de Madrid d'accéder à la quadruple alliance.

L'Espagne refuse d'accéder à laqua. Quoique le duc de Savoye fût lésé par ces arrangemens, il y donna son consentement d'une manière authentique, le 2 novembre 1718. Mais Albéroni persistoit toujours à vouloir réunir à l'Espagne les provinces démembrées, comme s'il eût pu résister seul aux forces de la quadruple alliance. Sur ces entrefaites la mort de Charles XII, tué le 11 décembre au siége de Fridérichs-hall, ruina tous les grands projets du nord. Gœrtz, arrêté comme auteur, par ses conseils, des malheurs de la Suède, fut sacrifié à la haine du peuple, et perdit la tête sur un échafaud.

Enfin au mois de janvier 1719, la France déclara la guerre à l'Espagne, par un manifeste qui expliquoit les raisons qu'elle avoit eues de faire alliance avec l'empereur et le roi de la Grande-Bretagne. Philippe, alors trop foible contre ses ennemis, et cédant aux instances de l'Europe, disgracia son ministre, et accéda à la quadruple alliance le 26 janvier. Le cardinal Albéroni, contraint de sortir du royaume, se retira en Italie, où il est mort en 1752.

L'accession de la cour de Madrid au traité de la quadruple alliance paroissoit

Rien moins qu'as-suré.

avoir consommé l'ouvrage de la paix ; mais la politique des principales puissances, qui depuis les traités de partage, s'établissoient pour juges de tous les différends, n'étoit pas un moyen bien sûr d'assurer la tranquillité de l'Europe. Les puissances lésées protestoient contre un tribunal qui n'avoit sur elles d'autres droits que la force. Si elles cédoient par impuissance, elles conservoient des prétentions, et elles attendoient que quelque événement divisât les arbitres, qui leur avoient donné la loi. Le roi d'Espagne réclamoit lui-même les provinces qu'il venoit d'abandonner, déclarant qu'il n'étoit entré dans la quadruple alliance, que parce que le duc d'Orléans lui avoit promis la restitution de Gibraltar, que les Anglais refusoient cependant de lui rendre. L'empereur n'avoit pas renoncé sincèrement aux duchés de Parme, de Plaisance et de Toscane : il ne les avoit cédés aux fils d'Elisabeth Farnèse, que parce qu'il pouvoit arriver telles circonstances, où toutes ces dispositions seroient changées. Il venoit d'ailleurs de publier une pragmatique sanction, qui étoit une nouvelle source de querelles. C'est une loi, par laquelle il établissoit, au défaut d'hoirs mâles dans sa maison, l'indivisibilité de ses domaines en faveur de sa fille aînée. Or, cette loi étoit contraire aux intérêts de plusieurs princes qui, dans le cas où Charles VI ne laisseroit point de fils, avoient des droits sur plusieurs provinces de la maison d'Autriche. Ainsi l'Europe jouissoit de la paix, et les peuples ne savoient pas combien elle étoit incertaine. Les conseils des princes occupés à la consolider, ne cessoient de négocier, et se voyoient tous les jours à la veille d'une nouvelle guerre.

Les Suédois sont de tous les peuples celui qui sut le mieux tirer avantage des malheurs que toute l'Europe avoit soufferts. Ils reconnurent enfin qu'un héros sur le trône de Suède étoit plus redoutable pour eux que pour leurs ennemis. Les états assemblés déclarèrent à Ulrique-Eléonore, sœur et héritière de Charles XII, qu'ils regardoient le trône comme vacant, l'assurant néanmoins que leur choix tomberoit sur elle, si elle vouloit s'engager à ne régner que suivant la forme de gouvernement

Changement dans le gouvernement de Suède.

qu'on lui prescriroit. Eléonore, moins jalouse de l'autorité, que touchée des malheurs qu'entraîne le despotisme, consentit à cette proposition, et les Suédois établirent un gouvernement mixte, propre à limiter la puissance du monarque. Ils eurent ensuite pour Eléonore la complaisance de couronner le prince de Hesse-Cassel, son mari. En 1720, cette princesse conclut à Stockholm un traité de paix avec l'Angleterre, la Prusse, la Pologne et le Danemarck; et en 1721, elle en conclut un autre à Neustadt, avec le czar qui mourut en 1725.

LIVRE DERNIER.

Des révolutions dans les lettres et dans les sciences depuis le quinzième siècle.

CHAPITRE PREMIER.

Révolution que produisent dans les lettres, les Grecs qui se réfugient en Italie, après la prise de Constantinople.

Nous avons vu l'Europe, dans l'ignorance, s'appliquer à des études pires que l'ignorance même; et sans doute que les meilleurs esprits, après avoir fait de vains efforts pour s'instruire, se sentoient portés à préférer leur ignorance à ces études. Dégoûtés de tout ce qu'on leur offroit, et

L'Europe étoit dans l'ignorance et ne faisoit que de mauvaises études.

n'ayant pas assez de lumières pour justifier leurs dégoûts, ils n'osoient ni critiquer leurs maitres, ni tenter une route nouvelle : ils avoient plutôt la simplicité de se croire sans intelligence, et ils renonçoient à un savoir qu'ils ne pouvoient acquérir. Ainsi ce qu'on nommoit science, restoit en proie aux esprits faux, qui étoient d'autant plus vains de ce qu'ils croyoient avoir appris que personne n'y pouvoit rien comprendre.

Lorsque le goût se for ma tout-à-coup en Italie;
L'Italie étoit encore dans cette barbarie, lorsque les poëtes provençaux suscitèrent les génies toscans. Le goût se forma tout-à-coup sur la fin du treizième siècle, et se perfectionna dans le quatorzième. Ce fut l'ouvrage du Dante, de Pétrarque et de Bocace.

On croiroit que la barbarie va se dissiper; car le goût est proprement l'aurore du jour qui doit éclairer l'esprit humain. Aux premiers rayons qu'il répandoit, on devoit entrevoir les formes hideuses de la scholastique. En effet, le Dante, Pétrarque et Bocace méprisoient toutes les études de leur siècle.

Mais il se perdit à
Si la lecture de leurs ouvrages eût ré-

pandu ce mépris, comme elle paroissoit devoir faire, les bons esprits se seroient portés à de nouvelles études. Les uns auroient cultivé leur goût, en imitant les anciens; les autres auroient cherché dans la nature les connoissances qu'ils ne trouvoient pas dans les écoles. Mais les Grecs, ces Grecs auxquels on attribue la renaissance des lettres, se répandirent en Italie comme un nuage, et interceptèrent la lumière qui venoit de se montrer.

l'arrivée des Grecs de Constantinople.

L'étude du grec commença parmi les Italiens avec le quinzième siècle. Manuel Chrysoloras l'enseigna successivement à Venise, à Florence, à Rome et à Pavie. Ayant été envoyé par l'empereur de Constantinople, pour implorer le secours des princes chrétiens contre les Turcs, il se fixa en Italie, lorsqu'il apprit la défaite de Bajazet, par Tamerlan, et il forma un grand nombre de disciples.

L'étude de la langue grecque avoit commencé en Italie avec le quinzième siècle.

1402.

Après la prise de Constantinople par Mahomet II, les Grecs qui avoient quelques connoissances se réfugièrent en Italie, où le goût qu'on avoit pour leur langue leur ouvroit un asyle et leur assuroit des secours.

1453.

C'est pourquoi les Grecs y trouvèrent un asyle et de puissans protecteurs.

Ils trouvèrent de puissans protecteurs dans Côme, Pierre et Laurent. Celui-ci, surtout, les combla de bienfaits. André-Jean Lascaris, un des savans qui étoient venus de Constantinople, fit deux fois par son ordre le voyage de la Grèce, d'où il remporta quantité d'excellens manuscrits. Plusieurs autres princes favorisèrent encore les lettres grecques à l'exemple des Médicis.

Le cardinal Bessarion ne les favorisoit pas moins à Rome, où il jouissoit d'une grande considération. Auparavant archevêque de Nicée, il avoit accompagné Jean Paléologue II aux conciles de Ferrare et de Florence. Il étoit resté en Italie pour se dérober à la vengeance des Grecs, qui lui reprochoient avec fondement d'avoir contribué plus qu'aucun autre au décret de réunion. Il avoit été fait cardinal par Eugène IV, et il pouvoit rendre aux Grecs qui se retiroient en Italie, des services d'autant plus grands, qu'alors Nicolas V, de la maison des Médicis et protecteur des lettres, étoit sur la chaire de S. Pierre.

1428.
1439.

Alors l'étude de leur langue devint la passion des Italiens, qui cher-

La considération que le public accorde à ceux qui approchent les grands, et qui

ont part à leurs bienfaits, fut un aiguillon pour les Italiens. Ils se livrèrent avec passion à une étude qui excitoit d'autant plus leur curiosité, qu'elle étoit nouvelle, et qu'elle conduisoit à la faveur. Elle devenoit d'ailleurs tous les jours plus facile : les livres grecs se répandoient : on trouvoit par-tout des maîtres pour les expliquer, et il est bien plus commode d'apprendre des mots que des choses.

voient l'instruction ou la considération.

Si les Italiens se fussent adonnés à cette étude, avec l'ambition de transporter dans leur langue la beauté des anciens écrivains de la Grèce, ils auroient sans doute perfectionné leur goût. C'est ainsi que Dante, Pétrarque et Bocace s'étoient conduits. Le dernier avoit étudié le grec, et tous trois ils savoient la langue latine beaucoup mieux qu'on ne la savoit de leur temps. Mais il eût été à souhaiter que ceux qui vouloient enrichir ainsi la langue italienne, en eussent étudié le caractère avec plus de discernement que n'ont fait les écrivains du quatorzième siècle. Comme ils avoient plus la manie que le goût du latin, ils en transportoient indifféremment la construction dans

Ils auroient dû étudier le grec pour en transporter les beautés dans leur langue.

leur langue, et faisoient souvent prendre à l'italien des tours qui ne lui pouvoient pas convenir. Bocace n'est pas exempt de reproches à cet égard. Aussi l'Italien s'est-il ressenti long-temps, et se ressent peut-être encore du mauvais goût du siècle où il se formoit.

Mais ils laissèrent leur langue pour lire du grec et pour écrire en latin:

Le quinzième siècle lui fut encore plus contraire : car bien loin de l'enrichir, on ne le cultiva plus. L'étude des écrivains de la Grèce, prit avec trop de fureur, trop d'applaudissemens et trop de rapidité, pour permettre de se partager entre une langue savante et une langue vulgaire. Le fanatisme de l'érudition se saisit des esprits ; et on ne connut plus d'autre mérite que d'entendre le grec et d'écrire en latin. Alors s'établit le préjugé de l'antiquité, qui n'est pas encore tout-à-fait détruit. On imita servilement les anciens. On crut prouver une opinion qu'on embrassoit, en prouvant que c'étoit celle de quelqu'un d'eux. En un mot, on s'imagina qu'ils avoient tout fait, et qu'il ne restoit plus qu'à les entendre et qu'à les copier.

E l'Italie fut fé-

Les savans, venus de Constantinople,

contribuèrent sans doute à répandre un préjugé, qui leur étoit aussi favorable. Quoiqu'ils sussent médiocrement la langue latine, ils la préférèrent à une langue vulgaire, dont ils ignoroient entièrement les beautés. Ils donnèrent l'exemple, et l'Italie fut féconde en écrivains latins, la plupart poëtes, et mauvais, si, comme on le leur reproche, ils n'imitoient qu'en copiant les expressions et les tours des anciens. Ce goût domina pendant le quinzième et le seizième siècles.

conde en écrivains latins.

Au seizième cependant, quelques esprits, qui n'étoient pas faits pour obéir au préjugé, cultivèrent la langue italienne avec succès. Tels sont Guichardin, Machiavel, l'Arioste, Guarini, le Tasse et quelques autres moins célèbres. Mais par-tout ailleurs qu'en Italie les savans négligèrent tout-à-fait les langues vulgaires, qu'ils traitoient de jargon barbare. Ils crurent qu'ils alloient faire renaître celle de l'ancienne Rome, et le seizième siècle produisit plus d'écrivains latins que le siècle d'Auguste. Seulement la France eut quelques poëtes français fort mauvais, ou qui, tout au plus comme Marot, mon-

Au seizième siècle les meilleurs esprits d'Italie cultivèrent l'italien; mais par-tout ailleurs les langues vulgaires furent négligées et méprisées.

troient quelquefois, dans un langage encore grossier, de l'esprit, du talent et même de l'élégance.

Cette passion pour les langues mortes devoit retarder les progrès du goût.

Je crois, Monseigneur, que vous commencez à comprendre comment la mode des langues savantes a retardé les progrès du goût. Cherchons néanmoins à nous en rendre raison plus particulièrement. Cette recherche curieuse est utile parce qu'elle contribue à faire mieux connoître l'esprit humain.

Les langues n'ont d'élégance qu'autant qu'il y en a dans l'esprit de ceux qui les parlent.

Vous savez que le système des langues est calqué sur celui de nos connoissances; et que par conséquent elles sont plus ou moins riches, suivant que nous avons plus ou moins d'idées. Vous en devez conclure qu'elles sont susceptibles de plus ou moins de finesse, de délicatesse et de précision, à proportion de la finesse, de la délicatesse et de la précision avec laquelle nous sommes capables de concevoir les choses. Car la langue, dans laquelle nous pensons, doit prendre la forme de nos pensées; et elle ne peut être élégante, si l'élégance n'est déjà dans notre esprit.

Les esprits étoient de ce temps grossiers.

A l'exception de l'Italien que je ne

compte pas, puisque les savans dédaignoient de le parler, toutes les langues de l'Europe étoient encore fort grossières au quinzième siècle. Elles étoient par conséquent rarement capables de finesse, de délicatesse, de précision. J'en peux donc dire autant de ceux qui les parloient, puisqu'ils avoient fait ces langues d'après leur façon de voir et de sentir.

Or, la même grossièreté étant commune à ces langues et à ceux qui les parloient, le goût se seroit formé bien difficilement et bien lentement, si on les eût cultivées sans faire aucune étude des anciens : mais il devoit se former peut-être encore plus difficilement et plus lentement, lorsqu'on s'appliquoit uniquement aux langues mortes, et qu'on négligeoit de cultiver les langues vulgaires. Pour hâter les progrès du goût, il falloit donc étudier les unes, et en même temps cultiver les autres, il falloit les comparer continuellement : c'étoit le vrai moyen de s'approprier des beautés, qu'on ne savoit pas encore sentir. Alors à mesure qu'on auroit lu les anciens avec plus de discernement, les langues modernes seroient devenues susceptibles de plus d'élégance; et à mesure que les langues modernes seroient devenues susceptibles de plus d'élégance, on auroit été capable de lire les anciens avec plus de discernement. En continuant donc de passer ainsi alternativement de l'une de ces études à l'autre, on auroit trouvé dans chacune des secours pour réussir également dans toutes deux. Voilà par quel moyen la lecture des anciens pouvoit rendre les progrès du goût plus rapides.

Mais dès qu'ils se bornoient à l'étude des langues mortes, le goût ne pouvoit plus se former.

Mais pour s'être adonnés au grec et au latin uniquement, il arriva que les esprits, aussi grossiers que les langues qu'ils parloient, lurent les anciens sans être capables d'en sentir toutes les beautés. En effet pouvoient-ils y démêler une finesse, une délicatesse, une précision dont ils n'avoient pas encore d'idée? S'ils étoient bien éloignés de voir et de sentir comme les Romains ou comme les Grecs, pouvoient-ils juger de la manière dont les Romains ou les Grecs exprimoient ce qu'ils voyoient et ce qu'ils sentoient ? On admiroit donc sans discernement, et sur parole; et cette admiration aveugle étoit une nouvelle barrière contre les progrès du goût.

En étudiant le français, vous avez eu souvent occasion de remarquer combien les beautés de style sont quelquefois fines et délicates. Or, s'il est difficile de les bien sentir dans une langue que nous parlons tous les jours avec des gens de goût, et dans laquelle nous avons tant d'excellens modèles, les savans du quinzième siècle avoient-ils plus de facilité de les apercevoir dans les écrivains de la Grèce et de Rome ?

Cependant quoiqu'ils lussent, ou plutôt parce qu'ils lisoient avec aussi peu de goût, ils se flattèrent de s'être rapprochés du siècle d'Auguste, lorsqu'ils n'avoient fait que copier ou contrefaire les anciens. Toutes les fois qu'ils se louent mutuellement, ils croient découvrir parmi eux des Virgiles, des Cicérons, etc. C'étoit, à s'y tromper, le style de ces grands hommes. On n'avoit pas assez de discernement pour sentir que ces écrivains étoient inimitables, sur-tout au quinzième siècle. Ils l'étoient cependant déjà du temps d'Auguste acr chaque homme

Cependont ils se comparoient aux écrivains du siècle d'Auguste.

de génie, a un style qui ne ressemble point à celui d'un autre. Aussi lorsqu'aujourd'hui nous voulons louer un écrivain, nous n'imaginons pas de dire qu'il écrit comme Racine ou comme Bossuet, quand même il écriroit aussi bien ou mieux ; et tout écrivain qui veut écrire comme un autre est un écrivain médiocre.

La manie du latin a nui à la langue italienne. Je crains que la confiance d'écrire si bien en latin dans le seizième siècle, n'ait nui à la langue italienne qui se cultivoit alors, et que l'usage où étoient les latinistes d'écrire sans trop choisir les tours, n'ait accoutumé les Italiens à n'être pas assez difficiles. Quoique la beauté du style exige, pour employer toujours le terme propre, qu'on démêle jusqu'aux nuances qui distinguent deux mots ; il paroît qu'à cet égard ils ne sont pas fort scrupuleux, et que leurs meilleurs écrivains ne sont pas à l'abri de tout reproche. On peut encore remarquer que s'étant accoutumés dans les commencemens à imiter les tours de la langue latine, ils n'ont plus su écrire qu'en imitant cette langue ou quelque autre, et c'est le français qu'ils imitent aujourd'hui. Aussi leur langue est-elle très-propre à contrefaire toutes les autres; mais elle n'a point de caractère décidé, et n'en aura vraisemblablement jamais. Je sens bien que ce jugement peut être téméraire de ma part: mais comme vous saurez un jour cette langue mieux que moi, je vous laisse le soin de le confirmer ou de le détruire.

Notre langue s'est formée dans des circonstances plus heureuses. C'est dans le dix-septième siècle, lorsque les bons esprits commençoient à secouer le préjugé de l'antiquité, et à se guérir de la manie d'écrire en latin. Nous étudiâmes notre langue, comme il falloit l'étudier, en consultant les anciens, sans nous y asservir; et nous lui fîmes prendre un caractère. Si les Français sont aujourd'hui de tous les peuples celui qui parle le mieux sa langue, en voilà, je crois, une des causes. Autre jugement hasardé, dont les étrangers conviendront d'autant moins, que je ne sais pas leurs langues. Revenons donc à notre sujet.

La langue française a été formée sous de plus heureux auspices.

Je crois avoir démontré que c'est au goût à se perfectionner le premier; et à donner

Tant que le goût étoit encore grossier, les autres facultés ne pou-

voient pas se perfectionner. ensuite, à mesure qu'il fait des progrès, le perfectionnement aux autres facultés. Il étoit donc bien difficile qu'on sût raisonner, dans ces siècles où l'étude du grec et du latin dégénéroit en manie. Aussi n'y a-t-il rien de plus misérable ou de plus absurde que les raisonnemens que faisoient quelquefois les esprits, même les meilleurs. Sans jugement, sans critique, ils sont comme le peuple, livrés aux préjugés les plus grossiers. Il ne savent que penser sur les choses où ils n'ont pas un ancien pour guide; et ils croient tout, lorsqu'ils rencontrent un ancien crédule.

Si Corneille n'eût écrit qu'en latin, il n'eût été que médiocre. C'est dans le commerce du monde que le goût doit se former; et si les hommes de génie y contribuent plus que les autres, il faut encore que tout le public y concoure. Si Corneille n'eût jamais fait que des pièces médiocres, il eût toujours eu les même applaudissemens, parce qu'on n'eût rien connu de mieux. Mais en donnant des beautés nouvelles, il accoutuma les spectateurs à iul en demander. Il se fit des juges qui ne se contentoient plus du médiocre, et se trouvant forcé à faire mieux, il les rendit tous les jours plus difficiles. Quand il eut donc de mauvais succès, il ne put s'en prendre qu'à son génie, qui avoit éclairé le public.

Or, croirez-vous que Corneille eût également réussi, s'il n'eût écrit qu'en latin ? Non sans doute ; puisqu'il n'auroit plus trouvé dans le public ce juge qui l'avertissoit lorsqu'il cessoit de bien faire. Je craindrois plutôt qu'après avoir commencé par être médiocre, il n'eût fini par être mauvais.

Tel étoit donc le sort des érudits du quinzième et du seizième siècles. Sans goût, ils se trouvoient dans l'impuissance d'en acquérir, parce qu'ils n'avoient pas le public pour juge. Ils louoient pour être loués, ils critiquoient par envie, ils ne jugeoient que par préjugé.

Il ne pouvoit pas y avoir de grands écrivains dans le quinzième siècle.

Lorsque dans le seizième siècle, le savoir, hérissé de grec et de latin, se montroit presque toujours sans goût et sans jugement, les Italiens eurent parmi eux des hommes de génie, pour qui l'érudition ne fut pas si contagieuse et qui cultivèrent les arts avec succès. L'architecture, la peinture,

Dans le seizième siècle les arts fleurissent en Italie.

la sculpture, la gravure et la poésie italiennes furent portées à un si haut point de perfection, que le seizième siècle est le beau siècle de l'Italie.

La cour de Léon X y contribue beaucoup.

1513.

Pour faire naître tous ces arts, il falloit une cour voluptueuse, magnifique, riche et prodigue. Telle étoit celle de Léon X, fils de Laurent de Médicis. Elevé sur la chaire de S. Pierre, à l'âge de trente-six à trente-sept ans, il se partagea entre la politique et les plaisirs. Pendant les guerres qui déchiroient l'Italie, il prodiguoit ses trésors aux artistes, aux poëtes, aux gens de lettres : il fit achever la basilique de S. Pierre, que Jules II, son prédécesseur, avoit commencée ; et il donnoit des fêtes à ses cardinaux. Ce fut alors qu'on vit pour la première fois des poëmes en musique. On donnoit souvent des comédies; et le plaisir que le pape et la cour prenoient à la représentation de celles de l'Arioste et de Machiavel, contribua sans doute à faire cultiver de plus en en plus la langue italienne.

On ne peut pas douter que l'Italie ne doive à ce pontife le progrès qu'elle a fait dans les arts et dans la poésie. Il en a été loué, et le seizième siècle a été nommé le siècle de Léon X.

Mais, Monseigneur, si vous considérez les suites de tant de dissipations, c'est-à-dire les abus des indulgences, et les maux qui en sont nés, vous conviendrez que la basilique de S. Pierre, des tableaux, des statues, des poëmes et des fêtes ont coûté à l'église la moitié de l'Allemagne, les royaumes du nord, les provinces-Unies, l'Angleterre, des millions de Français, et à l'Europe entière tout le sang que les guerres de religion ont fait répandre. J'espère donc que vous ne vous laisserez pas éblouir aux louanges qu'on donne à Léon X ; et que la gloire dont on le couvre, ne sera pas celle dont vous serez le plus jaloux. Avant les arts de luxe, il y a bien des choses qui méritent l'attention du prince. Il doit surtout n'être jamais prodigue : car si les dissipations coûtent des larmes au peuple, les flatteries des gens de lettres ne les sèchent pas.

Vous voyez que la naissance des arts ne doit rien à la révolution de Constantinople. Ils paroîtroient plutôt s'être formés, malgré les savans du seizième siècle : car l'Italie se trouvoit comme divisée en deux nations, dont l'une étoit possédée de la mame de l'antiquité, tandis que l'autre parloit sa langue. L'une en quelque sorte se croyoit ancienne, et l'autre se contentoit d'être moderne. Hors l'Italie, tout le reste de l'Europe étoit alors barbare : on y trouvoit seulement des hommes qui lisoient le grec, qui parloient latin, qui se croyoient savans, et qui passoient pour tels. Erasme, dont nous parlerons bientôt, est le seul qui se soit véritablement distingué par son goût et par la justesse de son esprit.

CHAPITRE II.

Absurdités et fanatisme des littérateurs et des scholastiques du seizième siècle.

Après avoir critiqué les savans du quinzième et du seizième siècles, je ne dois pas oublier ce qui peut les justifier, d'autant plus que j'ai encore des critiques à faire. Plusieurs avoient beaucoup d'esprit, et il ne leur manquoit que d'être venus dans de meilleurs temps. Quand on pense combien ils devoient être dégoûtés de la scholastique, on n'est pas étonné que dans le desir de s'instruire, ils se soient portés avec trop de passion à l'étude des écrivains de la Grèce et de Rome. Attirés par les charmes d'un style qui se faisoit entendre, ils ne pouvoient avoir d'autre ambition, que d'entendre tous les jours mieux des ouvrages, dont la célébrité sembloit promettre des connoissances en tous genres. Ils commen-

Dans un temps où l'on commençoit à quitter la scholastique pour lire les meilleurs écrivains de l'antiquité, il étoit naturel qu'on se livrât avec trop de passion à l'étude du grec et du latin.

cèrent donc par mépriser souverainement la scholastique. Peut-être ce mépris ne fut-il d'abord fondé que sur le langage barbare des écoles : mais il préparoit au moins à juger dans la suite des choses et de la méthode.

De-là deux partis: celui des scholastiques, qui traitoient de payens ou d'athées ceux qui les méprisoient ;

Ce mépris suscita de vaines disputes, dans lesquelles la raison eut moins de part que la passion. D'un côté, attaquer la scholastique, c'étoit attaquer la théologie, par conséquent la religion, par conséquent être impie, athée, etc. Rien n'est plus dangereux, disoit-on, que de mettre les livres des payens entre les mains des jeunes gens : c'est les élever dans le paganisme ; et quiconque sait le grec, et se pique de parler comme Cicéron, est tout au moins hérétique.

Et celui des latinistes qui rauniroient les écrivains de l'antiquité, et qui en transportoient le langage jusques dans la théologie.

De l'autre côté, on regardoit non-seulement les anciens payens comme les inventeurs de toutes les sciences, ce qui étoit exagérer déjà beaucoup ; mais on louoit encore leurs mœurs, jusqu'à laisser en doute s'ils n'ont pas pu être sauvés ou même jusqu'à les canoniser. On étoit si attaché à leur langage, qu'on le transportoit dans la théologie chrétienne. L'excommunication s'appeloit l'interdiction du feu et de l'eau. On rendoit graces aux dieux immortels de l'élévation d'un cardinal sur la chaire de S. Pierre : et Léon X lui-même, écrivant à François I*er* pour l'engager à faire la guerre aux Turcs, l'y exhortoit par les dieux et par les hommes, *per deos atque homines*. Enfin il se forma une secte de cicéroniens, qui prétendoient que Cicéron est le seul auteur qu'on doit lire et imiter. Je conjecture que cette prévention outrée des latinistes pour les auteurs payens est ce qui a donné occasion aux poëtes du seizième siècle de mêler dans leurs ouvrages le sacré avec le profane. Il étoit naturel que l'exemple devînt contagieux pour eux; et personne ne songeoit à blâmer un usage approuvé par tous les savans.

Pendant que les uns sauvoient les anciens payens, et que les autres damnoient ceux qui les lisoient, il se trouvoit des esprits d'une meilleure trempe qui s'éclairoient à mesure que les deux partis contraires devenoient plus absurdes. Tel est Erasme, le plus bel esprit et le plus éclairé

Au milieu de ces disputes les meilleurs esprits s'éclairoient. Tel est Erasme.

de son siècle. Je ne dois pas passer sous silence cet écrivain qui vous a donné quelques leçons.

<small>Erasme se refuse aux invitations de François I.</small>

Rodolphe Agricola, d'un village près de Groningue, avoit commencé à répandre la littérature ancienne en Allemagne, lorsque Erasme, né à Roterdam vers l'an 1467 (1), faisoit ses études à Deventer, sous Hegius, disciple d'Agricola. Sans m'arrêter sur le temps de sa jeunesse, où il montra autant de talent que d'envie de s'instruire, je dirai seulement qu'il fit avec passion toutes les études qu'on faisoit alors, qu'il se dégoûta de quelques-unes avec raison, et que dans la suite il contribua par ses ouvrages plus qu'aucun autre à répandre en France et en Allemagne le goût des lettres grecques et latines. François Ier, dans le dessein de fonder un collége pour les langues savantes, voulut l'attirer à Paris; et il chargea Budé, ami de cet homme célèbre, de lui écrire à ce sujet. Budé étoit un savant français que l'on comparoit alors à Erasme, mais

---

(1) *On ne sait pas exactement l'année de sa naissance.*

qu'on ne lui compare plus ; et ces deux hommes sont en France l'époque de la connoissance du grec, qui, avant le seizième siècle, n'y étoit point connu. Erasme se refusa aux offres de François Ier, parce que c'étoit s'exposer à la haine des théologiens, que de concourir à l'établissement d'un collége où l'on enseigneroit le grec et l'hébreu, et parce que d'ailleurs il craignoit l'esclavage, attaché à la condition de ceux qui servent les princes.

Les savans, comme autrefois les Grecs, voyageoient alors pour acquérir des connoissances : usage qui s'est insensiblement perdu, à mesure que les livres sont devenus plus communs. Erasme voyagea donc en France, en Angleterre et en Italie.

Il voyage.

Les Italiens, prévenus pour leur savoir, méprisoient alors généralement les étrangers, et particulièrement Erasme et Budé, dont ils défendoient la lecture : ils se piquoient tous d'être cicéroniens. Erasme arriva en Italie en 1506, lorsque Jules II assiégeoit Bologne. Il fut témoin de l'entrée triomphante de ce pontife, dans laquelle il ne reconnut pas la marche d'un successeur de S. Pierre. Les Italiens ne lui parurent pas répondre à leur réputation. Il leur trouva peu de mœurs, peu de religion, beaucoup de pédanterie. Il fut cependant fort accueilli de tous ceux qui avoient plus de mérite. On tenta même tout pour le retenir à Rome.

L'éloge de la folie lui suscite des ennemis, et la Sorbonne le condamne.

Il revint ensuite en Angleterre, où il avoit déjà été. Il y composa l'éloge de la Folie, satyre ingénieuse de tous les états. Cet ouvrage eut un grand succès, et suffit seul pour immortaliser Erasme; mais il suscita contre lui la haine des moines et des scholastiques qu'il avoit tournés en ridicule. Plusieurs écrivains ayant pris la plume pour censurer cet ouvrage ou pour le défendre, il s'éleva de grands mouvemens dans la république des lettres. Enfin quelques années après la mort de l'auteur, il fut mis à l'index, et la Sorbonne le condamna. Cette faculté déclara qu'Erasme, en le composant, s'étoit montré fou, insensé, même impie, injurieux à Dieu, à Jésus-Christ, à la vierge, aux saints, aux ordonnances de l'église, aux cérémonies ecclésiastiques, aux théologiens, aux religieux mendians, qu'il avoit osé insulter d'une bouche corrompue et blasphématoire.

Avec un esprit tourné à la plaisanterie, Erasme étoit très-propre à combattre plusieurs préjugés de son temps; mais aussi il lui étoit difficile de se contenir toujours dans de justes bornes. Il s'échappoit quelquefois. Il reconnoissoit lui-même qu'il y avoit des choses à reprendre dans son ouvrage, et il se reprochoit de l'avoir publié. Cependant de toutes les qualifications que la Sorbonne a données à l'éloge de la Folie, il ne mérite que celle d'avoir été injurieux aux théologiens et aux moines. Il l'a en effet été d'autant plus, que les injures pouvoient passer pour des vérités.

Ce n'étoit pas la première fois qu'Erasme attaquoit les théologiens de son temps, et ce ne fut pas la dernière. Il leur reprochoit de ne connoître ni l'écriture, ni les pères, ni les conciles ; de n'agiter que des questions frivoles, et d'avoir corrompu la théologie par ambition, par avarice, par flatterie, par esprit de dispute et par superstition. Ils étoient à la vérité si ignorans, qu'on entreprenoit sérieusement de leur prouver que les belles lettres leur étoient nécessaires ; et ils entreprenoient tout aussi sérieusement de prouver eux-mêmes qu'elles leur étoient tout-à-fait inutiles. Il est vrai qu'elles leur avoient été inutiles pendant plusieurs siècles ; et comme ils s'étoient toujours trouvé bien retranchés derrière leur ignorance, ils se défendoient avec rage, se voyant menacés de perdre toute leur considération.

Il écrit contre les Cicéroniens, qui lui répondent avec des injures.

Si la littérature étoit tout-à-fait bannie des écoles, vous avez vu qu'on s'y livroit ailleurs avec un ridicule, qui pouvoit excuser les scholastiques. Érasme, qui cherchoit naturellement le milieu entre les excès, écrivit donc contre les cicéroniens. Aussitôt les littérateurs s'élevèrent contre lui avec la même rage que les scholastiques. Toute l'Italie cria qu'il vouloit déprimer Cicéron, pour se mettre lui-même à la place de cet orateur. Jules Scaliger le traita d'ivrogne, de bourreau, de parricide, de monstre, de nouveau

Porphyre (1), d'hérésiarque ; ajoutant qu'il avoit commencé par attaquer Jésus-Christ, Dieu même, pour passer ensuite à Cicéron, tâcher de l'anéantir, en prendre la place, et introduire une nouvelle éloquence.

Si le goût de l'antiquité se fût introduit avec lenteur, comme au temps du Dante, de Pétrarque et de Bocace, il eût été plus sage et plus réglé; on n'eût point vu tant d'absurdités, soutenues avec tant de fanatisme. Je le répète donc, les Grecs venus de Constantinople, en produisant une révolution trop prompte, ont retardé les progrès de l'esprit. *Le goût de l'antiquité étoit répandu trop promptement pour ne pas dégénérer en fanatisme.*

Pendant que les savans s'occupoient des disputes ridicules, Luther parut et en agita d'autres, qui devoient être bientôt sanglantes. Il attaquoit les moines et les scholastiques. Or, Erasme les avoit attaqués avant lui. Erasme étoit donc le précurseur de Luther : il étoit le véritable hérésiarque : il savoit le grec et le latin : il *Mauvais raisonnemens des ennemis d'Erasme.*

---

(1) *Porphyre avoit écrit contre la religion chrétienne.*

ne falloit donc pas apprendre ces langues, elles étoient la vraie source des hérésies. Avec de pareils raisonnemens ses ennemis croyoient triompher.

Il étoit suspect parce qu'il n'approuvoit pas qu'on punît de mort les hérétiques.

En effet, plus les raisonnemens sont mauvais, plus il est quelquefois difficile de se défendre : comme ils sont intarissables, il n'est pas possible de répondre à tous. Erasme étoit d'autant plus embarrassé, qu'en condamnant les erreurs de Luther, il ne pouvoit approuver les bûchers des catholiques. On brûloit les hérétiques à Rome, en Allemagne, en France, en Angleterre ; et il étoit persuadé que, dans les premiers siècles de l'église, l'hérésie n'étoit pas punie de mort. Cependant il eût fallu, pour écarter tout soupçon, allumer lui-même les bûchers. Mais il se contentoit de dire : *je ne juge ni ceux qui tuent, ni ceux qui sont tués; je m'exprime seulement comme les pères, qui n'employoient que les argumens et les livres contre les hérétiques.*

Scène pantomime où l'on joue l'empereur et Léon X.

Cette façon de penser avoit ses partisans, malgré la barbarie du seizième siècle, et quoiqu'il y eût du danger à se déclarer, il se trouva des hommes assez hardis pour jeter du ridicule sur la conduite du pape et de l'empereur.

Pendant la tenue de la diète d'Ausbourg, dans laquelle les protestans présentèrent à Charles-Quint leur célèbre confession de foi, un homme masqué en docteur parut au milieu de l'assemblée. Il avoit un écriteau sur lequel on lisoit le nom de Jean Capnion, philosophe sincrétiste ou éclectique, qui, adoptant jusqu'aux absurdités de la cabale, brouilloit tous les systêmes. Ce masque jeta au milieu de la salle un fagot, dont une partie du bois étoit droit, et l'autre tortu. Quand il se fut retiré, il en survint un second, qui réprésentoit Erasme, et qui tenta d'arranger ce bois et de le redresser ; mais n'ayant pu réussir, il s'en retourna, après avoir donné quelques signes d'humeur. On vit ensuite arriver un moine avec le nom de Luther : celui-ci sépara le bois tortu, y mit le feu, et dès qu'il le vit enflammé il se retira. Alors un homme habillé en empereur, vint l'épée à la main contre ce feu : il le remua, il l'alluma davantage, il entra en fureur, et sortit. Un dernier masque accourut, c'étoit Léon X. Tout effrayé, il paroissoit occupé des moyens d'éteindre ce bois, lorsqu'ayant vu deux urnes, dont l'une étoit pleine d'eau, et l'autre d'huile, il prit dans son trouble la dernière, la jeta sur le feu, et disparut. Charles-Quint, qui avoit d'abord cru qu'on ne vouloit que l'amuser, ayant enfin compris le sens de cette scène pantomime, ordonna d'arrêter les Masques : mais on ne les trouva plus.

Les disputes de religion se multiplioient et détournoient de toute autre étude.

Nous avons vu que dans les commencemens Luther attaquoit seulement les abus. On a donc lieu de juger qu'une réforme auroit prévu les maux que cet hérésiarque a causés; mais il eût fallu sacrifier dans bien des choses les intérêts des papes, des moines et des scholastiques. D'ailleurs on étoit si ignorant et si prévenu, que tout usage qui subsistoit depuis un siècle ou deux, étoit regardé comme autorisé par tous les siècles de l'église. Les moines croyoient bonnement que la théologie des Arabes étoit la doctrine des apôtres; comme les papes croyoient, ou vouloient paroître troire que la puissance qu'ils s'arrogeoient, n'étoit que la puissance même que Jésus-Christ avoit donnée à Saint-Pierre.

Les disputes sans nombre, qui sont nées de cette ignorance et de ces prétentions, ont distrait de toute autre étude, et par conséquent, elles ont encore retardé les progrès des belles lettres. Cependant elles devoient enfin produire quelque bien, parce qu'elles mettoient dans la nécessité d'étudier l'histoire, et de lire avec plus de critique. Cette révolution ne pouvoit être prompte : mais Erasme a la gloire de l'avoir préparée. Cet écrivain célèbre, qui a eu l'estime de tous les hommes de mérite de son temps, s'est fait un nom qui a survécu à ses critiques. Les ennemis qui l'ont persécuté, ne méritent plus d'être nommés. Il mourut à Bâle, en 1536.

<small>Mais elles dévoient enfin produire la lumière.</small>

CHAPITRE III.

Des sectes de philosophie au quinzième et au seizième siècles.

<small>Les anciens é-
toient de mauvais
guides en philoso-
phie.</small>
Si nous avions à chercher l'art de la navigation, nous commencerions par échouer contre les mêmes écueils, où l'on avoit échoué avant nous. La même chose nous a dû arriver, lorsque l'art de philosopher est devenu l'objet de nos recherches. Nous pouvions consulter les anciens, et nous l'avons fait : mais c'étoit prendre sur une mer, que nous ne connoissions pas, des guides qui ne la connoissoient guère mieux. Quoiqu'elle fût couverte de leurs naufrages, ils ne s'en étoient pas aperçus ; et comme ils s'étoient presque continuellement égarés, en se croyant toujours dans la bonne route, ils nous ont seulement appris à nous égarer avec confiance. Cette seule considération peut vous faire prévoir ce qui doit arriver à la philosophie.

Il eût été plus sage d'étudier la nature dans la nature même ; mais il fut plus aisé de l'étudier dans les Grecs, qu'on supposoit l'avoir connue. Dans l'ignorance où l'on se trouvoit, on s'applaudissoit d'avoir des guides : on se flattoit de satisfaire plus promptement sa curiosité ; et la paresse s'accommodoit de n'avoir que des lectures à faire.

Le style des anciens philosophes a contribué à dégoûter de la scholastique ; c'est un avantage : mais aussi cet avantage est cause qu'on les a lus avec trop de prévention. L'estime pour l'académie ou pour le lycée s'est accrue, non à proportion du mérite de ces deux sectes, mais à proportion du mépris où tomboient les écoles. Delà naîtront mille préjugés. L'entêtement, avec lequel on les soutiendra, mettra de nouveaux obstacles à la découverte de la vérité, et les Grecs de Constantinople, qui ont introduit la pédanterie dans les belles lettres, ne répandront aucune connoissance dans la philosophie.

Le goût se trouvant informe, le jugement n'étoit pas assez éclairé, pour démêler ce qui manquoit aux anciens écrivains de la Grèce, et ce qui manquoit encore plus aux Grecs modernes. Comme on aimoit à lire ceux-là, on crut qu'ils savoient tout, et on ne jugea pas moins savans ceux qui paroissoient les entendre. Ce qu'il y a de vrai, c'est que les Italiens étoient fort ignorans eux-mêmes. S'ils se portoient avec passion à la lecture des anciens, c'étoit moins par sentiment des beautés de style, que par dégoût du jargon des scholastiques. Ils admiroient ce qu'ils n'entendoient pas. Ils disputoient sur le sens d'un passage, comme si découvrir ce qu'un philosophe a cru, c'étoit toujours connoître la vérité. Ils croyoient sur sa parole ce qu'ils s'imaginoient avoir trouvé dans ses écrits, et souvent, par conséquent, ce qu'il n'avoit jamais pensé.

On croira que les anciens ont tout su, et qu'il ne nous reste qu'à les étudier.

De là naîtra une admiration aveugle pour tout philosophe ancien. On ne verra en lui ni erreur, ni faute. Les commentateurs pourront ne pas s'accorder sur les explications qu'ils en donneront ; mais ils s'accorderont à dire qu'il est toujours clair, toujours élégant, et qu'il ne peut jamais se tromper. On croira donc que nous sommes venus trop tard pour raisonner, que tout a été dit, que la source des découvertes est tarie, et qu'il ne nous reste plus qu'à étudier l'antiquité, et qu'à la citer. S'il arrivoit alors un homme de génie, qui ayant découvert le système du monde, se contentât de le démontrer par des raisonnemens que l'expérience et les observations confirmeroient, je crois pouvoir assurer qu'il ne passeroit que pour ignorant. Au contraire, celui qui le combattroit par l'autorité des anciens, et qui accumuleroit passages sur passages, seroit regardé comme un homme d'une science profonde. Ce siècle sera donc celui où l'érudition entreprendra de tout prouver, et où l'autorité tiendra lieu de raison. Vous voyez par-là qu'il ne faut pas juger des savans du quinzième et du seizième siècles sur la réputation qu'ils avoient alors. Quand les sciences paroissent commencer, les hommes doivent toujours être prodigues de louanges ; parce que tout savoir, vrai ou prétendu, paroît alors un prodige. Dans des temps plus éclairés, on loue moins, parce qu'on loue avec plus de discernement.

De-là naîtront toutes les sectes.

Cette prévention pour l'antiquité est d'autant plus extraordinaire, qu'il n'y a point d'accord entre les philosophes grecs, et que même leurs ouvrages ont encore été commentés, c'est-à-dire, altérés de bien des manières. Cependant il faut bien s'opiniâtrer à chercher la science chez eux, dès qu'on a pour principe qu'elle ne se trouve que dans l'érudition. Seulement on se permettra de quitter un ancien pour un ancien, et vous allez voir renaître toutes les sectes.

Le péripatétisme et le platonisme passent de Constantinople en Italie.

Dans le quinzième siècle et dans les précédens, les Grecs étoient péripatéticiens et platoniciens. La secte d'Aristote prévaloit à la cour de Constantinople, tandis que le platonisme, bien différent de la doctrine de Platon, régnoit dans les cloîtres. Trompés par le faux Denis, les moines avoient puisé dans Ammonius ou dans d'autres philosophes d'Alexandrie. Ainsi leur platonisme n'étoit autre chose que ce sincrétisme qui se proposoit de concilier Pythagore, Platon, Moyse, et qui adoptant des idées d'Hermès et de Zoroastre, se concilioit encore avec le système d'émanation, autrefois si accrédité en Asie et en Egypte. Si cette doctrine devoit plaire aux Grecs dont l'esprit en matière de Philosophie, a toujours été plus subtil que solide, elle étoit encore bien plus faite pour occuper des imaginations creuses, qui rêvoient dans la solitude.

Le platonisme apporté en Italie avec le péripatétisme, y fit des sectateurs. De ce nombre étoient les Médicis, qui contribuèrent beaucoup à le répandre, par la protection qu'ils donnoient à ceux qui l'enseignoient. Cependant Nicolas V, quoique de la même maison, et Alphonse, roi d'Arragon et de Naples, favorisant plus particulièrement Aristote, chargèrent des savans d'en revoir le texte, et d'en donner des traductions latines.

Ces deux sectes ne s'accordèrent que sur la scholastique qu'elles méprisoient à l'envi. Elles l'attaquèrent : mais elles se livrèrent aussi l'une à l'autre des combats. On disputa dans toute l'Italie pour savoir auquel des deux on devoit la préférence, d'Aris-

Ces deux sectes y élèvent des disputes l'une contre l'autre, et ne s'accordent que dans le mépris qu'elles ont pour la scholastique.

tote ou de Platon, ou s'il ne seroit pas mieux de les rejeter également. Ces disputes furent soutenues avec tout le fanatisme que l'ignorance inspiroit aux nouveaux sectateurs des deux philosophes grecs, et aux partisans aveugles des anciennes études. Cependant on ne connoissoit dans le vrai ni Aristote ni Platon : car le premier étoit mutilé, et ils avoient été fort défigurés l'un et l'autre par les sincrétistes d'Alexandrie.

On se prévenoit pour le platonisme, parce qu'on étoit persuadé que les premiers pères de l'église avoient été platoniciens; et que Platon, ainsi que Pythagore, avoit puisé sa doctrine dans les livres de Moyse. Aussi croyoit-on y découvrir les mystères de notre religion. Ceux au contraire qui ne s'accommodoient pas des êtres imaginaires du platonisme, comptoient s'instruire mieux avec Aristote : il leur paroissoit plus physicien. D'ailleurs, les esprits qui avoient été élevés dans les écoles, le trouvoient souvent plus conforme à leur manière de raisonner, et aux préjugés dont ils étoient imbus.

Entre ces deux sectes, il s'éleva des Sincrétistes qui voulurent concilier Aristote avec Platon. Ce fut un nouveau sujet de dispute : car les Platoniciens et les Péripatéticiens zélés soutinrent également que rien n'étoit plus contraire que les principes de ces deux philosophes.

cilier Aristote et Platon.

Jean Pic, prince de la Mirandole, suffira pour vous donner une idée du savoir du quinzième siècle, dont il étoit le phénix, de l'aveu de tous les savans.

Jean Pic de la Mirandole, phénix du quinzième siècle.

Dès l'âge de dix-huit ans ; il savoit déjà une quantité prodigieuse de langues : et son ambition n'étant pas satisfaite, s'il n'étoit en tous genres le plus savant des hommes ; il ne se proposa pas moins que de connoître toutes les choses divines et humaines avec leurs causes. Il se flatta de trouver tout cela dans des voyages et dans des lectures. Il causa avec tous les vivans ; il lut sans choix tous les morts ; il apprit le jargon de toutes les sectes passées et présentes ; et ne voyant plus rien de caché pour lui, il fit afficher des thèses dans toutes les universités de l'Europe, provoquant à la dispute tous ceux qui voudroient se rendre à Rome.

et offrant de leur payer le voyage. Ce défi étonna d'autant plus, que Pic n'avoit alors que vingt-quatre ans.

Ces thèses, au nombre de neuf cents, étoient un ramas de propositions qu'il avoit prises dans tous les écrivains connus, platoniciens, péripatéticiens, scholastiques, arabes, cabalistes, etc. Il y avoit encore ajouté plusieurs centaines de propositions qu'il regardoit comme autant d'opinions à lui, et il se flattoit d'avoir fait de tout ce chaos un système qui s'accordoit parfaitement avec les dogmes de la religion.

Innocent VIII lui défendit de soutenir à Rome ces propositions, et d'un si grand nombre, il en condamna treize comme hérétiques. Ce n'étoit pas beaucoup, ou plutôt c'étoit trop : car toute cette érudition ne signifioit rien sans doute. Pic de la Mirandole se plaignit, il fit son apologie : cependant, quelque temps après, il regrettoit les années qu'il avoit passées à lire S. Thomas, Scot, Albert le Grand, etc.

Le seizième siècle donne la préférence à Aristote sur Platon.

La décadence des Médicis, lors de la guerre de Charles VIII, entraîna la décadence du platonisme. Les péripatéticiens triomphèrent, et les platoniciens devinrent rares dans le seizième siècle.

La préférence d'Aristote sur Platon cessa donc d'être une question. Il ne restoit plus qu'à entendre le premier de ces philosophes, et on eut recours à des commentateurs. Les uns choisirent Averroès, d'autres préférèrent Alexandre d'Aphrodisée, qui vivoit au second siècle de l'église, et qui passoit pour avoir le mieux entendu le chef du Lycée. Delà naquirent deux sectes que Léon X condamna. *Deux sectes de péripatéticiens.*

Ce fut avec raison que les Péripatéticiens, d'après Alexandre d'Aphrodisée, nioient l'immortalité de l'ame humaine, et les Péripatéticiens averroïstes ne reconnoissoient qu'une seule ame pour animer tout-à-la-fois l'univers et chaque homme. Ces deux systémes étoient une des causes du peu de religion qu'Erasme avoit remarqué en Italie.

Ces erreurs d'Aristote fournirent des armes aux scholastiques; qui ne savoient trop eux-mêmes ce qu'ils pensoient sur l'ame. Mais les partisans de ce philosophe le défendoient avec zèle, les uns assurant qu'on ne l'entendoit pas encore assez pour le condamner, les autres offrant de le corriger quelquefois avec un peu de platonisme.

La naissance du lutheranisme oppose de nouveaux partisans à Aristote.

Ces disputes divisoient tous les esprits, lorsque le Luthéranisme fit une diversion en faveur des Péripatéticiens. Comme les scholastiques n'avoient fait qu'un systéme monstrueux de la philosophie et de la théologie ; les Luthériens qui prétendoient réformer l'église, jugèrent devoir porter les premiers coups sur la scholastique, qu'ils regardoient comme le boulevard de tous les abus. Ils le firent avec d'autant plus d'avantage, qu'Erasme et d'autres les avoient déjà prévenus ; et que tant qu'ils se bornèrent à ne combattre que les mauvaises études, les meilleurs esprits, parmi les Catholiques mêmes, se joignirent à eux, ou du moins les approuvèrent secrètement. Luther eut sur-tout un grand nombre de sectateurs en Allemagne, parce que les Allemands étoient exercés dans l'art de disputer autant que les Italiens mêmes. Au bruit que faisoient les sectes qui se combattoient en Italie, ils étoient accourus dès le quinzième siècle; et ils avoient reporté chez eux les opinions et les disputes. Il étoit difficile que la scholastique se soutînt contre des hommes qui savoient combattre, et à qui le zèle de la religion ou le fanatisme fournissoient des armes. Elle avoit d'ailleurs contre elle la passion avec laquelle on se portoit à la lecture des anciens; la prévention, où l'on étoit, que pour corriger les abus, il la falloit absolument détruire; les efforts ridicules qu'elle faisoit pour intéresser la religion à sa défense; et enfin les persécutions qu'elle employoit.

A mesure qu'elle tomboit dans le mépris, le péripatétisme s'élevoit à la plus haute considération. On eût dit que c'étoit assez d'avoir prouvé qu'elle n'apprenoit rien, pour être en droit d'en conclure qu'on apprenoit tout dans Aristote. Telle étoit la prévention pour cet écrivain, qu'on appeloit le prince des philosophes. Si quelquefois on ne pouvoit pas s'en dissimuler les erreurs, on les regardoit comme de légères taches qu'il étoit facile d'enlever.

Mélanchton, un des chefs du luthéranisme, ne connoissoit rien de mieux qu'Aristote. Il conseilla de l'étudier : il voulut qu'on l'enseignât dans les écoles après l'avoir corrigé ; et son autorité le fit prévaloir parmi les Protestans. Cependant il s'éloignoit en cela de Luther, qui rejetoit également le péripatétisme et la scholastique.

<small>Les scholastiques les moins passionnés, conviennent qu'il y a des vices dans leur méthode.</small>
Au milieu des disputes, il s'élève d'ordinaire des esprits conciliateurs, qui cherchent à rapprocher les deux partis. On jugea donc qu'il ne falloit ni tout blâmer dans la scholastique, ni tout approuver, et qu'il suffiroit d'en corriger les abus. On ne faisoit pas attention qu'elle n'étoit scholastique que par les abus, et qu'on ne pouvoit les corriger tous sans la détruire.

<small>Mais ils pensent qu'il la faut conserver pour défendre la religion.</small>
Les partisans de cette méthode se trouvant heureux de pouvoir composer, cédèrent sur quelques articles, dans l'espérance qu'on ne les inquiéteroit plus sur les autres. Quelque prévenus qu'ils fussent, ils ne pouvoient pas toujours s'aveugler. Les difficultés les frappoient quelquefois, et surtout les ridicules dont on les couvroit. Ils reconnurent donc une partie des abus : mais ils justifièrent la scholastique, en les rejetant sur ceux qui l'enseignoient; et saisissant

l'occasion d'en faire l'éloge, ils prétendirent qu'il la falloit conserver pour défendre la religion contre les Hérétiques : comme si les pères de l'église, sans être sholastiques, ne l'avoient pas bien défendue pendant plusieurs siècles.

Dès qu'une réforme devenoit nécessaire, il étoit naturel de chercher des lumières dans la secte la plus accréditée. Les Scholastiques se rapprochèrent donc des Péripatéticiens ; et il se forma une doctrine qui n'étoit ni la scholastique pure ni le péripatétisme pur, mais un mélange de l'un et de l'autre. C'est ainsi que les universités s'ouvrirent insensiblement au chef du Lycée. Son nom retentit bientôt dans les écoles, et on ne jura plus que sur la parole d'Aristote.

Ils croient la corriger en se rapprochant du péripatétisme, et Aristote prend possession des écoles.

On croyoit du moins jurer sur la parole de ce philosophe, et on se trompoit ; car Aristote devenu scholastique, n'étoit certainement plus lui-même. Il eût été bien étonné sans doute de penser comme S. Thomas et comme Scot. Ce qu'il y a de vrai, c'est que pour accorder ces trois écrivains, on leur faisoit souvent dire ce qu'ils n'avoient pas dit.

Il eût été bien étonné d'enseigner dans les universités la doctrine de S. Thomas et de Scot.

Le premier défaut de la scholastique est de n'avoir voulu faire qu'une science de la philosophie et de la théologie.

Le premier défaut de la scholastique péripatéticienne, comme de la scholastique pure, est de n'avoir fait qu'une science de la philosophie et de la théologie. Car si la saine philosophie est uniquement fondée sur l'expérience, et si la saine théologie ne doit puiser que dans l'écriture et dans la tradition, il est évident que ces deux sciences, ayant une origine différente, doivent être traitées séparément. Elles ne sont pas contraires, mais elles ne sauroient se confondre. Quelle confusion ne doit donc pas produire leur mélange, lorsqu'on emploie une philosophie absurde, sans principe et sans méthode ?

Les péripatéticiens ne se rapprochoient pas des scholastiques qu'ils continuoient de mépriser, et ils croyoient que pour être chrétien il suffisoit de penser comme Aristote.

Si les scholastiques se rapprochèrent des Péripatéticiens, les Péripatéticiens ne se rapprochèrent pas des scholastiques : au contraire ils continuèrent d'en être les ennemis. Cependant ils n'étoient pas plus raisonnables, puisqu'ils vouloient faire d'Aristote un théologien chrétien, et qu'ils entreprenoient d'expliquer la théologie chrétienne par les mauvais principes de ce philosophe. Parce que la vérité ne sauroit être contraire à la vérité, ils s'imaginoient qu'il devoit penser en chrétien : croyant que tout ce qu'il avoit dit étoit presque aussi vrai que tout ce qui avoit été révélé.

Vous pouvez juger, d'après ces considérations, qu'il sera inutile de vouloir réformer la scholastique et le péripatétisme ; qu'on ne raisonnera bien, que lorsqu'on abandonnera absolument l'un et l'autre ; et que tant qu'il en restera quelque chose, ce sera un obstacle aux progrès de l'esprit. Mais l'empire d'Aristote est établi sur l'opinion, et la raison a peu de force contre les préjugés. Mais on ne raisonnera, bien que lorsqu'on abandonnera et le péripatétisme et la scholastique.

Pendant qu'on plioit en général sous le joug du péripatétisme ou de la scholastique, il y avoit une secte qui s'étoit formée des débris du platonisme, et à laquelle je ne sais quel nom donner. Elle puisoit tout-à-la-fois dans Pythagore qui n'a point écrit, dans Platon et dans les cabalistes. Son principe étoit que Moyse avoit enseigné toutes les sciences, que les cabalistes les conservoient par tradition, et que Platon les tenoit de Pythagore, qui les avoit prises dans le législateur des Juifs. Après tant de suppo- Secte ennemie des péripatéticiens.

sitions fausses, elle avoit découvert que tous les êtres émanent successivement par degrés d'un premier principe; que par conséquent l'univers est rempli d'esprits de différens ordres, et que nous pouvons remonter à eux, ou les faire descendre à nous. Ce système prenoit autant de formes qu'il avoit de sectateurs. C'est un rêve qui mène à la magie, et la magie est un autre rêve elle-même. Cette secte obscure ne s'est signalée que par la haine qu'elle portoit aux Péripatéticiens.

<small>Bernardo Télésio, qui a le premier réfuté solidement Aristote, renouvelle la secte de Parménide.</small>

Le péripatétisme eut d'autres ennemis. Le plus célèbre de ceux qui commencèrent à l'attaquer ouvertement, est Bernardo Télésio, né à Cosenza, dans le royaume de Naples, en 1508, et mort en 1588, dans la même ville. Ne trouvant pas plus de solidité dans Aristote que dans les scholastiques, il s'appliqua sur-tout à faire voir que les principes de ce philosophe ne sont que des définitions arbitraires, des notions vagues, de pures abstractions qui n'expliquent rien, et qui ne mettent que des mots à la place des choses. La justesse de ses critiques lui mérita les applaudissemens des Napolitains, quoique jusqu'alors ils eussent été prévenus pour Aristote. Mais il ne fut pas heureux, quand il voulut lui-même expliquer la nature. Car ayant pris Parménide pour guide, il entreprit de faire voir comment le chaud et le froid, notions vagues qu'il réalisoit, avoient tout produit en agissant sur la matière. Son système, dit-on, est mieux développé et plus ingénieux que celui du philosophe d'Elée : mais il ne s'apperçut pas, comme le lui reproche le chancelier Bacon, qu'il ne raisonnoit lui-même que sur des abstractions toutes pures. Il a la gloire d'avoir le premier réfuté solidement Aristote, et ce fut la cause de sa mort ; car les querelles que lui firent des moines péripatéticiens, lui causèrent la maladie dont il mourut.

Les avantages qu'il avoit remportés sur le prince des philosophes, auroient pu avoir des suites, si les erreurs d'angereuses, où tombèrent ceux qui entrèrent dans la même carrière, n'avoient pas décrédité les ennemis du péripatétisme. Il semble que dans ce siècle on ne devoit plus connoître aucune autorité, dès qu'on avoit tant fait que

_{Les erreurs où tombent d'autres ennemis d'Aristote, font dire que hors le péripatétisme il n'y a plus de religion.}

de rejeter celle d'Aristote. Les péripatéticiens s'en prévalurent. Ils soutinrent qu'il ne pouvoit être combattu que par des hommes sans religion ; et ils parurent le prouver par l'exemple de Giordano Bruno de Nole, et par celui de Tommaso Campanella de Stilo, tous deux de l'ordre des dominicains.

Erreurs ou absurdités de Giordano Bruno.

Bruno avoit de la lecture, peu de jugement, une imagination déréglée, et se piquoit sur-tout de penser librement et hardiment. Il adopta pour le fond la philosophie de Démocrite et d'Epicure : il emprunta beaucoup de choses de Pythagore; et il croyoit qu'avec la connoissance des nombres, ce philosophe et Apollonius de Tyane avoient fait des miracles : il admettoit la métempsycose : il pensoit que la nature est Dieu : il peuploit l'espace de génies de différentes espèces : il mettoit des ames jusques dans les pierres: il croyoit que le sort de chaque homme est écrit dans sa main, etc. En un mot, il se fit un système rempli d'idées confuses, absurdes, et contradictoires. On a remarqué qu'il n'est pas possible de deviner sa pensée ; et vraisemblablement il ne savoit pas ce qu'il croyoit lui-même. Ses opinions sont l'ouvrage d'une imagination qui prend par-tout sans se fixer sur rien ; et elles ne sont pas moins contraires à la raison qu'à la foi.

Il voyagea en Allemagne, en France et en Angleterre, enseignant sa doctrine, et combattant les Péripatéticiens. Il vint à Paris, lorsque cette secte y causoit de grands mouvemens par la violence avec laquelle elle poursuivoit Ramus, qu'elle accusoit d'attaquer la religion, parce qu'il écrivoit contre la dialectique d'Aristote. Cependant il n'y avoit pas un demi-siècle, que l'université, encore toute scholastique, auroit accusé d'irréligion quiconque eût adopté le péripatétisme ; et on remarque que les Grecs, qui vinrent à Paris lors de la révolution de Constantinople, n'osèrent pas l'enseigner.

Quelque absurde que soit le système de Bruno, il s'y trouve néanmoins des choses dont des philosophes se sont fait honneur. Il a regardé le doute comme une précaution préliminaire à la recherche de la vérité. Il a supposé des tourbillons pour expliquer le

Il y a cependant dans ses écrits des choses dont des philosophes se sont fait honneur.

mouvement des corps célestes. Il a pensé qu'il ne peut pas y avoir deux individus parfaitement semblables; que toutes les parties du monde, et que toutes les choses qu'elles renferment, concourent à la perfection de l'univers; qu'il n'y a rien de mauvais, qui ne soit bon à quelque chose; et que tout est bon dans la nature. Il a dit qu'il y a deux sortes d'astres, des soleils immobiles et des terres mobiles; que notre terre est une planète à laquelle les autres planètes ressemblent; qu'elle réfléchit la lumière sur la lune; qu'elle n'est pas parfaitement sphérique; que les étoiles fixes sont des soleils qui éclairent d'autres mondes, etc.

Tommaso Campanella et d'autres qui puisoient dans le platonisme, n'enseignoient guère que des visions.

Campanella appartient au seizième et au dix-septième siècles. Il adoptoit des principes de Téléfio, il en rejetoit; et il s'est fait un système, où il y a plus d'imagination que de jugement. Il ne faut pas s'étonner si ces philosophes, qui empruntoient toujours quelque chose du platonisme, ne réussissoient pas à dégoûter d'Aristote : car ils ne mettoient à la place du péripatétisme, que des opinions

auxquelles on ne pouvoit rien comprendre.
Ce n'étoient dans le vrai que des visionnaires; et leurs ouvrages ne servoient qu'à
nourrir la crédulité du peuple sur la magie
et sur l'astrologie judiciaire. Aussi n'a-t-on
jamais été plus crédule que dans le seizième
siècle. Erasme lui-même conte des histoires de sorcellerie auxquelles il croit de
la meilleure foi du monde.

Vous jugerez que l'Europe n'avoit jamais
été plus troublée qu'au seizième siècle, si
considérant tout-à-la-fois les divisions de
l'église, les querelles des princes, les révoltes des peuples et les disputes des écoles,
vous réfléchissez encore sur le fanatisme,
qui animoit tous les partis contraires. Il
étoit bien difficile de trouver alors, même
dans la philosophie, un port assuré et tranquille. Il semble qu'on ne devoit pas
l'espérer, sur-tout dans les Pays-Bas.
Cependant Juste-Lipse, né en 1467, dans
un village près de Bruxelles, se flatta que
la philosophie lui ouvriroit un asyle : il ne
crut pas même en devoir chercher d'autre.

Parmi les troubles du seizième siècle, Juste-Lipse cherche un asyle dans la philosophie des stoïciens.

Mécontent de toutes les sectes de son
temps, qui bien loin d'éclairer, ne donnoient

que des notions vagues et absurdes ; il se borna, comme Socrate, à l'étude de la morale ; et il renouvela le stoïcisme. Sénèque lui en fournit les préceptes, et Tacite les exemples : deux écrivains qu'il avoit fort goûtés. Il est vrai que si jamais on a eu besoin d'être stoïcien, c'étoit dans le seizième siècle et à Bruxelles. Cependant Juste-Lipse n'a pas formé de sectateurs. Au reste c'est un écrivain estimé pour son savoir, mais dont on critique beaucoup le style.

CHAPITRE IV.

Des opinions philosophiques du dix-septième siècle.

Nous avons déjà vu se renouveler les rêves, de Platon, d'Aristote, de Pythagore de Zoroastre, de Parménide, de Démocrite, d'Épicure, etc. Ce n'est point avec critique qu'on avoit choisi parmi tant d'opinions. Ceux qui se déclaroient pour une secte, n'avoient pas examiné les autres, ils ne l'avoient pas seulement examinée elle-même. Les uns se déterminoient sur la réputation d'un philosophe de l'antiquité. D'autres, jaloux de se faire un nom et de combattre par conséquent la doctrine qui venoit de s'établir, cherchoient parmi les anciens un chef, dont les opinions fussent moins connues. Quelques-uns prenoient par-tout, fouillant dans toutes les sources, et croyant penser avec plus de liberté : mais il semble que tous pensoient au

> Dans le seizième siècle, on avoit renouvelé quantité de sectes, mais sans critique, et comme au hasard.

hasard. Il est certain que si nous observions les principales circonstances où se sont trouvés les philosophes du quinzième et du seizième siècles, il seroit facile de prévoir pour quel système chacun d'eux a dû se déclarer. Mais sans perdre de temps à de pareilles recherches, il suffit de vous avoir donné un exemple de la vérité de cette observation, lorsque la philosophie s'établit à Rome.

<small>Dans le dix-septième des observations, ou des hasards plus heureux, convaincr. il peu-à-peu qu'il faut étudier la nature.</small>

Les philosophes du dix-septième siècle s'aheurteront encore à chercher des connoissances chez les Grecs. Tantôt sectaires, ils épouseront les opinions d'un seul chef: tantôt éclectiques, ils emprunteront quelque chose de plusieurs. D'autres fois il se flatteront de suppléer par leur imagination à ce qu'ils croiront manquer aux anciens systèmes, et ils les changeront sans les corriger. Cependant le hasard ou la curiosité fera faire de loin à loin des observations. Des esprits moins prévenus tenteront des expériences. On découvrira des erreurs grossières dans les anciens. On s'en assurera par des observations bien faites. Enfin on se convaincra peu-à-peu, que pour connoître la nature, il faut l'étudier. N'est-il pas étonnant qu'avant d'en venir là, il ait fallu s'égarer pendant plusieurs siècles ?

La secte Ionique, fondée par Thalès, s'étoit éteinte, peu après qu'Anaxagore, jugé coupable d'athéisme, avoit été banni d'Athènes. Depuis, toujours suspecte aux Athéniens, elle ne se renouvela plus : d'autres causes contribuèrent encore à l'ensevelir dans l'oubli.

<small>La secte ionique avoit été oubliée.</small>

Socrate sorti de cette école, dans laquelle il avoit eu Archelaüs pour maître, lui porta des coups dont elle ne put se relever, lorsqu'il l'abandonna comme toutes les autres, pour s'appliquer uniquement à la morale. De ce sage, le plus sage des Grecs, naquirent les académiciens, les péripatéticiens, les cyniques et les stoïciens. C'étoient autant d'ennemis redoutables pour la secte Ionique, puisqu'ils paroissoient enseigner la doctrine de celui-même qui l'avoit abandonnée. Ils entretinrent la prévention où l'on étoit contre elle, en la calomniant, en lui attribuant des raisonnemens absurdes, et en la couvrant de ridicules, lors même qu'ils s'approprioient ce qu'ils y trouvoient de mieux.

Claude Guillermet de Bérigard la renouvela, sans préjudicier nullement Aristote qu'il n'osoit combattre ouvertement.

Elle n'avoit plus de sectateurs dans la Grèce, lorsque la philosophie fut apportée à Rome. Les Romains, qui prenoient les sciences qu'on leur offroit, et faisoient peu de recherches, se contentèrent de l'académie, du lycée du portique et des jardins d'Épicure. Comme la secte Ionique avoit d'ailleurs sur la divinité des idées plus saines que toutes les autres, il étoit difficile qu'elle se pût concilier avec l'idolâtrie. Il arriva donc que de toutes les sectes, la moins déraisonnable fut aussi la plus oubliée ; et les ouvrages de ses écrivains, devenant tous les jours plus rares, il étoit difficile qu'elle reparût jamais. Cependant Claude Guillermet de Bérigard la renouvela au commencement du dix-septième siècle : mais ce fut moins pour faire des partisans à un système qu'il jugeoit défectueux, que pour attaquer indirectement Aristote, sans qu'on pût lui en faire un crime.

Il n'étoit pas permis d'écrire contre sa philosophie, quoique ses principes...

Après avoir fait ses études à Aix, il vint à Paris, lorsque des observations nouvelles commençoient à faire voir le faux des principes physiques d'Aristote. Alors l'autorité de ce philosophe étoit si bien établie, qu'on n'osoit encore écrire contre lui, et qu'on s'ouvroit seulement dans la conversation, quand on se trouvoit avec des personnes sûres. L'université traitoit d'hérétiques ceux qui l'attaquoient : le parlement et le gouvernement même défendoient d'enseigner toute autre doctrine. Il falloit donc se taire ou s'exposer à des persécutions.

Il paroit que la guerre de trente ans a été une conjoncture favorable pour combattre le péripatétisme. Comme le public étoit occupé de choses plus importantes, il ne donnoit plus la même attention aux disputes de l'école. Les théologiens, moins écoutés en devenoient moins à craindre : et on commençoit à penser avec plus de liberté. C'est en effet entre 1620 et 1630 que parurent les premiers ouvrages contre la physique d'Aristote. Il est vrai qu'en 1624, la faculté de théologie censura des thèses composées dans cet esprit, et que le parlement les condamna : mais cela n'empêcha pas d'écrire. Les uns le faisoient ouvertement, les autres avec plus de circonspection. Quelquefois on affectoit de louer beaucoup Aristote, lorsqu'on lui opposoit des observations qui détruisoient ses principes ; et on paroissoit ne relever ses erreurs que comme de légères fautes.

Bérigard est appelé en Toscane, où l'inquisition permettroit pas d'attaquer Aristote.

La liberté de penser faisoit des progrès à Paris, lorsqu'en 1628, Bérigard fut appelé par le grand-duc de Toscane, pour professer la philosophie à Pise. Les Italiens, qui pensoient trop librement au quinzième siècle et au seizième, étoient alors fort contenus par l'inquisition, qui devenoit tous les jours plus sévère depuis la naissance du luthéranisme, et qui n'a pas peu contribué à faire tomber les lettres en Italie.

Au lieu de le combattre lui-même, il fait des dialogues, où un des interlocuteurs oppose les sentimens d'Anaxagore à ceux d'Aristote.

Dans l'obligation d'enseigner le péripatétisme, Bérigard, à qui l'inquisition ne permettoit pas de déclarer ses vrais sentimens, composa ses leçons en dialogues : l'un des interlocuteurs soutenoit les opinions d'Aristote, sans les déguiser avec les subtilités de l'école, l'autre les combattoit et leur opposoit les principes d'Anaximandre et d'Anaxagore. Cette méthode cachoit ce que les professeurs pensoient, et permettoit à chacun d'embrasser le sentiment qui paroissoit plus conforme à la vérité. Cependant Bérigard, sans se compromettre, faisoit voir combien le péripatétisme étoit contraire à la religion et à la vraie physique.

En France on étoit plus hardi, et on n'avoit pas besoin de tant de circonspection. Il est vrai que les aristotéliciens conservoient encore du crédit à la cour et au parlement, et qu'ils pouvoient susciter, ou suscitoient même quelquefois des affaires à ceux qui les combattoient. Mais les ministres et les magistrats n'étoient pas des inquisiteurs; ils ne donnoient pas la même attention à toutes ces disputes, et un homme de mérite pouvoit trouver des protecteurs auprès d'eux, ou même parmi eux. Il suffisoit donc de se conduire avec prudence.

En France on pouvoit être plus hardi, pourvu néanmoins qu'on fût prudent.

Il y avoit alors en France un jeune homme qui, lui seul, voyoit mieux que tout son siècle et que tous les précédens, les défauts du péripatétisme: c'est Gassendi. Il étoit né à Chantersier, diocèse de Digne, et il professoit la philosophie à

Avec quelle précaution Gassendi combat Aristote.

Aix. Ne pouvant enseigner d'autre doctrine que celle d'Aristote, il l'exposa telle que les scholastiques l'enseignoient eux-mêmes, et il la défendit de la même manière ; mais il n'oublia aucune des difficultés qui la pouvoient détruire; seulement il les proposoit avec timidité comme des doutes, comme des paradoxes qu'il soumettoit au jugement de l'église. Il est assez singulier que pour oser dire ce qu'on pensoit sur les ouvrages de ce philosophe, on fût obligé de prendre alors les mêmes précautions que pour juger d'un écrit révélé, et qu'on fût obligé de prendre l'infaillibilité de l'église pour guide en lisant Aristote comme en lisant l'écriture sainte. Mais enfin il falloit s'accommoder au temps ; et c'étoit assez que de pouvoir parler de façon ou d'autre.

Il ne soit parle plan qu'il s'étoit fait de détruire le péripatétisme dans toutes les parties.

Gassendi, joignant à une grande érudition un jugement droit, et des mœurs simples et honnêtes, eut de bonne heure des amis parmi les grands qui aimoient les lettres. La considération qu'il avoit acquise, suffisoit pour le défendre contre les traits de ses ennemis, lorsqu'il imprima des paradoxes contre les principes qui servent de fondement à la philosophie d'Aristote. Quoiqu'il se fût proposé de détruire dans toutes les parties le péripatétisme scholastique, il ne suivit pas cette entreprise, vraisemblablement parce qu'il prévit le cri général qui s'élèveroit dans toutes les écoles. Il fut attiré à Paris par le cardinal de Lyon, qui lui procura, en 1645, une chaire de mathématiques au collége royal; et il y vécut aimé et considéré jusqu'à sa mort, qui arriva en 1655.

Après avoir détruit les calomnies qui flétrissoient, depuis tant de siècles, la réputation d'Epicure, Gassendi tenta de ressusciter le systéme des atômes. Il en retrancha les erreurs contraires à la religion, Il l'exposa dans un nouveau jour, et avec une sagacité singulière. Cependant on a lieu de regretter le temps qu'un si bon esprit employoit à raisonner sur des principes aussi peu solides, et on desireroit qu'il n'eût pas payé ce tribut à son siècle. Il eut peu de sectateurs.

Jusqu'ici les philosophes modernes, à l'exemple des Grecs, se sont flattés d'expliquer la nature, en imaginant d'abord des causes pour descendre ensuite aux effets. Et nous n'avons vu que des révolutions, où les systèmes, prenant continuellement de nouvelles formes, se reproduisent pour se détruire. Chaque philosophe, trop foible pour résister aux coups qu'on lui porte, attaque toujours avec avantage. Toutes les opinions se détruisent les unes par les autres, et aucune ne se soutient.

Il semble donc qu'il étoit temps de soupçonner qu'on s'étoit engagé dans une route qui ne conduit pas au vrai ; que, trop curieux de savoir comment tout a été formé, nous nous sommes aussi trop persuadés que nous étions faits pour le deviner ; et que par conséquent au lieu de commencer par les causes pour descendre aux effets, il seroit peut-être mieux de commencer par les effets pour remonter aux causes. Alors réglant notre curiosité sur nos facultés, nous irions de phénomènes en phénomènes ; et ne pouvant pas connoître tout le système de l'univers, nous nous contenterions d'en découvrir quelques parties. Mais les philosophes sont comme les animaux, qui se précipitent à la suite les uns des autres. Je vais vous parler de Descartes.

Contemporain de Gassendi, Descartes étoit un peu plus jeune, étant né en 1566. Rien n'est plus sage que les réflexions qui lui ont ouvert les yeux sur les mauvaises études qu'il avoit faites, et sur les erreurs des philosophes; il les a exposées dans ses méditations. Mais quoiqu'il blâmât qu'on prît pour principes des notions vagues, de pures conjectures et des suppositions tout au plus probables; il ne s'en fit pas d'autres lui-même dans son système du monde, qu'il acheva en 1633. *Descartes ne s'est pas mis à l'abri des reproches qu'il fait aux philosophes de son temps.*

Pour expliquer la formation de l'univers, il supposa qu'il fût encore à créer; et il ne demanda que de la matière et du mouvement. *Pour former le monde, il ne demande que de la matière et du mouvement.*

L'essence du corps, selon lui, ne consistant que dans l'étendue, tout fut plein; et il ne vit point de différence entre l'espace et la matière. *Essence du corps, selon lui.*

Toute cette masse homogène, encore informe et sans mouvement, est divisée en cubes ou en d'autres petites parties an- *Il divise la masse de la matière en cubes.*

gulaires, qui ne laissent point d'interstice entr'elles. Car autrement il y auroit une étendue qui ne seroit pas corps; ce qui est impossible dans ses principes, puisqu'il a défini le corps une substance étendue.

Les cubes étant mus, ils s'arrondissent et forment des globules : c'est le second élément.

Dieu imprime le mouvement à toutes ces parties. Alors elles tournent sur elles-mêmes. Leurs angles se brisent : elles s'arrondissent : et Descartes donne le nom de second élément à tous ces petits globules.

Les parties des angles brisés forment la matière subtile, ou le premier élément.

De ces angles brisés se forment des parties très-subtiles, qui se broient encore ; parce que plus elles sont petites, plus elles se meuvent avec facilité. Cette matière subtile est le premier élément.

Ce qui reste de parties plus grossières constitue le troisième élément dont se forment les planètes.

Mais il reste des parties plus grossières, plus irrégulières, et dont le mouvement est nécessairement retardé. C'est un troisième élément pour former les planètes. Car les parties du premier élément étant mues avec plus de rapidité, elles s'échappent, elles s'écartent de tous côtés, et elles repoussent derrière elles, et par conséquent vers un centre commun, toutes les parties grossières. C'est de la sorte que se forme une planète au milieu de son tourbillon

Dans ce mouvement rapide les parties du premier élément se divisent toujours davantage. Il arrive qu'il y en a plus qu'il ne faut, pour remplir tous les intervalles entre les globules du second ; et les parties qui restent, lorsque tous les interstices sont pleins, se réunissent dans un centre où elles forment le soleil. *Le soleil est formé d'une portion de la matière subtile.*

Il faut donc comprendre que dans le plein les différentes parties de matière n'ayant d'abord pu se mouvoir qu'en tournant chacune sur elles-mêmes, elles n'ont pu dans la suite avoir plusieurs ensemble une même direction, qu'autant qu'elles se sont mues circulairement. C'est ainsi que se sont formés des tourbillons autour du soleil et autour des planètes. *Formation des tourbillons.*

Tous ces tourbillons n'ayant pas la même force, les plus foibles ont cédé aux plus forts, qui les ont enveloppés et entraînés ; et ils se sont tous combattus jusqu'au moment où l'équilibre leur a fait prendre à chacun un cours régulier, et leur a permis de se mouvoir sans se nuire. Alors les planètes secondaires ont fait leur révolution autour des planètes principales, *Comment un tourbillon est enveloppé dans un autre.*

dont le tourbillon enveloppoit les leurs; et celles-ci ont été emportées par le tourbillon solaire, qui enveloppe tous les autres.

<small>Chaque planète est entraînée dans une couche du grand tourbillon.</small> Les différentes couches de ce grand tourbillon se meuvent avec des vîtesses inégales : chaque planète nage dans une couche qui est d'une densité égale à la sienne ; et elle est entraînée par le courant, comme un bateau sur une rivière.

<small>Ce système devoit avoir, et a eu le plus grand succès.</small> Ce roman, exposé d'une manière ingénieuse, paroissoit au premier coup-d'œil expliquer les phénomènes. Il faisoit au moins imaginer une sorte de mécanisme qu'on saisissoit confusément, tandis qu'on ne pouvoit rien comprendre aux autres systêmes. Il étoit à la portée de tout le monde. Il ne falloit que quelques momens de lecture pour se rendre raison de tous les mouvemens de l'univers. Il eut donc le plus grand succès.

<small>Il devoit aussi se défendre long-temps.</small> Quand un système est une fois établi, il est difficile de le détruire : car une illusion qui satisfait notre curiosité, nous devient tous les jours plus chère ; et lorsque nous croyons avoir appris quelque chose,

il nous en coûte d'avouer que nous ne savons rien. On nous arrachera sur-tout difficilement cet aveu, s'il faut pour nous instruire, non-seulement recommencer, mais encore entreprendre des études qui effrayent par les difficultés. Le systéme des tourbillons s'est donc défendu long-temps. Manié et remanié par des imaginations fécondes, qui l'ont continuellement changé pour le corriger, il s'est soutenu en France jusqu'à notre âge; il a même encore quelques partisans. Les graces avec lesquelles M. de Fontenelle l'a exposé dans sa Pluralité des mondes, ont fait des Cartésiennes de toutes les femmes qui en savent assez pour lire les romans; et les tourbillons ont eu des sectateurs séduisans, bien capables de faire durer les illusions qu'elles avoient prises d'un jeune philosophe, et dans lesquelles il s'entretenoit lui-même en leur donnant des leçons. Aussi les a-t-il conservées jusqu'à la fin de sa vie.

Les écoles se soulevèrent contre Descartes: elles l'accusèrent d'impiété et d'athéisme, et, en effet, son impiété et son

Descartes n'a combattu avec succès les erreurs, s'il n'eut pas substitué d'autres erreurs.

athéisme étoient d'avoir porté une main sacrilége sur Aristote, et d'enseigner une doctrine qui n'étoit pas celle des péripatéticiens. Il a eu la gloire d'étouffer enfin le péripatétisme, cette hydre, dont les têtes ne tomboient que pour se reproduire. Mais avec quelque force qu'il l'ait combattu, il ne fût pas sorti vainqueur, si son système n'eût pas mieux réussi que celui de Gassendi. Pour persuader aux scholastiques d'abandonner leurs erreurs, il falloit leur en donner d'autres ; et je conjecture que si les tourbillons avoient eu moins de succès, on nous enseigneroit encore le péripatétisme.

Ses erreurs amenées étoient un pas vers la vérité.

On peut encore remarquer que les erreurs de Descartes étoient un pas vers la vérité. Après tant de systèmes obscurs et ténébreux, c'étoit quelque chose qu'un roman que l'imagination du moins paroissoit saisir. En donnant la préférence à ce roman, parce qu'on le jugeoit plus clair, on s'accoutumoit à chercher la lumière. On commençoit donc à se demander raison des phénomènes, et on se préparoit à voir un jour l'insuffisance des tourbillons. Descartes mourut, en 1650, à Stockholm, où la reine Christine l'avoit appelé. Nous aurons occasion d'en parler encore.

Depuis que la philosophie a reparu en Europe, nous avons vu des sectaires, des éclectiques, des novateurs et des sincrétistes, qui, plus absurdes que tous les autres, ont cru concilier les opinions les plus contraires. De tous les systêmes qu'ont faits les Grecs, il n'y en a pas un que quelque moderne n'ait essayé d'accorder avec la théologie chrétienne.

<small>Il n'y a point de système qu'on n'ait essayé de concilier avec la théologie.</small>

Après des efforts si souvent répétés, la vérité étoit encore à découvrir. L'érudition, le raisonnement, le génie, avoient échoué; ou s'il s'étoit fait quelques découvertes, le préjugé qui les combattoit encore, ne permettoit pas de les reconnoître pour des vérités. Plus on considéroit donc le peu de succès des hommes mêmes qui avoient été les lumières de leurs siècles, plus on désespéroit de faire mieux, et on se plaignoit de l'aveuglement de la raison humaine. C'étoit passer d'une extrémité à l'autre; comme si au réveil nous devions désespérer de bien voir, parce que dans le

<small>Tant d'efforts inutiles pour découvrir la vérité, font juger que la raison est insuffisante.</small>

sommeil, nous avons été trompés à nos songes.

On a donc recours à la révélation;

Au défaut de la raison, dont on croyoit l'impuissance bien constatée, on eut recours à la révélation ; et on chercha dans l'écriture sainte l'origine de l'univers, sa formation et l'explication de tous les phénomènes.

L'on imagine un philosophie mosayque et chrétienne.

Vous concevez combien il est absurde de chercher un système de physique dans un livre que Dieu n'a dicté que pour nous apprendre les choses nécessaires au salut, et dans lequel, en parlant de la création, il nous dit seulement qu'il a tout fait par sa parole. Il faudra donc aider à la lettre, faire des hypothèses sur un passage, sur un mot, recourir à des allégories, à des interprétations violentes, non pour découvrir dans l'écriture le système du monde qui n'y est pas, mais pour y trouver les opinions dont on est déjà prévenu. C'est tout ce qu'on a fait, et cependant cette philosophie se faisoit respecter par les noms qu'on lui donnoit de mosayque et de chrétienne.

Excès où tombent les philosophes mosayques.

Il seroit bien long et bien inutile d'entrer dans le détail des systêmes de ces philosophes, prétendus mosayques : car il n'y a jamais eu de sectes, dont les partisans aient eu des sentimens plus contraires. Il suffira de vous faire connoître les excès où ils sont tombés.

Persuadés que la raison ne peut rien découvrir par elle-même, ils en concluent qu'avec les seules lumières naturelles, nous ne saurions jamais nous assurer du vrai sens des écritures. Il faut donc que la vérité nous soit révélée immédiatement. Or, elle ne peut l'être qu'autant qu'une portion de l'esprit divin, une étincelle, échappée de l'océan immense de lumière, descend en nous, et s'unit à notre ame. Ils ne doutent pas que la divinité ne réside de la sorte en eux-mêmes. Dès-lors chacun d'eux croit trouver le vrai sens des écritures dans les allégories qui se présentent à son esprit : ou même sans avoir besoin de consulter les livres saints, ils prennent pour autant de vérités tous les fantômes de leur imagination. Ils sont magiciens, astrologues, ils commandent aux esprits, et ils pénètrent seuls dans tous les secrets de la nature ; ce ne sont que des enthousiastes.

Leurs visions in-fectent les sectes lutheriennes.

Comme les Protestans, après s'être séparés de l'église, n'avoient plus de règles pour fixer leur croyance, il s'est formé parmi eux des sectes qui ont cru être éclairées par une portion de cet esprit divin. Tels étoient ces fanatiques que vous avez vus en Écosse dans le temps de la malheureuse reine Marie.

Il ont donné naissance au quiétisme.

On ne sauroit dire toutes les formes que cette théologie mystique est capable de prendre. Mais je ne dois pas oublier le quiétisme qu'elle a produit, et qui a fait beaucoup de bruit à la fin du siècle dernier. Les quiétistes s'imaginent qu'ils pourront s'unir à Dieu en s'anéantissant; que jouissant alors d'un repos parfait dans le sein de la divinité, leur ame ne se mettra pas en peine de ce qui arrive au corps; et que par conséquent ils ne pourront plus pécher, quoi qu'ils fassent. Vous voyez où conduit une doctrine aussi monstrueuse.

Leurs absurdités ont pour principe les émanations de Zoroastre.

Toute cette mysticité extravagante est une suite du platonisme, qui a pour principe les émanations de Zoroastre. Lorsque je vous ai parlé pour la première fois des opinions de ce philosophe, vous n'auriez pas prévu qu'elles influeroient sur les erreurs de votre siècle. Les absurdités sont bien vieilles, et il semble qu'elles rajeunissent sans pouvoir tomber en caducité.

Plus les esprits s'égaroient, plus on paroissoit fondé à déprimer la raison. Il ne faut donc pas s'étonner, si le scepticisme s'est fort répandu dans le cours du dix-septième siècle. Les uns l'embrassoient par paresse, trouvant doux qu'on ne pût rien assurer, afin de n'avoir rien à apprendre; et ils étoient flattés de se trouver sans étude au niveau de ceux qui avoient le plus étudié. D'autres, parce qu'ils étoient plus instruits, se faisoient un jeu de prouver qu'on ne sait rien; ils s'applaudissoient d'avoir une erreur de moins, et leur vanité se trouvoit bien d'avoir plus de sagacité pour détruire, que les génies de tous les siècles n'en avoient eu pour établir. Plusieurs enfin croyoient servir la religion, en exagérant la foiblesse de l'esprit humain; parce qu'ils jugeoient que lorsque nous ne pourrions plus compter sur les lumières naturelles, nous en sentirions mieux la nécessité de nous soumettre à la foi. Quelquefois ce motif étoit sincère;

L'esprit humain humilié par les erreurs de tant de siècles, prend le parti de douter de tout, et le scepticisme se renouvelle.

d'autres fois ce n'étoit qu'un prétexte afin d'oser douter de tout impunément. De tous ces sceptiques, je ne vous parlerai que du plus célèbre.

De Bayle. Pierre Bayle, le plus savant et le plus ingénieux sophiste qui ait jamais été, naquit en 1647 à Carlat, petite ville du comté de Foix, et mourut à Roterdam en 1706. Dès son bas âge, il montra pour l'étude une passion, qu'une maladie, causée par trop d'application, ne diminua point. Comme il avoit une grande mémoire, il s'occupa naturellement beaucoup plus à lire qu'à réfléchir, et il acquit de bonne heure une vaste érudition en tous genres : peut-être se borna-t-il d'abord à cette étude, parce que c'étoit alors ce qu'on estimoit davantage, et un moyen sûr de se faire un nom plus promptement. Il est certain que s'il eût moins lu, et réfléchi davantage, il se seroit fait un jugement plus solide : mais il avoit vingt-un ans, lorsqu'il imagina de s'appliquer à l'art de raisonner. C'étoit trop tard, comme il en convenoit lui-même.

Alors ayant la tête remplie d'opinions

qu'il savoit prouver et combattre, il se voyoit dans une incertitude d'où il ne pouvoit sortir ; et ce fut peut-être pour trouver une issue, qu'il voulut faire une étude de l'art de raisonner. Mais l'habitude de douter étoit prise ; et elle s'entretenoit par le goût qu'il prenoit à la lecture de Montagne, écrivain plein d'esprit, et Pyrrhonien par paresse. Il continua de s'adonner à l'érudition, raisonnant toujours avec assez de sagacité pour détruire les raisonnemens des autres, et même les siens. Il se confirma donc de plus en plus dans son doute : il combattit toutes les opinions, et il prouva le pour et le contre, parce qu'il ne voulut jamais rien prouver.

Il est certain que lorsque nous considérons cette multitude d'opinions qui se combattent toutes avec avantage, nous sommes portés à douter, sur-tout si nous supposons qu'il n'y a pas de meilleure méthode, que celles que les philosophes se sont faites. Voilà ce que Bayle a cru, parce qu'il l'a supposé, sans l'avoir examiné. En conséquence, il soutient que la philosophie détruit tout, et qu'elle ne peut rien établir.

Mais ce scepticisme tombe de lui-même, si on indique une bonne méthode pour conduire l'esprit, et si on fait voir des découvertes démontrées. Or, ce qui vous paroîtra étonnant, c'est que le siècle où Bayle enseignoit le Pyrrhonisme, est précisément le siècle des plus grandes découvertes. Comme je vous crois bien garanti contre ce doute, je n'en parlerai pas davantage; et je viens enfin aux vrais philosophes, c'est-à-dire, aux hommes de génie, faits pour découvrir la vérité et pour la montrer aux autres.

CHAPITRE V.

Commencement de la vraie philosophie. De l'astronomie sous Copernic, Tichobrahé, Képler et Galilée.

PENDANT que l'imagination égaroit les philosophes les plus célèbres, quelques-uns plus sages et plus heureux observoient et acquéroient de vraies connoissances. Je n'en ai point encore parlé, parce que j'ai cru qu'en mettant d'un côté la suite des erreurs, et de l'autre, une suite des découvertes, je vous ferois mieux sentir les avantages d'une bonne méthode. Il faut d'ailleurs remarquer que les découvertes qui ont été depuis la renaissance des lettres, n'ont fait un corps qu'à la fin du dix-septième siècle. C'est alors que les progrès rapides de la philosophie ont fait voir ce que peuvent les hommes de génie, quand ils sont une fois dans la vraie route.

<small>Les découvertes n'ont fait un corps de science que vers la fin du dix-septième siècle.</small>

Quoiqu'il fût temps d'observer, les philosophes les plus sages avoient bien de la peine à se borner à l'observation.

Il étoit temps de sentir le besoin d'observer, et de reconnoître qu'on ne peut pénétrer dans la nature, qu'autant qu'on est conduit par les phénomènes. Mais cette méthode est longue, et la curiosité est toujours impatiente. Il falloit se frayer une nouvelle route, y marcher sans guide, avoir le courage de la suivre malgré les obstacles. Tout cela étoit fort difficile, et capable de dégoûter. Heureusement on sera de temps en temps soutenu par des succès. Les premières découvertes en feront espérer d'autres : elles indiqueront même le moyen d'en faire. Il est vrai qu'on aura bien de la peine à ne pas imaginer des hypothèses et des principes vagues : ce ne sera qu'avec une sorte de répugnance qu'on y renoncera tout-à-fait ; et plusieurs observateurs, à qui nous aurons les plus grandes obligations, ne pouvant se refuser à l'impatience de faire des systêmes, se flatteront quelquefois trop tôt d'expliquer les découvertes qu'ils auront faites. Heureux celui qui viendra dans un temps qui lui fournira assez d'observations pour n'avoir pas besoin d'imaginer.

Mon dessein n'est pas de vous faire l'histoire de toutes les découvertes, encore moins de vous expliquer toujours comment elles ont été faites et comment on s'en assure. Il ne faut pas oublier que ces leçons ne sont qu'une introduction à l'étude de l'histoire. Sans vous parler de toutes les erreurs, je vous en ai fait connoître assez pour vous faire voir comment on se trompe : sans vous parler de toutes les vérités, il s'agit actuellement de vous faire voir comment on doit se conduire pour être assuré d'en trouver. *Il faut étudier la philosophie pour apprendre comment on évite l'erreur et comment on acquiert des connoissances.*

Le croiriez-vous, Monseigneur ? c'est une des premières choses qu'on ait sues. Oui, on connoissoit la vraie méthode de découvrir des verités, avant qu'il y eût des Thalès, des Pythagore, des Zoroastre, en un mot, avant les temps de tous les philosophes, dont les noms sont venus jusqu'à nous. Ce qui vous étonnera peut-être davantage, c'est que je ne vous dis rien que vous ne sachiez. *La vraie méthode a été connue avant qu'il y eût des philosophes.*

Rappelez-vous le temps où vous avez vu les sociétés commencer ; et où les hommes, encore sans expérience, voyoient *En effet, dès l'origine des sociétés, les hommes ont su qu'il falloit observer pour s'instruire.*

la terre comme une surface plane, et les cieux comme une voûte à laquelle tous les astres étoient attachés. Ce sont ces hommes ignorans qui ont su se mettre tout-à-coup dans le chemin de la vérité : car vous les avez vus commencer par observer la terre et les cieux.

C'est ainsi qu'ils se sont fait une idée de la rondeur de la terre.

En voyageant dans la direction de la méridienne, ils remarquèrent que les étoiles s'élevoient vers un pole, et qu'il en paroissoit de nouvelles; tandis qu'à l'autre pole il en disparoissoit et que toutes s'abaissoient. Ils virent de même que le moment où les astres se montrent à l'horison, et celui où ils s'élèvent à-peu-près au méridien, arrivent plutôt pour ceux qui avancent vers l'orient, et plus tard pour ceux qui marchent vers le côté opposé. De ces observations ils conclurent la rondeur de la terre.

De la distance des astres.

Les éclipses solaires leur firent connoître que la lune est plus près de la terre que le soleil; comme un nuage en est plus près que la lune, puisqu'il la cache. Alors ils commencèrent à soupçonner que les autres astres pourroient bien n'être pas attachés à cette voûte apparente; et ils se confirmèrent dans cette conjecture, lorsqu'ils eurent observé le passage de Vénus sur le disque du soleil. Ils furent sans doute assez long-temps, avant de faire la même observation sur Mercure. Mais ils continuèrent d'observer, et après avoir remarqué que les astres étoient plus près ou plus loin, ils essayèrent d'en déterminer les différentes distances.

Quand des deux extrêmités d'une base on regarde un objet, on le rapporte à deux points différens; et les deux rayons visuels forment un angle plus obtus ou plus aigu, à proportion que l'objet est plus près ou plus loin. Cette géométrie grossière étoit à la portée des plus ignorans. Il ne s'agissoit que de la perfectionner, et de s'en servir pour mesurer les distances des corps élevés sur l'horison. Il faut bien que dans les siècles antérieurs à ceux dont nous connoissons l'histoire, ces recherches aient été faites avec beaucoup de succès; puisqu'aussi haut que nous puissions remonter, nous voyons qu'on déterminoit déjà, à peu de chose près, les révolutions de la lune et celles du soleil. Une preuve encore plus

Et qu'avant Thalès et Pythagore ils ont fait de grandes découvertes.

grande, c'est qu'alors il y avoit des astronomes qui pensoient que la terre tourne sur son axe et autour du soleil ; que les comètes sont des planètes; et que les étoiles sont autant de soleils qui éclairent d'autres mondes. On ne peut pas présumer qu'un système, qui choque si fort les sens, ait été uniquement l'ouvrage de l'imagination de ces astronomes. Je crois bien qu'ils n'étoient pas comme nous, en état de le démontrer, et qu'ils en auront conjecturé une partie par analogie : mais ces conjectures supposoient bien des observations.

Ils ne voient déjà former des conjectures sur le système du monde.

Les dernières vérités tiennent si fort aux premières, que lorsqu'on les connoît, on est toujours étonné qu'elles n'aient pas été découvertes plutôt. En effet de la rondeur de la terre, on devoit naturellement conclure la gravitation de toutes les parties vers un centre commun; et en considérant le corps dont la pesanteur est sensible à peu de distance de la surface, il étoit naturel de conclure encore qu'ils peseroient à une plus grande distance. La lune pèse donc sur la terre. Semblable à une pierre, qui étant jetée horisontalement, est forcée par sa gravité à décrire une courbe ; elle est un projectile, que sa gravité retient dans son orbite. Avec une moindre force de projection, elle tomberoit sur la terre, et si elle ne gravitoit pas, elle s'échapperoit par la tangente.

En partant de cette conjecture, l'analogie conduisoit rapidement à la gravitation universelle. Alors on auroit tenu le vrai système du monde : on n'auroit plus cherché qu'à s'en assurer; et comme des observations déjà faites l'avoient indiqué, on auroit vu que l'unique moyen de le démontrer, étoit de faire de nouvelles observations. On se seroit trouvé dans la vraie route; et en quelque sorte forcé à la suivre; on auroit tenté de découvrir les lois de la gravité, de mesurer exactement la distance des planètes au soleil, et de déterminer le temps de leurs révolutions périodiques. En un mot, on auroit continué d'observer jusqu'à ce qu'on eût vu que les phénomènes concouroient tous à confirmer la gravitation universelle, que quelques-uns avoient d'abord fait soupçonner.

Vous voyez qu'il y a long-temps qu'on

étoit à portée de former au moins des conjectures sur le véritable systéme du monde, s'il est vrai, comme je le suppose, que la sphère, telle que Copernic l'a décrite, étoit connue avant le siècle de Thalès et de Pythagore. Or, cela n'est pas douteux puisque nous la trouvons dans les Pythagoriciens ; et que l'école ionique avoit à ce sujet des connoissances assez exactes pour prédire des éclipses et tracer des cadrans solaires. Or, si ces philosophes avoient imaginé la sphère d'après leurs observations, ils ne nous l'auroient pas laissé ignorer ; et il est vraisemblable qu'ils auroient continué d'observer, s'ils en avoient connu la nécessité et l'avantage par leur propre expérience. Mais Pythagore et Thalès ayant pris cette doctrine chez les barbares qui ne s'expliquoient jamais qu'à demi, l'adoptèrent sans réfléchir assez sur les phénomènes qui en étoient le fondement, et sans chercher à le confirmer par de nouvelles observations. Il paroît au moins qu'ils n'ont pas beaucoup contribué aux progrès de l'astronomie. Je dois cependant remarquer qu'Anaxagore disoit que les

qu'ils en avoient assez pour cela.

astres sont des corps pesans; et que lorsqu'on lui demandoit pourquoi ils ne tomboient pas sur la terre, il repondoit que leur mouvement circulaire les en empêchoit. Il avoit donc une idée des deux forces, qui retiennent les planètes dans leurs orbites.

Vous comprendrez pourquoi dès la naissance des sociétés les hommes ont été obligés de commencer par observer, si vous considérez qu'ayant à déterminer les saisons, il ne suffisoit pas pour eux d'imaginer le cours des astres, et qu'il falloit le découvrir. D'ailleurs tant qu'ils n'avoient encore rien remarqué, ils ne pouvoient encore rien imaginer; et leurs hypothèses, s'ils en avoient fait, auroient bientôt été démenties pour l'experience, et les auroient forcés à revenir aux observations. Mais lorsque les sociétés ont cru avoir à-peu-près toutes les connoissances qui leur étoient nécessaires, elles ont livré le monde aux philosophes, qui ne sentant plus le même besoin d'observer, et trouvant même cette voie trop longue, se sont flattés de tout decouvrir en imaginant. Voilà pourquoi

C'est le besoin de déterminer les saisons, qui le avoit mis dans la nécessité d'observer.

la physique a fait si peu de progrès pendant plus de deux mille ans.

Dans les siècles d'ignorance on n'a cultivé la chimie et la physique que pour abuser de la crédulité.

La chimie et l'Astronomie sont les seules parties de la physique, qui aient toujours été cultivées plus ou moins, même dans les siècles d'ignorance. C'est que ceux qui vouloient passer pour magiciens et pour astrologues, avoient besoin d'en faire quelque étude, afin de pouvoir abuser de la crédulité des peuples. Comme l'objet qu'ils se proposoient, ne demandoit pas des connoissances bien profondes, on peut juger que ces sciences leur doivent peu de chose. Quoi qu'il en soit, il importe peu de savoir, si des imposteurs ou des visionnaires ont fait par hasard quelques découvertes; il est bien plus utile de chercher le progrès des sciences dans les travaux des bons esprits.

Naissance de l'astronomie moderne.

L'astronomie moderne est née en Allemagne, dans le quinzième siècle. Elle dut ses premiers progrès à Peurbach et son disciple Regiomontanus, qui sentirent l'un et l'autre la nécessité d'observer pour s'assurer d'une hypothèse. Quelques autres astronomes furent aussi assez sages pour se borner à l'observation : mais Copernic, qui leur succéda, les a presque fait oublier. Il naquit à Thorn, en Prusse, en 1473.

Frappé de la confusion qu'il remarquoit dans l'hypothèse de Ptolomée, il chercha s'il n'en trouveroit pas une plus simple dans les écrits des anciens philosophes; et ayant trouvé dans Cicéron et dans Plutarque, des traces de celle des Pythagoriciens, ce fut un trait de lumière pour lui. Tous les mouvemens célestes lui parurent réglés avec ordre, lorsqu'il put imaginer la terre tournant sur elle-même, et décrivant un orbite autour du cercle du monde, où il plaçoit le soleil. Bientôt chaque planète eut son orbite. Considérant néanmoins qu'une hypothèse, qui satisfait aux phénomènes généraux, peut être démentie par des phénomènes particuliers, il voulut, avant de la publier, faire des observations, et il en fit pendant près de trente-six ans. Encore eût-il desiré de ne communiquer ses vues qu'à ses amis, parce qu'il prévoyoit les cris de l'ignorance et de la superstition: cependant, pressé par leurs

Système de Copernic.

instances redoublées, il les donna au public en 1543. Il ne fut pas témoin du grand scandale qu'il a causé : car il mourut, lorsque son ouvrage venoit d'être imprimé.

L'inquisition le condamne, lorsque de nouvelles observations le confirmoient.

Attaqué par les péripatéticiens et par les théologiens, et défendu par les bons astronomes, le système de Copernic excitoit de grandes disputes, lorsqu'en 1615 l'inquisition condamna comme formellement hérétique, fausse et absurde en philosophie, l'opinion qui met le soleil immobile au centre du monde; et comme erronée dans la foi, celle qui donne un mouvement à la terre. Alors précisément ce système venoit d'être confirmé par de nouvelles observations, dont l'histoire va vous apprendre d'autres découvertes.

Découverte du télescope.

Au treizième siècle, quelqu'un s'étant avisé de regarder au travers des verres convexes et concaves, découvrit en partie l'usage qu'on en pouvoit faire; et on inventa des lunettes à verres simples. Ce ne fut qu'environ trois cents ans après, vers 1590, qu'un autre hasard fit découvrir le télescope. On regarda à travers deux verres dont l'un étoit concave et l'autre convexe, ils se trouvèrent heureusement à une distance convenable, et on les mit aux deux bouts d'un tuyau : tels furent les premiers télescopes à réfraction : ils paroissoient avoir été plutôt trouvés qu'inventés.

Cette découverte se répandit assez lentement : car ce ne fut qu'en 1609, que Galilée, étant à Venise, en entendit parler pour la première fois. Observateur et mathématicien, il ne regarda pas cet instrument comme un simple objet de curiosité. Il en chercha la construction dans la théorie des réfractions de la lumière, et il en fit un qui augmentoit les objets trois fois en diamètre. Ce premier essai lui ayant réussi, il parvint après d'autres tentatives, à construire un télescope, qui augmentoit environ trente-trois fois.

Galilée en fait un qui augmente trente-trois fois le diamètre des objets.

Il le tourna vers la lune, qui sortant alors de la conjonction, commençoit à se rendre visible. Il remarqua que les confins de la lumière et de l'ombre étoient terminés fort irrégulièrement, et il apperçut même dans les ombres, des points de lumière séparés des autres parties éclairées. Il en conclut avec raison, qu'il y a des

Avec ce télescope il découvre des inégalités dans la lune.

inégalités sur la surface de la lune, comme sur celle de la terre. Ayant même voulu mesurer la hauteur d'une de ces éminences, il démontra, par un procédé géométrique, qu'elle est beaucoup plus élevée qu'aucune des montagnes de notre globe.

Il découvre plus de cinq cents étoiles dans l'orion seul.

Observant ensuite la voie lactée, il donna beaucoup de vraisemblance à l'opinion de ceux qui la jugent formée d'une multitude d'étoiles : car il en apperçut plus de cinq cents dans l'orion seul, et un grand nombre encore dans d'autres constellations.

Il découvre les satellites de Jupiter.

Peu après, le 8 janvier 1610, il vit trois étoiles auprès de Jupiter. Il les prit d'abord pour des fixes, qui échappoient à l'œil nu. Le lendemain, ayant encore observé cette planète, il connut qu'elles avoient changé de position. Continuant d'observer, il en apperçut une quatrième. Il découvrit donc que Jupiter étoit accompagné de quatre lunes, et au commencement de 1613, il osa prédire leurs configurations pour deux mois consécutifs. Il leur donna le nom d'astres de Médicis, mais celui de satellites leur est resté.

Il découvre les phases de Vénus.

Copernic avoit dit que Vénus doit avoir

des phases comme la lune. Impatient de confirmer une chose qui paroissoit tout-à-fait probable, Galilée observa cette planète, et il la vit en croissant dans les environs de sa conjonction inférieure, demi-pleine vers ses plus grandes élongations du soleil, enfin pleine ou presque pleine dans le voisinage de sa conjonction supérieure. Mais Saturne l'étonna fort : car il lui parut accompagné de deux globes, qui ne changeoient point de position. Il ne put pas encore distinguer les deux anses que formoit l'anneau. Enfin il découvrit dans le soleil des taches, qui lui firent appercevoir que cet astre tourne sur son axe.

<small>deux globes qui accompagnoient Saturne, et des taches dans le soleil.</small>

Ces taches et les inégalités de la lune établissoient la ressemblance des corps célestes avec la terre : les satellites de Jupiter faisoient comprendre comment la lune accompagne notre globe : les phases de Vénus démontroient la révolution périodique de cette planète, et l'analogie forçoit à juger que la terre n'est pas immobile au centre du monde.

<small>D'après ces observations, il juge que la terre n'est pas immobile au centre du monde.</small>

Ce fut alors que pour arrêter les progrès de l'hérésie copernicienne, des théologiens

<small>Il est cité à l'inquisition qui le fait arrêter.</small>

péripatéticiens citèrent Galilée au tribunal de l'inquisition. Cet astronome jugeant qu'il n'est pas nécessaire de souffrir le martyre pour des faits dont tout le monde peut s'assurer, et que quand il s'obstineroit à rester en prison, il n'ouvriroit pas les yeux à des hommes, qui n'observoient pas le ciel matériel convint de tout ce qu'on exigea de lui, et recouvra sa liberté au commencement de 1616.

Il recouvre sa liberté et comme il ne change pas de sentiment, il la reperd encore.

Plusieurs années après, en 1632, il acheva des dialogues dans lesquels il feignoit de vouloir prouver que les docteurs, qui condamnoient le système de Copernic, n'étoient pas aussi ignorans qu'on le prétendoit; et en faveur de ce motif, on lui permit l'impression de son livre. Mais parce que l'interlocuteur qui soutenoit l'immobilité de la terre, n'avoit pas raison, quoiqu'il montrât tout le savoir d'un inquisiteur, on s'en prit à l'auteur de l'ouvrage. Galilée, cité de nouveau, fut encore contraint à se rétracter. On le condamna à une prison perpétuelle en punition de sa chûte; et au bout d'un an, par grace singulière, on lui donna le territoire de Florence pour prison. Cet homme célèbre perdit la vue en 1636, et mourut en 1642. Il étoit né à Pise en 1564.

Une des objections qu'on faisoit contre le système de Copernic, étoit fondée sur l'autorité d'Aristote, qui supposant que tous les corps graves tendent au centre du monde, et voyant qu'il tendent au centre de la terre, concluoit que ces deux centres sont dans un même point. *Objection qu'on faisoit au système de Copernic.*

Copernic avoit prévenu cette difficulté, en disant que la pesanteur est l'effet de la même cause, qui force toutes les parties de la terre à se réunir de manière à former un globe; et il jugeoit que le même phénomène avoit lieu dans toutes les planètes. Vous voyez qu'il commence à se faire une idée de la gravitation universelle. *Cet astronome l'avoit prévenue.*

Une autre objection est que, si la terre tournoit sur son axe, ses parties se dissiperoient; comme on voit les gouttes d'eau, dont la circonférence d'une roue est chargée, s'écarter dès que la roue tourne avec quelque vîtesse. *Autre objection qui pouvoit se résoudre avec les mêmes principes que la première.*

Il semble que les coperniciens, qui avoient si bien répondu à la première, de- *Les coperniciens y répondent mal.*

voient répondre à la seconde, que les parties de la terre ne se dissipent pas, parce qu'elles tendent au centre avec une force supérieure à celle qui paroît les devoir écarter. En effet, on démontre aujourd'hui que la force centripète est environ dix-sept fois plus grande que la force centrifuge. Il falloit donc seulement conclure que la terre est plus élevée sous l'équateur, et que si l'expérience venoit à confirmer cette conjecture, on auroit une nouvelle preuve de sa rotation. Mais les coperniciens qui conservoient encore malgré eux quelque reste de péripatétisme, répondirent en prenant pour principe la vieille division du mouvement en rectiligne et circulaire. Le mouvement circulaire, dirent-ils, ne dissipe pas les parties de la terre, parce qu'il leur est naturel; au lieu qu'il ne l'est pas aux gouttes d'eau qui sont attachées à la circonférence d'une roue.

Autre objection. On objectoit encore qu'une pierre qu'on laisseroit tomber du haut d'une tour ne tomberoit pas au pied, si la terre tournoit d'occident en orient. A quoi on répondoit que dans un vaisseau qui seroit à la voile, une pierre tombant du haut du mât frapperoit au pied le tillac. Cette expérience familière aux matelots, n'étoit pas connue de tous les philosophes; et Gassendi fut enfin obligé de la faire.

Cette expérience, auparavant mal faite, avoit trompé Tycho-Brahé, qui prenant à la lettre quelques passages de l'écriture, mit la terre au centre du monde, et la priva de tout mouvement : pour prendre un milieu entre l'ancien système et le nouveau, il supposa que toutes les planètes tournent autour du soleil, et qu'en même-temps elles accompagnent cet astre dans la révolution diurne et annuelle, qu'il lui fait faire autour de notre globe. C'étoit conserver ce qu'il y a de plus choquant dans le système de Ptolomée. Descartes voyant les persécutions qu'on faisoit à Galilée, paroît avoir cherché à se concilier avec ceux qui s'obstinoient à croire l'immobilité de la terre; car il définit le mouvement *le transport d'un corps de la proximité de ceux auxquels il touchoit, et qu'on regarde comme en repos par rapport à lui.* En conséquence, il pouvoit dire que la terre est immobile,

Elle trompe Tycho-Brahé. Système de cet astronome.

puisqu'elle ne s'éloigne point du fluide qui l'environne. Mais c'est définir le mouvement relatif ou apparent, au lieu du mouvement absolu ou réel.

Ses découvertes. Tycho-Brahé étoit danois. Il a précédé Galilée, étant né en 1546 et mort en 1601. Fort exact et plein de sagacité, il a rendu de grands services à l'astronomie par la justesse de la plupart de ses observations. Il découvrit la réfraction des rayons de lumière dans l'atmosphère, ou du moins, il la vit beaucoup mieux que ceux qui l'avoient apperçue avant lui, et il la soumit au calcul. Il fit sur les inégalités de la lune plusieurs découvertes qui ont fort perfectionné la théorie de cette planète. Il détermina le lieu d'un grand nombre d'étoiles fixes. Il démontra que les comètes sont beaucoup plus élevées que la lune, parce qu'elles n'ont qu'une très-petite parallaxe. Enfin il a laissé un grand élève : je veux parler de Képler.

Képler, jeune encore, fait un mauvais système. La passion de Képler étoit de découvrir la raison des choses. A peine commençoit-il à étudier l'astronomie, qu'il voulut savoir pourquoi il y avoit six planètes ; pourquoi les dimensions de leurs orbites étoient telles que Copernic les avoit observées; et quelle étoit la loi de leurs révolutions. Rempli des analogies mystérieuses des Pythagoriciens, il crut avoir déterminé le nombre des planètes et leur distance au soleil, en considérant seulement les propriétés des nombres et des figures; et il publia ses prétendues découvertes en 1593. Il étoit jeune encore, puisqu'il n'avoit alors que vingt-deux ans, étant né en 1571, dans le duché de Wirtemberg.

Tycho-Brahé, à qui il envoya un exemplaire de son livre, démêla du génie parmi les rêves du jeune astronome. Il lui conseilla de ne pas se presser de chercher les causes, et de commencer par s'assurer des phénomènes. Képler qui a publié lui-même le conseil que cet homme sage lui avoit donné, eut la sagesse d'en profiter. Il se rendit à Prague auprès de lui : il n'eut plus d'autre objet que de partager les travaux de ce grand astronome; et lorsqu'il le perdit, en 1601, il se trouva dans une route, qui le devoit conduire à de nouvelles découvertes.

Il détermine l'ellipse de Mars.

Jusqu'alors on croyoit que les planètes étoient emportées d'un mouvement uniforme dans les orbites circulaires. Képler, en observant Mars, découvrit le faux de cette hypothèse. Il soupçonna d'abord que cette planète décrivoit une ovale : il en détermina fort bien l'excentricité, et il se flatta d'en avoir tracé le cours. Mais lorsqu'il en revint aux observations, il ne les trouva d'accord avec ses calculs, que lorsque cette planète étoit aphélie et périhélie. Hors de-là, les distances calculées se trouvoient plus grandes que les distances observées, sur-tout à mesure que Mars approchoit des lieux moyens. Il reconnut donc que l'ovale qu'il avoit supposée, avoit le défaut d'être trop renflée. Il voulut la corriger ; et il en imagina une autre trop applatie, de sorte que Mars, qu'il croyoit déjà tenir, lui échappa une seconde fois. Alors cherchant un milieu entre l'ovale et le cercle, il imagina une ellipse à laquelle la planète voulut bien s'assujettir.

Première analogie de Képler.

Dès qu'il eut déterminé cette ellipse, il n'eut pas de peine à s'assurer que Mars, plus lent vers son aphélie, étoit plus vite vers son périhélie; et que son mouvement, réellement inégal, varioit de manière qu'un rayon tiré de cette planète au soleil, balayoit des aires égales en temps égaux. Telle est la première loi que Képler découvrit, et qu'il retrouva encore dans les révolutions des quatre satellites de Jupiter. C'est pourquoi il la regarda comme une loi qui règle le mouvement de toutes les planètes.

Seconde analogie.

Ayant ensuite considéré que les planètes, placées à des distances différentes du soleil, font aussi leurs révolutions dans des temps différens; il conçut qu'il seroit possible de découvrir quelque analogie entre les distances et les temps périodiques. Il vit d'abord que Saturne devoit achever sa révolution dans neuf ans et demi, s'il avoit une vîtesse égale a celle de la terre, puisqu'étant neuf fois et demi plus loin du soleil, il décrit aussi une orbite neuf fois et demi plus grande. Or, la révolution de cette planète est d'environ vingt-neuf ans. Les temps périodiques augmentent donc dans une plus grande proportion que les distances. Cependant ils n'augmentent pas non plus en raison du quarré de ces mêmes distances, puisqu'alors la révolution de Saturne seroit de quatre-vingt-dix ans. La vraie proportion des temps périodiques doit donc se trouver entre celle des distances et celle des quarrés des distances. Képler dit qu'après être tombé à ce sujet dans plusieurs méprises, il découvrit enfin, le 15 mai 1618, que les quarrés des temps périodiques des planètes sont toujours dans la même proportion que les cubes de leur distance moyenne au soleil. Les satellites de Jupiter confirmèrent encore cette découverte; et depuis cet astronome, toutes les observations et tous les calculs en ont donné de nouvelles preuves. Vous savez quel jour ces deux analogies, auxquelles on a conservé le nom de Képler, répandent sur le système du monde.

Pensées de Képler sur la gravité. Képler a pensé sur la gravité comme Copernic. Il a même été plus loin : car il a dit que les actions combinées de la terre et du soleil sont la cause des irrégularités de la lune; que la lune et la terre se réuniroient si elles n'étoient pas retenues; que le flux et le reflux sont l'effet de l'attraction de la lune ; et que toutes les planètes gravitent vers le soleil. Cependant il falloit qu'il conçût encore bien imparfaitement cette gravitation , puisque, dans la suite, il l'abandonna tout-à-fait pour d'autres principes fort extraordinaires. Car il imagina, comme répandue dans l'espace, une certaine image immatérielle, qui, sortant du soleil, enveloppoit les planètes, et les forçoit à tourner avec elle autour de cet astre. On lui reproche encore beaucoup d'autres idées de cette espèce. Telle est , par exemple, l'analogie qu'il a cru trouver entre les mouvemens des corps célestes et les sept tons de la gamme. Mais il ne faut pas le juger d'après des opinions qui sont un reste de l'esprit ténébreux de tant de siècles, et qui doivent seulement nous étonner davantage, quand nous considérons la lumière que cet astronome a répandue.

CHAPITRE VI.

Naissance de plusieurs sciences. L'algèbre, l'analyse, principes de mécanique, lois du mouvement, l'horloge à pendule.

<small>Les découvertes qu'on doit à l'observation, étendront nos connaissances et nous forceront à créer de nouvelles sciences et de nouveaux arts.</small> KÉPLER et Galilée sont l'époque où la philosophie commence. Les succès de ces deux observateurs ouvrent enfin une route, dans laquelle plusieurs hommes de génie vont entrer. On va continuer d'observer; on cherchera les causes en remontant de phénomènes en phénomènes; et on renoncera peu à-peu aux hypothèses et aux principes vagues.

Dès que nous ne cherchons plus la nature dans notre imagination, l'étude que nous nous proposons n'a plus de bornes : elle embrasse l'univers. La philosophie n'est plus la science d'un homme qui médite les yeux fermés : c'est l'histoire de la nature : elle tient à tous les arts. Combien donc ne faudra-t-il pas acquérir de connoissances pour y faire des progrès? et dans combien de genres?

Aussi les sciences déjà connues vont s'étendre, et de nouvelles vont naître. Une découverte mettra dans la nécessité d'en faire d'autres. Les objets d'étude se multiplieront : on ne pourra pas se borner à un seul : la vue se portera toujours au-delà : on embrassera tous les jours davantage : on étudiera une multitude d'arts et de sciences à la fois.

Le télescope, encore imparfait, paroît n'avoir été trouvé que pour nous montrer une science dont nous connoissions à peine quelques élémens. Si nous le voulons perfectionner, il faudra observer les rayons depuis le corps lumineux jusqu'aux surfaces qu'ils éclairent ; découvrir comment ils se réfléchissent, comment ils se brisent en passant d'un milieu dans un autre ; suivre par-tout le chemin qu'ils tracent ; expliquer le phénomène de la vision ; et nous formant de nouveaux yeux, voir les objets qui jusqu'ici nous ont échappé par leur éloignement ou par leur petitesse.

<small>De l'optique perfectionnée naîtront la catoptrique et la dioptrique.</small>

Ainsi de l'optique mieux connue naîtront la catoptrique et la dioptrique.

L'astronomie, alors mieux connu: perfectionnera la géographie et la navigation, et ce sera une nécessité d'étudier les mécaniques.

A mesure que nous connoîtrons mieux l'Astronomie, nous perfectionnerons la géographie et la navigation ; mais pour étudier ces sciences avec succès, il sera encore nécessaire d'étudier les lois du mouvement. Il faudra développer les principes de la mécanique ; et c'est alors que les objets d'étude se multiplieront sans fin.

Pour réussir dans ces sciences, il faudra être géomètre.

Cependant il ne suffira pas d'amasser des expériences et des observations. Il faut encore rendre raison des phénomènes, faire servir la nature à nos usages, connoître par conséquent ses forces, les lois qu'elle suit, la régler en quelque sorte nous mêmes. Or, c'est à quoi nous ne réussirons, qu'autant que nous suivrons la génération des effets, non-seulement en observant, mais encore en mesurant et en calculant. La géométrie nous deviendra donc absolument nécessaire.

Ce sera donc encore une nécessité de perfectionner la géométrie.

Les objets de nos recherches venant à s'étendre et à se multiplier, les rapports en seront plus compliqués, et les problèmes plus difficiles à résoudre. Mille obstacles nous arrêteront par conséquent à chaque pas, si la géométrie ne se perfectionne pas encore. En un mot la géométrie doit être appliquée à la mécanique, et ces deux sciences doivent l'être ensemble à toutes les parties de la philosophie, et se perfectionner avec elles.

Voilà, Monseigneur, les sciences, qui vont occuper plusieurs grands esprits, pendant le cours du dix-septième siècle. Voyons-les dans leurs commencemens : ce seroit un trop grand ouvrage que de les développer en entier ; et puis, si nous voulons dire la vérité, nous n'en savons pas assez, ni vous, ni moi, pour les suivre jusqu'au bout. *Voilà les objets qui vont occuper les génies du dix-septième siècle.*

Les sciences doivent leurs progrès aux méthodes rendues plus simples ; et si elles en ont fait de si lents pendant plusieurs siècles, c'est que rien n'est si difficile que de simplifier. *Les sciences doivent leurs progrès à la simplicité des méthodes.*

Avant l'usage des chiffres arabes, l'art de calculer, si nécessaire pour suivre les procédés de la nature, ne pouvoit être que très-borné. Les problèmes ne se pouvoient résoudre qu'à force de tête, et ils deve- *L'art de calculer en est la preuve.*

noient impossibles, pour peu qu'ils fussent compliqués. Ce fut vers l'an 960 ou 970 que les chiffres arabes commencèrent à s'introduire dans l'église d'occident : on en eut l'obligation à Gerbert, depuis pape, sous le nom de Silvestre II. Mais il se passa plusieurs siècles encore, avant qu'ils fussent généralement connus.

L'algèbre est aux chiffres arabes ce que ceux-ci sont aux chiffres romains : ce n'est qu'une méthode plus simplifiée. Nous la devons encore aux Arabes : ce fut Léonard de Pise qui l'apporta en Italie au commencement du quinzième siècle. Elle y fit d'abord des progrès assez rapides.

Essayez de diviser deux cent quatre mille neuf cent quatre-vingt-quatre, par six cent cinquante-sept, sans exprimer ces nombres autrement que je fais; vos efforts seront inutiles, ou vous n'en viendrez à bout qu'avec une grande contention d'esprit. Au contraire, si vous vous servez des chiffres arabes, la division ne sera plus qu'une opération purement mécanique ; et vous trouverez d'un coup de plume ce que vous cherchez. L'expression algébrique est encore plus abrégée. Elle renferme dans un petit nombre de signes ce qui demanderoit un grand nombre de chiffres arabes. Elle dégage les calculs dont les rapports trop multipliés fatigueroient l'esprit ; et par son moyen on résout des problêmes qu'il seroit difficile de résoudre autrement, ou que même on ne résoudroit pas. Vous savez tout cela, Monseigneur (1), et je ne vous le rapelle, que pour vous faire comprendre que, comme on n'a d'abord perfectionné l'art de calculer, qu'autant qu'on a imaginé des méthodes plus simples, on ne continuera de le perfectionner encore, que parce qu'on imaginera de nouveaux moyens, qui simplifieront davantage.

L'algèbre n'étoit pas au quinzième siècle telle que vous la connoissez. Les méthodes dont on faisoit usage, se bornoient à un certain nombre de cas, et ne fournissoient que des solutions particulières. Les expressions algébriques n'étoient pas même encore assez simples. Ce fut au seizième

_{C'est ainsi que l'algèbre s'est perfectionnée;}

―――――――

(1) M. de Kéralio avoit enseigné les mathématiques au prince.

siècle que Jean Borel, français, plus connu sous le nom de Buteo, se servit le premier des lettres de l'alphabet ; encore ne les employa-t-il que pour désigner les quantités inconnues. Après lui, François Viete, autre français, imagina d'exprimer encore les quantités connues par ces lettres, et ce seul changement rendit le calcul plus facile et plus lumineux.

Vous concevez qu'un art est plus parfait, à proportion qu'on le réduit à un plus petit nombre de règles ; à quoi on ne peut parvenir qu'en trouvant des règles plus générales. Or, Viete, s'occupant de cette recherche, découvrit des solutions générales pour des cas, qui auparavant demandoient des solutions particulières. Toutes ses méthodes étoient simples et ingénieuses, et l'algèbre fit de si grands progrès par ses travaux, qu'on regarde ses découvertes comme le germe de celles qui ont été faites après lui.

Et que la géométrie, à laquelle on l'a appliquée, s'est perfectionnée elle-même pour perfectionner ensuite les mécaniques et la physique.

Viete est encore le premier qui ait appliqué l'algèbre à la géométrie. A cet égard, Descartes a néanmoins la gloire de l'invention, par la sagacité avec laquelle il a réussi. A la vérité, il paroît bien facile d'exprimer, avec des signes algébriques, des lignes et des rapports de lignes : mais le sort des méthodes, lorsqu'elles sont connues, est toujours d'étonner d'autant moins qu'elles sont plus simples ; et cependant leur simplicité même est souvent ce qui avoit empêché de les découvrir. Il ne suffisoit pas de voir qu'on peut se servir, en géométrie, des lettres de l'alphabet ; il falloit encore savoir juger des avantages que l'analyse algébrique procureroit à cette science, et trouver des méthodes générales pour en faire l'application avec succès. C'est dans cette partie sur-tout, qu'au jugement des meilleurs mathématiciens, Descartes montre un génie supérieur. Il développa la théorie des courbes avec une sagacité singulière : il l'étendit à quantité de problêmes difficiles, que la simplicité de ses méthodes rendoit cependant faciles à résoudre, et la géométrie prenant un nouvel essor, fut propre à répandre un nouveau jour sur toutes les parties de la physique auxquelles on l'applique. Dans le même temps, la France avoit un autre géomètre, qui faisoit voir presque autant d'invention que Descartes, et qui, ayant imaginé des méthodes quelquefois plus simples, a mis sur la voie pour en trouver de plus générales encore. C'est Fermat, conseiller au parlement de Toulouse.

<small>Les méthodes se simplifient en substituant des expressions abrégées : c'est ce que fait l'analyse de Descartes.</small>

La géométrie des anciens etoit bornée par l'imperfection de ses méthodes. Comme elle étoit assujétie à procéder par une suite de raisonnemens développés, les rapports s'embarrassoient lorsqu'ils se compliquoient à un certain point, et ils échappoient enfin à l'esprit. En effet, s'il est certain que l'évidence consiste dans l'identité, il ne l'est pas moins que l'identité ne sera sensible qu'à proportion que nous rapprocherons davantage les termes identiques, en substituant une expression abrégée à de longs raisonnemens ; c'est alors qu'on verra sans peine, ou même sans efforts, ce qu'on ne pouvoit pas apercevoir auparavant. Tel est l'avantage de l'analyse de Descartes.

<small>Du temps de ce philosophe, et depuis, on a cultivé la géométrie avec passion, et l'analyse s'est perfectionée de plus en plus.</small>

La géométrie étoit alors cultivée avec émulation. Vous comprenez que les nouvelles vues de Descartes n'ont pas peu contribué à entretenir ou même à augmenter le goût de cette étude : pour peu qu'on l'aimât, il étoit naturel de l'aimer davantage. On se trouvoit transporté dans un nouveau pays, où tout excitoit la curiosité, et où chacun se flattoit de faire des découvertes. On cherchoit donc : on imaginoit des problêmes difficiles : on se faisoit des défis : c'étoit à qui auroit l'avantage de l'invention. Le père Mersenne, en relation avec tous les savans, et savant lui-même, avoit sur-tout le talent d'élever des questions curieuses, et d'entretenir dans les esprits cette fermentation qui hâte le progrès des sciences.

Il est des temps où il semble que le génie devient contagieux. Cette contagion, qui ne gagne pas dans tous les siècles, gagna de plus en plus depuis Descartes, jusqu'à la fin du dix-septième et au-delà. On inventa de nouvelles méthodes; on les généralisa, on les simplifia, on se fit encore des défis. Wallis, Grégori et Barrow se distinguèrent sur-tout dans cette carrière. Le dernier, en simplifiant une des méthodes de Ferma, fut au moment de trouver le calcul différentiel : il ne lui restoit qu'à généraliser un peu plus. Mais cette découverte étoit réservée à Newton. C'est ainsi que l'analyse fut successivement portée à un point de perfection, où je ne crois pas que vous vouliez la suivre. Comme vous connoissez de réputation les autres grands géomètres, je ne vous les nommerai pas, et je passe à autre chose.

<small>Il n'y a point de repos réel.</small> Il n'y a point de repos absolu dans l'univers : tout corps se meut réellement. Ce que nous nommons repos, n'est que l'état d'un corps qui ne change pas de situation par rapport à d'autres. Le repos n'est qu'apparent.

<small>Il n'y a point de repos relatif, sans une tendance au mouvement.</small> Par-tout où nous croyons apercevoir du repos, il y a une tendance à un mouvement relatif; et tout corps qui nous paroît immobile, se mouvroit à nos yeux si ses efforts pour se mouvoir n'étoient pas combattus par des efforts contraires. Tout ce qui se repose sur la terre, tend au centre; et ce qui est au centre, tend à la circonférence. En un mot, toutes les parties de la matière ont une infinité de tendances en tous sens, puisqu'agissant mutuellement les unes sur les autres, chacune est attirée par

toutes, et toutes sont attirées par chacune. Vous voyez par-là combien dans le principe de la gravitation universelle, les causes et les effets se compliquent.

Cette complication de cause et d'effets est ce que la mécanique se propose de démêler et de développer. Cette étude vaste se borne cependant à découvrir les lois du mouvement de l'équilibre; et vous concevez que ces lois étant une fois connues, on aura les principes de la mécanique.

C'est dans les lois du mouvement et dans celles de l'équilibre que sont les principes des mécaniques.

Pour réussir dans ces recherches, il ne suffit pas d'observer : il est évident qu'il faut encore mesurer, calculer; et l'analyse la plus délicate devient absolument nécessaire.

Pour les découvrir, il faut donc mesurer et calculer.

La mécanique n'a donc pu faire des progrès, qu'autant que la géométrie en a fait elle-même. Cependant elles se suivent de si près, qu'elles marchent, pour ainsi dire, de front. Aussi les grands hommes dont j'ai déjà parlé, ont-ils cultivé l'une et l'autre en même temps. Tâchons de nous faire une idée générale de leurs travaux. Je suivrai l'ordre de leurs découvertes, et

C'est pourquoi la mécanique et la géométrie se cultivent ensemble.

pour abréger, je parlerai peu de leurs méprises.

Galilée fait voir que des corps, de pesanteur inégale, tombent avec la même vitesse.

Le célèbre Galilée s'est encore distingué dans les mécaniques. Les Péripatéticiens enseignoient, comme un axiome, que la vîtesse des corps graves dans leur chûte est en même raison de leur pesanteur. Galilée combattit d'abord ce préjugé par une expérience. En présence d'un grand nombre de personnes que la curiosité avoit attirées, il laissa tomber du haut d'un dôme des corps de pesanteur fort inégale, et tout le monde, jusqu'aux Péripatéticiens mêmes, vit qu'il n'y avoit presque pas de différence dans le temps de leur chûte.

Il y auroit eu lieu de s'étonner, si cette expérience n'eût pas réussi : car la pesanteur d'un corps n'est que la somme des pesanteurs des parties de matière qui le composent, et plus de pesanteur suppose seulement un plus grand nombre de parties. Or, soit qu'on prenne ces parties ensemble, soit qu'on les prenne séparément, en égale quantité, ou en quantité inégale, on ne peut pas présumer qu'elles tomberont avec plus de vîtesse les unes que les autres. Dix pièces d'or, chacune d'une once, doivent certainement tomber en même temps. Qu'on en réunisse neuf, elles n'en seront pas plus précipitées dans leur chûte pour avoir été réunies. Elles n'auront donc pas plus de vîtesse qu'une pièce d'une once.

Lorsque les corps n'ont pas la même densité, la résistance de l'air met une différence sensible dans le temps de leur chûte : mais vous savez que dans la machine pneumatique, la plume tombe avec la même vîtesse que l'or.

Cette expérience de Galilée souleva contre lui tous les vieux professeurs; de sorte qu'il fut contraint de quitter Pise et de se retirer à Padoue, où on lui donna une chaire.

Alors, moins contrarié, il s'occupa de recherches plus difficiles, et il découvrit les lois du mouvement accéléré dans la chûte des corps. Il démontra que dans les temps 1, 2, 3, 4, les espaces parcourus successivement sont 1, 3, 5, 7; et que tous pris ensemble, depuis le commencement

Il découvre les loi s du mouvement accéléré dans la chûte des corps.

de la chûte, ils sont comme le carré des temps.

Il fait voir que le long d'un plan incliné, elles sont les mêmes que dans une direction perpendiculaire.

Il prit une longue pièce de bois dans laquelle il fit creuser un canal ; et l'ayant inclinée de manière que la lenteur du mobile lui permît de comparer le temps avec l'espace parcouru, il trouva toujours que dans un temps double l'espace étoit quadruple ; dans un temps triple, neuf fois aussi grand, etc. Cette expérience confirmoit ses raisonnemens, et faisoit voir que le long d'un plan incliné l'accélération suit les mêmes lois que dans la direction perpendiculaire.

L'idée qu'il s'en fait lui découvre les lois du pendule dans ses vibrations.

Pour se faire une idée plus précise du mouvement accéléré dans l'un et l'autre cas, il représenta des plans inclinés par des lignes tirées des extrémités du diamètre d'un cercle, et il représenta la direction perpendiculaire par le diamètre même. Quoique toutes ces lignes fussent inégales, il démontra que le mobile les parcouroit chacune dans le même temps, qu'il auroit employé à parcourir le diamètre.

Cette théorie le conduisit à découvrir

les lois que le pendule suit dans ses vibrations. Il en vit naître, comme une conséquence, la vérité d'une observation qu'il avoit déjà faite. C'est que les vibrations d'un même pendule sont isochrones, c'est-à-dire, que les petites se font dans les mêmes temps que les grandes : il faut néanmoins qu'elles soient toutes assez petites.

Comparant ensuite des pendules inégaux, il découvrit que dans un même temps le nombre des vibrations est réciproquement comme la racine carrée de la longueur, ou autrement, que le carré de ce nombre est réciproquement comme la longueur même. Alors, pour mesurer la hauteur des voûtes des églises, il n'avoit plus qu'à comparer le nombre des vibrations des lampes qui y sont suspendues avec le nombre de celles que faisoit dans le même temps un pendule d'une grandeur connue. Il en fit plusieurs fois l'expérience.

Il détermine le rapport de la longueur du pendule au nombre des vibrations.

Le pendule lui servit encore à démontrer que dans la chûte des corps la vitesse n'est pas comme la pesanteur. Car deux pendules égaux, dont l'un est chargé d'un poids dix fois plus pesant, font leurs vibrations dans le même temps à peu de chose près.

Il découvre la courbe que décrit un corps projeté obliquement.

Jusqu'alors on n'auroit pas imaginé qu'il fût possible de tracer la courbe que décrit un corps projeté obliquement. La chose devint facile à Galilée. Il n'eut qu'à considérer le mouvement de projection modifié par le mouvement que produit la pesanteur dont il connoissoit les lois, et il trouva que cette courbe est une parabole. Cette dernière découverte lui fit sur-tout beaucoup d'honneur : mais toutes doivent lui en faire : car nous y trouvons un germe qui, en se développant peu-à-peu, développera le système du monde.

Castelli et Torricelli ses disciples.

Castelli et Torricelli, disciples de Galilée, s'appliquèrent particulièrement à l'hydraulique, partie des mécaniques, dont la connoissance est sur-tout nécessaire en Italie. Le second écrivit aussi sur les mêmes sujets que son maître, et il ajouta de nouvelles vues à la théorie des mouvemens accélérés. Mais, ne voulant parler que des principales découvertes, je passe sur ces détails, pour venir à la pesanteur de l'air.

On voyoit les effets de la pesan-

Plusieurs expériences démontroient la

pesanteur de l'air. On en voyoit les effets dans les siphons, les pompes aspirantes, etc.; et on leur cherchoit une autre cause dans une certaine horreur, qu'on prétendoit que la nature a du vide. Lorsque Galilée remarqua que les pompes aspirantes n'élèvent l'eau qu'à la hauteur de trente-deux pieds, il en conclut seulement que la force de la nature pour éviter le vide est limitée, et que la colonne d'eau en est la mesure. En conséquence, il faisoit du vide avec les poids qui détachoient un piston du fond d'un tube.

teur de l'air, et on les expliquoit par l'horreur du vide.

Galilée n'ignoroit pas la pesanteur de l'air : il montre même comment on la peut prouver. Pourquoi donc faut-il que, tenant encore au préjugé de l'horreur du vide, il n'imagine pas que la colonne d'eau peut être soutenue par le contre-poids d'une colonne d'air ? On croiroit qu'il auroit dû faire cette découverte, puisqu'il y touchoit. C'est ainsi que Viète, de proche en proche, eût pu découvrir jusqu'au calcul différentiel : mais il semble qu'il y ait un terme où les plus grands esprits s'arrêtent d'eux-mêmes, sans avoir trouvé d'obstacles.

Galilée qui croyoit l'air pesant tenoit lui-même à ce préjugé.

L'expérience du mercure, qui se soutient dans un tube au-dessus de son niveau, fait soupçonner la pesanteur de l'air à Torricelli.

Torricelli franchit ce terme. Pour faire l'expérience du vide en petit, il remplit de mercure un tube de verre scellé par l'un des bouts. Il jugeoit que, quelle que fût la force qui soutenoit une colonne d'eau de trente-deux pieds, elle soutiendroit également tout autre fluide; et que le mercure, pesant environ quatorze fois autant que l'eau, se soutiendroit à la hauteur d'environ vingt-huit pouces, s'il plongeoit l'orifice du tube dans un vase plein de mercure. Cette expérience ayant parfaitement réussi, Torricelli chercha la cause de ce phénomène, et soupçonna enfin que la masse d'air qui portoit sur le mercure extérieur, étoit le contre-poids qui soutenoit le fluide au-dessus de son niveau. Il eût sans doute fait de nouvelles expériences pour s'assurer de cette découverte; mais il mourut à la fleur de son âge, lorsqu'il pouvoit rendre encore de grands services à la philosophie.

447.

Pascal achève de démontrer la pesanteur de l'air.

L'expérience de Torricelli fit beaucoup de bruit. Le père Mersenne qui en fut informé le premier, en répandit la nouvelle dans Paris, où elle fut répétée; et Pascal, alors âgé de vingt-trois ans, fit à ce sujet un traité, dans lequel il employoit le principe de l'horreur du vide, et qui dès ce moment lui fit un nom. Ayant ensuite appris le soupçon que Torricelli avoit eu, il le vérifia en faisant l'expérience dans le vide : car le mercure ne se soutint plus dans le tube. Il sentoit cependant qu'il falloit plus d'une preuve pour combattre un vieux préjugé dont il ne s'étoit pas garanti. Il fit donc faire l'expérience de Torricelli sur le Puy-de-Dôme, haute montagne d'Auvergne. Or la hauteur du mercure à mi-côte ayant été moindre de quelques pouces qu'au pied et moindre encore au sommet, on ne put plus douter que ce fluide ne fût soutenu dans le tube par le poids de l'atmosphère. Pascal s'en assura lui-même à Paris : car étant monté sur une tour élevée d'environ vingt-cinq toises, il trouva dans la hauteur du mercure une différence de plus de deux lignes.

Descartes au reste est le premier qui ait rejeté le principe de l'horreur du vide. Avant que Torricelli eût formé ou communiqué ses soupçons sur la suspension du

Descartes est le premier qui ait expliqué, par la pesanteur de l'air, l'expérience du mercure suspendu dans le tube.

mercure, il l'avoit lui-même expliquée par le poids de l'air. Il prédit le succès de l'expérience qu'on se proposoit de faire sur le Puy de-Dôme, et il pourroit bien en avoir donné l'idée à Pascal : il la revendique au moins dans une de ses lettres. Quand on pense à la sagacité de ce philosophe, on regrette qu'il ait préféré le plaisir d'imaginer à celui d'observer.

<small>Lois générales du mouvement données par Descartes.</small>

Après la découverte de la pesanteur de l'air, les lois du mouvement devinrent le principal objet des recherches des physiciens géomètres. Descartes s'en étoit déjà occupé, et avoit établi pour lois générales, que le mouvement subsiste dans un corps avec la même vitesse et la même direction; que tout mouvement ne se fait de sa nature qu'en ligne courbe, que parce que sa direction est continuellement changée par quelque obstacle; en sorte que si l'obstacle cessoit, le corps s'échapperoit par la tangente, au point où l'obstacle auroit cessé.

<small>La société royale propose à rechercher des lois de la nature dans le choc des corps.</small>

Ces lois sont suffisamment démontrées par l'expérience. Mais Descartes n'ayant pas réussi à découvrir les lois particulières que la nature suit dans le choc des corps, la société royale de Londres en proposa la recherche à ceux de ses membres qui s'appliquoient à perfectionner les mécaniques. Wallis, Wren et Huyghens y travaillèrent séparément, se rencontrèrent dans les principes, et satisfirent avec le même succès à ce qu'on leur avoit demandé.

Il faut d'abord distinguer deux sortes de corps : les corps élastiques, dont la figure se rétablit après le choc dans son premier état; et les corps durs, absolument privés de ressort.

On établit ensuite pour principe général, qu'une force appliquée à mettre un corps en mouvement, lui donne une vîtesse d'autant moindre qu'il est plus grand ; et qu'un corps choqué détruit dans le corps choquant autant de mouvement, que le corps choquant lui en communique. *Principe général de ces loix.*

Supposons donc qu'un corps dur, poussé avec une certaine vîtesse, choque un autre corps dur en repos; la force, qui étoit employée à le mouvoir seul, les meut tous deux après le choc. La quantité de masse en mouvement est donc plus grande : la vîtesse commune aux deux corps est donc *Lois du choc dans les corps parfaitement durs.*

moindre. Elle sera, par exemple, les deux tiers de ce qu'elle étoit avant le choc, si le corps choquant est double de l'autre.

Si un corps en choque un autre qu'il suit et qu'il atteint, il ne le frappera qu'avec l'excès de vitesse qu'il a sur lui. Or cet excès se partagera entre les deux, de la même manière que dans le cas où l'un des deux corps étoit en repos, c'est-à-dire, en raison des masses. Il ne reste donc qu'à répartir cet excès dans cette proportion, pour déterminer de combien la vitesse du corps choqué sera accélérée, et de combien celle du corps choquant sera retardée : alors on aura la vitesse commune.

Enfin, si ayant une inégale quantité de mouvement, ils se choquent avec des directions contraires; celui qui a le plus de mouvement détruira tout-à-fait le mouvement de celui qui en a moins, et en perdra lui-même autant qu'il en aura détruit. Car deux mouvemens égaux et directement opposés, doivent se détruire mutuellement. Le corps choquant agira donc avec le surplus qui lui reste comme sur un corps en repos; et ce surplus s'étant réparti en raison des deux masses, ils iront ensemble dans la direction du corps qui avoit le plus de mouvement.

Pour déterminer ensuite les lois qui ont lieu dans le choc des corps parfaitement élastiques, il suffit de considérer l'effet que le ressort doit produire.

Lois du choc dans les corps parfaitement élastiques.

Lorsqu'un corps de cette espèce en choque un autre en repos, il le presse et en est pressé; et cette pression réciproque augmente, jusqu'à ce que, de part et d'autre, les ressorts soient aussi bandés qu'il peuvent l'être. Or s'ils restoient dans cet état de pression, sans faire d'efforts pour se rétablir, il est évident que les deux corps seroient mus dans la même direction, et que la force seroit répartie en raison des masses. Il arriveroit seulement que dans la pression réciproque, il y auroit une partie du mouvement détruite par la réaction du corps choqué : car dans ce cas, le corps choquant est comprimé par une force qui le repousse en arrière, et qui par conséquent ralentit son mouvement. Mais cela n'arrive pas : au contraire, le ressort des deux corps se débande avec la même force, avec laquelle il a été bandé; et comme il appuie également sur les deux, il les repousse en sens contraire, en leur distribuant la force avec laquelle il réagit.

Si les deux corps sont égaux, le corps choquant sera repoussé par la réaction du ressort, avec une force égale à celle avec laquelle il a frappé Il s'arrêtera donc, et le corps, qui étoit en repos, sera poussé en avant par la réaction du même ressort, et prendra la vîtesse qu'avoit le corps choquant.

Dans la supposition où, étant égaux, ils seroient mus l'un contre l'autre avec des vîtesses égales, ils réfléchiront avec la même vîtesse qu'ils avoient chacun avant le choc; car à l'instant où le ressort se débande, il réagit sur tous deux avec la même force avec laquelle il a été bandé. Ils ne feront donc que changer de direction.

Chacun des deux ne retourne en arrière, que parce qu'il est poussé par l'autre, et vous voyez, par conséquent, qu'il se fait entre eux un échange de vîtesse. L'un reçoit celle de l'autre, et lui rend la sienne. Sur ce principe, vous pouvez prévoir ce qui arriveroit s'ils se choquoient avec des vîtesses inégales. On pourroit faire bien d'autres suppositions, suivant la différence des masses et des vîtesses.

Si d'après ces lois on vouloit trouver ce qui arriveroit dans le choc, lorsque l'élasticité n'est pas parfaite, on chercheroit d'abord la vîtesse que chaque corps acquerroit ou perdroit par le choc, en supposant que les corps qui se choquent, sont absolument privés de ressort. Il faudroit ensuite doubler cette vîtesse, si les corps étoient parfaitement élastiques, parce que le ressort parfait produit ou détruit autant de vîtesse, que le choc même en produit ou en détruit dans les corps sans ressort. Si la force du ressort n'est pas entière, par exemple, si elle n'est que la moitié de la force parfaite, elle ne produira que la moitié de la vîtesse que les corps sans ressort acquerroient ou perdroient par le choc, et dans ce cas, on augmentera de la moitié, la vîtesse acquise ou perdue par le choc sans ressort. Mais c'en est assez : de plus grands détails nous mèneroient trop loin ; il nous suffit d'apercevoir les principes.

Ces lois peuvent être appliquées aux corps dont l'élasticité n'est pas parfaite.

Nous allons considérer de la même manière les recherches d'Huyghens sur les forces centrifuges.

Recherches d'Huyghens sur les forces centrifuges. Vous concevez qu'avec la même vitesse les forces centrales seront plus grandes, à proportion que le mobile décrira un plus petit cercle. Car puisque la courbe s'écarte alors davantage de la ligne droite, le mobile fait plus d'efforts pour s'échapper; et par conséquent, il en faut plus aussi pour le retenir. Dans ce cas, les forces centrifuges et centripètes sont donc nécessairement plus grandes. Vous remarquerez de même qu'elles le sont encore plus, lorsque dans un même cercle, un corps se meut avec une plus grande vitesse. Tout cela est facile. Mais quel est le rapport des forces centrifuges dans ces différentes suppositions? C'est ce qu'il falloit déterminer exactement, et ce que Huyghens a tenté le premier.

Dans le cas où des cercles égaux sont décrits par des corps de même masse avec des vitesses inégales, il démontra que les forces centrifuges sont comme les carrés des vitesses : c'est-à-dire, neuf fois aussi grandes, si les vîtesses sont triples. Si, au contraire, avec la même vîtesse, les conférences étoient inégales, les forces centrifuges seroient réciproquement comme les rayons: doubles, si le rayon n'est que la moitié : triples, s'il n'est que le tiers.

Huyghens ne se contenta pas d'avoir démontré ces rapports : il découvrit encore la quantité absolue de force centrifuge dans un mobile qui se meut avec une vîtesse déterminée. Mais cette théorie seroit trop forte pour nous : il nous sera plus facile de nous faire quelque idée d'un autre invention de ce grand mécanicien.

Galilée, qui avoit le premier observé l'égalité de durée entre les oscillations du pendule, avoit eu dessein de s'en servir pour mesurer le temps, et en avoit fait naître l'idée à quelques astronomes. Cette recherche demandoit qu'on trouvât le moyen de perpétuer les vibrations, et de les compter, sans être obligé de les suivre continuellement des yeux. Huyghens occupé de cette découverte, imagina de construire une horloge avec un pendule, qui en modère le rouage et qui l'assujettit

Il invente l'horloge à pendule.

à un mouvement uniforme. Il est adapté de manière que par sa partie supérieure il communique un mouvement alternatif à un essieu, garni de deux petites palettes; et ces palettes, qui s'engrènent dans une roue, ne laissent passer qu'une dent à chaque vibration. Cette roue se meut donc aussi uniformément que le pendule, et elle règle le mouvement du rouage entier, dont toutes les parties s'engrènent les unes dans les autres. Enfin le mouvement se perpétue dans le pendule, parce que le rouage, à chaque vibration, lui rend à-peu-près la même quantité, qu'il en perd par le frottement et par la résistance de l'air. Il se meut par ce moyen jusqu'à ce que le ressort ou le poids de l'horloge cesse d'agir. Cette machine ingénieuse, devenue aujourd'hui si commune, fut découverte en 1656.

Il détermine la longueur du pendule, en déterminant le centre d'oscillation.

Mais si on ne connoît pas la longueur d'un pendule, on ne pourra pas juger de la durée de ses vibrations, ni s'assurer, par conséquent, d'en avoir un qui les fasse exactement dans une seconde, par exemple. Or cette longeur, comme vous le savez, n'est pas facile à déterminer. C'est que tout pendule est dans le vrai composé d'une suite de poids qui vont toujours en s'éloignant du centre de suspension. Chacun de ces poids feroit séparément ses vibrations dans des temps différens : mais forcés à se mouvoir ensemble, le plus vite hâte le plus lent, et en est retardé. S'il étoit possible de les réunir tous dans un point à l'extrémité d'une ligne mathématique, la longueur du pendule seroit celle de cette ligne. Or, quoiqu'ils soient répandus dans toute la longueur du pendule, ils font cependant leurs vibrations, comme s'ils étoient tous concentrés en un seul point, de la même manière qu'un corps pèse, comme si toutes ses parties se ramassoient dans son centre de gravité. Ce point est le centre d'oscillation qu'il falloit trouver pour déterminer la longueur du pendule : problême difficile, dont Huyghens donna la solution.

CHAPITRE VII.

De l'optique et de ses premiers progrès.

<small>A quoi se bornoient les connoissances des anciens sur l'optique.</small> LES grands progrès de l'optique à la fin du dix-septième siècle, et la part qu'elle a eue à plusieurs découvertes astronomiques, demandent que nous nous représentions les états par où elle a passé jusqu'à Newton.

Les anciens n'avoient en ce genre que des connoissances très-bornées. Ils ont découvert la propagation de la lumière en ligne droite, et l'égalité de l'angle de réflexion avec l'angle d'incidence. Ptolomée a même connu la réfraction de la lumière, lorsque les astres sont vus à l'horizon; découverte qui étoit du ressort d'un astronome. Il en a conclu qu'on se trompe alors sur le lieu des astres, et cependant il n'a point imaginé qu'il fallût corriger les hauteurs prises. Il dit que si les objets paroissent plus grands à l'horizon, c'est un effet du jugement de l'ame, qui, les jugeant plus éloignés, se les représente sous un plus grand diamètre. Nous ne savons pas d'ailleurs jusqu'où il a porté ses recherches : parce que son ouvrage ne nous est connu que par quelques citations. Telles sont les connoissances des anciens sur l'optique. Ils n'avoient pas assez d'observations pour expliquer les phénomènes : aussi n'en donnent-ils que des raisons peu satisfaisantes ou même ridicules.

Il faut venir jusqu'au seizième siècle, avant de trouver des découvertes en ce genre : encore se feront-elles bien lentement. Jean-Baptiste Porta, gentil homme napolitain, qui mourut en 1515, ayant remarqué que les rayons qu'on laisse entrer dans une chambre obscure, par une ouverture pratiquée dans la fenêtre, peignent au-dedans les objets extérieurs, ajoute qu'il va révéler un secret dont il a toujours fait mystère : c'est qu'en mettant une lentille convexe à l'ouverture, les images sont si distinctes qu'on reconnoît parfaitement les personnes qui sont dehors. Il dit ensuite

Jean-Baptiste porta a le premier observé les rayons qui entrent dans une chambre obscure, à laquelle il compare l'œil.

que la cavité de l'œil est une chambre obscure. Il devoit donc dire encore que le crystallin est la lentille convexe. Mais il ne suit pas cette comparaison ; et quoiqu'étant médecin, il dût connoître l'organe de la vue, il s'imagine que les images se tracent sur le crystallin.

Maurolicus a le premier connu l'usage du crystallin. Plusieurs années après, Maurolicus de Messine, un des meilleurs géomètres du seizième siècle, connut mieux l'usage du crystallin ; car il le juge fait pour rassembler les rayons sur la rétine. Il explique même sur ce principe pourquoi les presbytes ont la vue longue et voient mal de près ; et pourquoi les myopes ont la vue courte, et voient mal de loin : et il fait voir comment le défaut des premiers se corrige avec un verre convexe, et celui des seconds avec un verre concave. Il explique encore l'image que forme un miroir concave, en représentant comment les rayons se réunissent dans les points d'un plan opposé au miroir. Cependant il n'entre dans aucun détail sur la manière dont l'image se fait dans l'œil. On soupçonne qu'il a pu être arrêté par la difficulté de concilier le renversement de l'image avec la position droite dans laquelle nous voyons les objets.

Pourquoi, demandoit Aristote, un rayon du soleil, ayant passé par une ouverture triangulaire, forme-t-il un cercle au-delà ? et pourquoi, si le soleil se trouve en partie éclipsé, ce rayon trace-t-il une figure semblable à la portion du disque qui n'est pas encore cachée ? Ce philosophe répondoit : C'est parce que la lumière, faite pour représenter le corps lumineux, en reprend la ressemblance aussi-tôt qu'elle a franchi l'obstacle qui la gênoit. Il supposoit que la forme des rayons dépend de l'ouverture par où ils passent; et par conséquent, il étoit bien loin de comprendre comment nous voyons les objets sous toutes sortes de figures.

Maurolicus a le premier expliqué ce phénomène, en considérant que chaque point de l'ouverture est le sommet de deux cônes opposés, dont l'un a sa base sur le soleil, et l'autre sur le plan qui le reçoit; il jugeoit, avec raison, qu'il doit se peindre sur le plan autant de cercles égaux qu'il y a de points dans l'ouverture, et que plus

Il explique le premier un phénomène proposé par Aristote.

ces cercles seront grands, plus la figure qui en résultera approchera d'un cercle unique. En effet, tracez l'ouverture sur le plan, et de chacun de ses points ou seulement de ceux du contour, décrivez des cercles égaux, vous verrez qu'en se confondant les uns dans les autres, ils formeront tous ensemble une figure circulaire. L'explication est la même, si le soleil ne montre qu'une partie de son disque.

Première découverte sur l'arc-en-ciel.

Le commencement du dix-septième siècle est remarquable pas une découverte très fine, faite par un homme qu'on assure avoir été un fort mauvais physicien. Je veux parler de l'explication de l'arc-en-ciel.

Il y avoit long-temps qu'on avoit observé que ce phénomène est produit, lorsque des gouttes de pluie renvoient les rayons du soleil dans un certain ordre; et on en avoit inutilement cherché la raison dans la seule réflexion de la lumière.

Marc-Antoine de Dominis explique l'arc inférieur en ne le supposant que lumineux.

Marc-Antoine de Dominis, archevêque de Spalatro, imagina de faire entrer le rayon par le haut de la goutte, de le faire réfléchir contre la partie postérieure, et de le faire sortir par le bas, d'où il arrivoit dans l'œil du spectateur. Il y avoit donc une réflexion précédée et suivie d'une réfraction ; et cela suffisoit pour expliquer l'arc inférieur, en ne le supposant que lumineux : mais il falloit encore rendre raison de l'arc extérieur et des couleurs dont ils se peignent l'un et l'autre dans un ordre renversé. Il le tenta sans succès.

Descartes ayant soupçonné que l'arc extérieur est produit par deux réflexions dans l'intérieur de la goutte, s'en assura par l'expérience. Il vit que le rayon entre par la partie inférieure de la goutte, qu'il s'y réfléchit deux fois, et qu'il en sort par la partie supérieure. Voilà donc le second arc lumineux. *Descartes rend raison de l'arc extérieur.*

Le même philosophe expliqua encore pourquoi l'un de ces arcs est d'environ quarante-deux degrés, et l'autre de cinquante-quatre. Mais lorsqu'il voulut rendre raison des couleurs, il n'y sut autre chose que de comparer les gouttes d'eau à de petits prismes. On ne savoit pas alors que les rayons sont susceptibles de différentes réfractions, et que s'ils étoient tous également réfrangibles, comme on le sup- *Il les mesure l'un et l'autre ; mais il ne rend pas raison des couleurs dont ils se peignent.*

posoit, le prisme même ne paroîtroit pas coloré.

Képler explique le premier l'usage des parties de l'œil.

Képler, achevant de développer les idées qu'avoient eues Porta et Maurolicus, expliqua le premier l'usage de toutes les parties de l'œil. Il compara cet organe à une chambre obscure, dans laquelle les rayons entrent à travers un verre convexe, et la rétine devint un tableau : seulement l'œil est une chambre obscure plus composée.

Les rayons réfléchis de chaque point visible d'un objet, sont dans chacun de ces points le sommet d'un cône, qui se forme et s'alonge à mesure que les rayons deviennent divergens, et qui vient appuyer sa base sur l'ouverture de la prunelle. Ils se brisent dans l'humeur aqueuse, dans le crystallin, dans l'humeur vitrée ; et devenant toujours plus convergens, ils forment un nouveau cône, dont le sommet frappe un point de la rétine.

Imaginez donc que la prunelle est la base d'autant de cônes opposés, qu'il y a de points sur l'objet ; que les sommets des cônes intérieurs sont entre eux dans le même ordre sur la rétine, que les sommets des cônes extérieurs; et que seulement cet ordre est renversé.

Lorsque tous les sommets intérieurs frappent précisément sur la rétine, la vue est distincte; parce que chacun fait exactement sur chaque fibre l'impression qu'il doit faire, et que toutes ces impressions se font ensemble dans le même ordre que les points de l'objet visible ont entre eux. Il n'est pas nécessaire de supposer des images: car, dans le vrai, il n'y a d'images nulle part.

Si au contraire les rayons se réunissent à leur sommet en-deçà ou au-delà de la rétine, la vue sera confuse; parce que ceux qui viennent d'un objet, se confondront avec ceux qui viennent d'un autre point. Vous comprenez comment avec des verres concaves et convexes, on corrige l'un et l'autre défaut.

Cela suffit pour expliquer les sensations distinctes et confuses de la vue. Mais si on eût demandé à Képler comment nous voyons les objets dans une position droite, comment nous apercevons des grandeurs, des distances, etc., il n'en eût pas su rendre

Mais l'image renversée l'embarrasse, et il n'a fait pas su lire comment nous voyons des grandeurs et des distances.

raison. On voit même que l'image renversée, qu'il observoit au fond de l'œil, l'embarrassoit beaucoup, et qu'il eût bien voulu la pouvoir redresser.

Képler perfectionne la théorie des télescopes.

Le télescope de Galilée étoit composé d'un objectif convexe et d'un oculaire concave. Képler jugea que deux verres convexes produiroient plus d'effet; qu'à la vérité les objets paroîtroient renversés; mais qu'on les verroit plus éclairés et plus grands, et que d'ailleurs on pourroit les redresser avec un troisième verre convexe. Il s'en tint cependant à la théorie, et ce n'est que quelques années après sa mort, qu'on a construit des télescopes à deux et à trois verres convexes.

D'après cette théorie on fait des télescopes qu'on perfectionne encore.

Le télescope à trois verres a deux oculaires. Il a l'avantage de redresser les objets: mais il les représente un peu courbes vers les bords, et il est fort sujet aux couleurs de l'iris. Pour corriger ces défauts, on chercha une autre combinaison de verres, et on fit des télescopes à trois oculaires convexes. Ces derniers sont les meilleurs.

Découverte du microscope.

Le microscope simple a été trouvé par hasard dans le même temps que le télescope. C'est une lentille d'un foyer très-court, ou une sphère d'un petit diamètre. Le composé a une lentille pour objectif, et un verre convexe pour oculaire. Il a été connu plus tard.

Les effets de la lumière dans les télescopes et dans les microscopes, méritoient d'exciter la curiosité des mathématiciens. Ce fut une source de découvertes pour Képler, qui ne contribua pas moins aux progrès de la dioptrique qu'à ceux de l'astronomie.

Képler étudie les effets de la lumière dans les télescopes et dans les microscopes.

Il fait voir que les verres plans convexes réunissent les rayons parallèles à leur axe, à la distance du diamètre de la sphère, dont leur convexité est une portion ; et que ceux qui sont également convexes des deux côtés, les réunissent à la distance du demi-diamètre. Ce point, où les rayons parallèles se réunissent, est ce qu'on nomme le foyer d'un verre lenticulaire.

Il détermine le foyer ou le point dans lequel se réunissent les rayons parallèles.

Puisque les rayons parallèles se réunissent au foyer, ceux qui partent du foyer, doivent devenir parallèles. S'ils viennent d'un point entre le foyer et le verre, ils resteront divergens, mais moins que s'ils n'eus-

Il fait voir ce que deviennent les rayons, qui partent du foyer, ou d'un point en-deçà, ou d'un point en-delà.

sent pas éprouvé une réfraction. Enfin s'ils arrivent d'un point placé au-delà du foyer, ils deviendront convergens au sortir du verre : et ils se réuniront dans un point plus rapproché, lorsque l'objet lumineux sera plus loin ; et au contraire dans un point plus éloigné, lorsque l'objet sera plus près.

Exemple qui rend sensibles les premières observations de Képler. Prenez l'objectif de votre lorgnette, et placez-le entre votre bougie et une feuille de papier ; vous verrez la flamme se peindre renversée. Vous pouvez expliquer ce phénomène avec Képler.

Les rayons qui partent d'un des points de l'axe du verre de votre lorgnette, se répandent sur la surface du verre, ils se rompent en le traversant, et devenus convergens, ils se réunissent dans un autre point de ce même axe. Or, si de chaque point de l'objet, vous imaginez des lignes qui coupent l'axe dans le milieu du verre, elles vous représenteront l'axe même des cônes, formés par les faisceaux de rayons, et opposés à la base ; et vous comprendrez comment les sommets s'arrangent sur le papier dans un ordre renversé, et peignent la pointe de la flamme en bas. Vous remarquerez encore qu'à mesure que vous éloignez la bougie, vous êtes obligé d'approcher le verre du papier, et que la distance de l'image au verre diminue, comme la grandeur de l'image. Ainsi, lorsque les objets, à une médiocre distance, s'éloignent ou s'approchent, le point de réunion est plus près ou plus loin : mais lorsqu'ils sont très-éloignés, le point de réunion est toujours au foyer des rayons parallèles, parce que la divergence des rayons s'évanouit.

Pour concevoir ensuite les effets des télescopes et des microscopes, il faut remarquer, avec Képler, que nous ne saurions voir distinctement les objets, lorsque les rayons qui viennent à notre œil, sont convergens ; car ils se réuniroient en-deçà de la rétine ; et comme ils n'y arriveront qu'après s'être dispersés, ils n'y formeroient que de petites cercles ronds, qui se confondroient les uns avec les autres. Il est donc nécessaire que les rayons soient au moins parallèles à l'axe de l'œil, ou même un peu divergens.

Explication du télescope de Galilée.

Si vous présentez un verre convexe à un objet fort éloigné, l'image de cet objet se peindra au foyer des rayons parallèles, parce qu'alors la divergence est nulle. En pareil cas, votre œil placé entre le foyer et le verre, ne recevroit que des rayons convergens, et n'auroit qu'une vue confuse. Mais si, sans éloigner l'œil, vous faites passer les rayons par un autre verre qui soit concave, vous changerez leur première direction. Alors devenus un peu divergens, au lieu de se réunir au foyer de l'objectif, ils iront se réunir sur votre rétine. L'objet, vu sous un plus grand angle, vous paroîtra plus grand. Vous le verrez même plus distinct et plus éclairé, parce qu'il enverra une plus grande quantité de rayons dans votre œil. Voilà précisément l'effet que produit le télescope de Galilée.

Explications des télescopes à deux verres convexes. Dans les télescopes à deux verres convexes, l'oculaire est placé de manière qu'il a son foyer au foyer de l'objectif; et par conséquent, au lieu où l'objectif peint une image renversée de l'objet (1). Cette image

---

(1) Quoiqu'il n'y ait point proprement d'image, on est forcé, pour abréger, de parler comme s'il y en avoit.

devient donc l'objet de l'oculaire même, c'est elle que vous regardez par ce second verre. Or, puisqu'elle est au foyer, les rayons qui partent de chacun de ses points deviennent, en se rompant dans l'oculaire, parallèles ou médiocrement divergens ; et ils vont peindre sur la rétine une autre image, qui étant dans la même situation que l'objet, le doit faire paroître renversé.

Votre bougie vous paroîtra renversée, si vous la regardez à travers un verre convexe, tenu à une certaine distance de l'œil. C'est qu'en effet vous ne regardez pas la bougie, mais son image renversée qui est entre votre œil et le verre. Or, la même chose arrive, quand on regarde par l'oculaire convexe d'un télescope. Vous comprenez que d'autres verres convexes peuvent redresser cette image, et vous faire apercevoir les objets dans leur vraie position.

Quant à l'apparence de grandeur sous laquelle les verres convexes représentent les objets, le microscope la rend sur-tout sensible. Mettez une mouche un peu au-delà du foyer d'une lentille, à treize lignes, par exemple, si le foyer est à un pouce; il se formera à treize pouces de l'autre côté, ou environ, une image douze fois aussi grande que la mouche. Or, c'est cette image que vous regardez par l'oculaire convexe, et cet oculaire la grossit encore.

Pour expliquer parfaitement ces phénomènes il falloit déterminer avec précision le rapport de l'angle de réfraction à l'angle d'incidence.

Pour expliquer parfaitement tous ces phénomènes, il falloit découvrir la loi que suivent les réfractions de la lumière : mais Képler ne l'a connue qu'à-peu-près. Il remarqua qu'en passant d'un milieu plus dense dans un plus rare, le rayon s'écarte de la perpendiculaire; et qu'il s'en approche en passant d'un plus rare dans un plus dense. Il observa même, que lorsqu'il tombe avec une certaine obliquité sur une surface plane du verre, il se brise de manière qu'en sortant il se trouve parallèle à la surface; et que si l'obliquité augmente encore, il réfléchit au lieu de pénétrer dans le verre. Enfin il remarqua, que lorsque l'angle d'incidence ne passe pas trente degrés, l'angle de réfraction, qui se fait dans le verre, en est le tiers à peu de chose près; et cette dernière observation est le fondement de toute sa théorie.

Cette approximation ne suffisoit pas. Il *Képler ne le détermine qu'à-peu-près, et pour un cas particulier.* falloit déterminer avec précision le rapport des deux angles, et découvrir une loi générale pour tous les cas. Celle de Képler étoit particulière aux rayons qui passent de l'air dans des surfaces sphériques, semblables aux verres des télescopes, et ce n'étoit qu'un à-peu-près.

C'est Descartes qui trouva long-temps *Descartes a suppléé en cela à ce qui manquoit à la théorie de Képler.* après le rapport de deux angles, et qui en donna la démonstration. Il est vrai cependant que Snellius, mathématicien hollandais, avoit fait cette découverte avant lui : mais il pouvoit n'en avoir pas connoissance. Quant à la cause des réfractions de la lumière, Descartes et d'autres tentèrent inutilement de la découvrir, parce qu'ils ne raisonnoient que d'après des hypothèses.

Depuis le milieu du dix-septième siècle, *Le père Grimaldi a le premier remarqué l'inflexion des rayons.* la dioptrique et la catoptrique continuèrent à être fort cultivées. On s'appliqua sur-tout à perfectionner les télescopes, les microscopes, les miroirs ardens, et la théorie de la lumière. Cependant si on connoissoit les lois qu'elle suit en se brisant, et en se réfléchissant; on n'avoit pas encore imaginé ce qui lui arrive, lorsqu'elle ne fait qu'effleurer certains corps. Ce fut en 1666, que le père Grimaldi découvrit dans les rayons une nouvelle propriété, qui étonna d'autant plus, qu'elle mettoit en défaut tous les principes connus. Ayant présenté, dans une chambre obscure, un cheveu à un rayon de lumière, il fut d'abord frappé de la longueur de l'ombre; et il s'assura bientôt que le rayon, s'étant partagé, avoit un peu fléchi de côté et d'autre, au lieu de continuer en ligne droite. Newton a depuis confirmé cette inflexion de la lumière, et en a beaucoup varié les expériences.

Phénomènes qu'on n'expliquoit pas encore.

Pourquoi voit-on les objets derrière un miroir? pourquoi paroissent-ils plus près et plus petits, si le miroir est convexe; plus grands et plus éloignés, s'il est concave? en un mot, d'après quel principe peut-on déterminer en général le lieu apparent des objets, vus par réflexion, ou par réfraction? Voilà des questions qui furent agitées.

Il me semble qu'on peut répondre, que nous jugeons des lieux apparens d'après les habitudes que nous avons prises en jugeant des lieux réels. Lorsque je vous

vois, par exemple, derrière le miroir, c'est
que j'ai appris à vous voir dans la direction et dans la distance où vous me paroissez, et que les rayons réfléchis agissent
sur ma rétine de la même manière, que
si vous étiez en effet dans cette direction
et dans cette distance. Un verre lenticulaire rapproche, éloigne, grossit, diminue.
Suffit-il de mesurer des angles pour en
trouver la raison ? C'est à quoi les mathématiciens se bornent. Cependant ils ne
donneront point de réponses satisfaisantes,
tant qu'ils négligeront de considérer les
habitudes de voir que nous avons contractées dès l'enfance. Il n'est pas douteux
qu'il ne faille avoir égard à ces habitudes,
comme à l'action des rayons. Mais on n'avoit
pas encore assez réfléchi sur la part que
les jugemens de l'ame ont aux phénomènes de la vue.

CHAPITRE VIII.

Grandes découvertes.

<small>Les découvertes précédentes ne sont que des préliminaires à de plus grandes.</small>

LES découvertes dont j'ai parlé dans les derniers chapitres, ne sont que des recherches préliminaires à de plus grandes découvertes, auxquelles on ne pouvoit arriver, qu'autant que l'astronomie, la géométrie, la mécanique et l'optique, de plus en plus perfectionnées, continueroient à se donner des secours mutuels, toujours plus grands. Il nous reste à jeter un coup d'œil général sur les derniers progrès de ces sciences, et à les suivre jusqu'où Newton les a laissées.

<small>On trouve les nœuds et l'inclinaison d'une planète inférieure, en observant son passage sur le disque du soleil.</small>

Les deux principaux élémens de la théorie d'une planète, sont la position de ses nœuds, et l'inclinaison de son orbite à l'écliptique. Sans ces observations, il seroit impossible d'en déterminer le cours. Or, pour avoir ces élémens, lorsqu'il s'agit d'une planète inférieure, il suffit de l'observer sur le disque du soleil, et de tracer sa route, en remarquant sur-tout l'instant et le lieu de son entrée et de sa sortie. Car cette portion de l'orbite fera trouver l'angle qu'elle fait avec l'écliptique, et le lieu où elle la coupe.

Mais le passage de Mercure sur le disque du soleil arrive rarement dans un siècle, et celui de Vénus est encore plus rare. Il étoit même difficile, avant la découverte des télescopes, d'observer la première de ces planètes, et de ne pas la confondre avec quelques taches du soleil. Képler, lui-même, y avoit été trompé en 1607, et avoit cru voir Mercure, lorsqu'il n'avoit vu qu'une tache. Il reconnut son erreur, et après avoir fait de nouvelles observations, il prédit en 1629 le passage de Mercure sur le soleil pour le 7 novembre 1631. Il mourut précisément l'avant-veille, avec le regret, sans doute, de n'avoir pu vérifier son calcul.

Képler prédit le passage de Mercure sur le disque du soleil.

Il ne s'étoit pas trompé. Tous les astronomes attendoient avec impatience le moment de faire cette observation : mais Gassendi paroît être celui à qui elle réussit le mieux. Cependant les nuages ne lui permirent de voir Mercure, que lorsqu'il étoit

Gassendi l'observe, et perfectionne la théorie de cette planète.

assez avancé sur le disque. Il le prit même d'abord à la petitesse pour une tache ; car il s'attendoit à le trouver d'une ou de deux minutes de diamètre apparent. Cependant il le reconnut bientôt à la rapidité de son cours ; il en détermina la route sur le disque ; il corrigea de quelques minutes les observations de Képler ; et ayant mesuré le diamètre apparent, il l'estima de vingt secondes. Il conjectura dès-lors que celui de Vénus n'excéderoit pas de beaucoup une minute, ce qui fut vérifié quelques années après.

D'après les tables de Képler, Horoxes prédit le passage de Vénus sur le disque du soleil ; l'observe et marque avec plus de précision le cours de cette planète.

Képler avoit aussi annoncé, pour la même année, le passage de cette planète sur le soleil. Il n'eut pas lieu, ou s'il arriva, ce fut pendant la nuit, et il ne fut pas visible en Europe. Sur la parole de Képler, on ne l'attendoit plus de tout le siècle. Mais cet astronome n'y avoit pas fait assez attention ; car d'après ses tables mêmes, il devoit arriver le 4 décembre 1639. Cette méprise fut apperçue par Horoxes, jeune astronome anglais, qui prédit le passage de Vénus, et qui l'observa jusqu'au coucher du soleil. Quoique son observation eût été courte, il détermina mieux qu'on n'avoit encore fait, la position des nœuds et d'autres élémens du mouvement de cette planète. Depuis 1639 on n'a pu observer ce phénomène qu'en 1761.

Jusqu'alors on n'avoit eu d'autre objet, dans les observations, que de perfectionner la théorie des planètes inférieures. Depuis, c'est-à-dire, en 1691, Halley, grand astronome anglais, a démontré qu'on en peut faire usage pour déterminer la parallaxe du soleil, et savoir à un cinq-centième près, la distance où nous sommes de cet astre. Il suffit pour cela d'observer de deux endroits, tels qu'il les désigne, la durée du passage de Vénus sur le disque. Mercure ne seroit pas si propre à cette observation, parce qu'ayant un mouvement plus rapide, deux observateurs, placés dans deux lieux différens, ne trouveroient pas assez d'inégalité dans la durée de son passage.

Halley fait voir qu'en observant de deux endroits la durée de ce passage, on peut déterminer la parallaxe du soleil à peu de chose près.

En 1655 on fit de nouvelles découvertes dans le ciel. Huyghens, qui avoit fort perfectionné les verres des télescopes, aperçut que ces deux globes, que Galilée avoit cru

Huyghens découvre l'anneau et le quatrième satellite de Saturne; et Cassini les quatre autres.

voir des deux côtés de Saturne, sont un anneau, et il s'en assura en suivant ce phénomène dans tout ses aspects.

Cette découverte lui en fit faire, la même année, une autre, celle d'un des satellites de Saturne, le quatrième. Ce fut pour ce grand homme, un des plus savans en géométrie, et des plus ingénieux en mécanique, une occasion de faire un système, qui prouve combien les meilleurs esprits ont de la peine à se tenir en garde contre les mauvaises manières de raisonner, quand elles sont autorisées depuis plusieurs siècles. Parce qu'il n'y a que six planètes principales, que ce nombre est appelé parfait par les mathématiciens, et que son satellite de Saturne, joint avec notre lune aux quatre de Jupiter, complétoit le nombre de six; il s'imagina que le nombre des planètes du second ordre étoit complet, et qu'il n'en falloit pas chercher davantage. Mais Cassini découvrit les quatre autres quelques années après.

Celui-ci donne la théorie des satellites de Jupiter, et découvre la rotation de cette planète et celle de Mars.

Cassini est encore célèbre pour avoir découvert la rotation de Jupiter et de Mars sur leur axe, et sur-tout pour avoir donné la théorie des satellites de Jupiter : entreprise dans laquelle on avoit échoué jusqu'alors, et dont les meilleurs astronomes commençoient à désespérer. Louis XIV l'attira en France.

Je ne parle pas de plusieurs inventions qui ont rendu les observations plus exactes et plus précises ; telles que l'application qu'on fait, depuis Picard, du télescope au quart du cercle, et le micromètre imaginé pour mesurer le diamètre apparent des astres, et perfectionné depuis. Je remarque seulement que plus on a perfectionné la théorie de Jupiter et de Saturne, plus on a été convaincu que le système de Copernic est le véritable, et que les deux analogies de Képler sont les lois de la nature. Car chacune de ces planètes avec ses satellites est une image du grand système solaire. Cette théorie confirme les deux analogies de Képler.

En observant, on trouve souvent ce qu'on ne cherchoit pas, et ce qu'on ne se seroit jamais flatté de trouver. Comment imaginer, par exemple, qu'on déterminera le temps que la lumière emploie pour venir du soleil jusqu'à nous ? C'est cependant une découverte qui a été faite, lors- En observant les éclipses du premier satellite, Cassini découvre le temps que la lumière emploie à venir du soleil jusqu'à nous.

qu'on ne songeoit qu'à perfectionner la théorie des satellites de Jupiter.

Quand la terre, passant entre le soleil et Jupiter, est au point où l'éclat des rayons n'empêche pas de voir la planète, on observe que les émersions du premier satellite hors de l'ombre arrivent plus tard, à mesure que la terre avance vers le point où le soleil et Jupiter sont en conjonction, et ce retardement est enfin de quinze à seize minutes. Quand, au contraire, la terre retourne de la conjonction à l'opposition, les émersions se font toujours plutôt, et les dernières qu'on peut observer, anticipent de quinze à seize minutes. On s'assure d'autant plus de cette observation, que les éclipses de ce satellite sont très-fréquentes, puisqu'il achève sa révolution en moins de quarante-deux heures et demie.

De ce fait, reconnu par tous les astronomes, Cassini conclut d'abord que la lumière emploie plus de seize minutes à traverser le diamètre de l'orbite : je dis plus de seize, parce que la corde qui aboutit aux deux points, où l'on commence, et où l'on finit d'observer, est plus courte que le diamètre. En effet, cette différence qui croît à mesure que la terre s'éloigne , et qui décroît régulièrement à mesure qu'elle se rapproche, ne prouve-t-elle pas que le mouvement de la lumière est progressif ?

Cassini cependant rejeta bientôt cette conséquence, considérant que si elle étoit vraie, la même inégalité auroit lieu dans les éclipses des autres satellites. Or, il ne la trouvoit pas la même , et encore remarquoit-il à cet égard beaucoup de variété d'un satellite à l'autre. Leurs éclipses ne lui paroissoient sujettes ni aux mêmes accélérations, ni aux mêmes retardemens. Mais ces observations , sont si délicates , qu'il faut des années, avant d'être assuré de les avoir faites avec assez de précision.

<small>Raisons qui font juger à Cassini même que cette découverte est fausse.</small>

Maraldi donnoit encore de la vraisemblance au raisonnement de Cassini, son oncle. Si cette inégalité, disoit-il, provenoit du mouvement progressif de la lumière, les éclipses des satellites seroient tour-à-tour accélérées et retardées, suivant que Jupiter iroit tour-à-tour de son aphélie à son périhélie. Or, ajoutoit-il, on ne re-

<small>A Maraldi.</small>

marque pas qu'en pareil cas, le plus grand et le moindre éloignement de Jupiter retarde et accélère le moment des éclipses. Ce même astronome paroissoit encore prouver son sentiment par des observations, d'après lesquelles l'inégalité paroît moindre pour le premier satellite que pour les autres.

Roëmer et Halley la détendent.

D'après l'accélération et le retardement des éclipses, Roëmer avoit aussi jugé que le mouvement de la lumière est progressif; et c'est contre lui que Cassini combattoit un sentiment qu'il avoit abandonné. Halley se joignit à Roëmer. Il avoit perfectionné la théorie des satellites de Jupiter. Il rapporta des observations, qui prouvent que l'inégalité est la même pour le second et pour le troisième que pour le premier.

Il faut considérer que de tous les satellites, le premier est celui qui se meut le plus régulièrement, et dans lequel on peut par conséquent démêler cette inégalité avec plus de précision. Le mouvement des autres est moins régulier, et leur entrée dans l'ombre est si lente, que le vrai moment de leur immersion n'est pas facile à déterminer. Il ne faut donc pas s'étonner si les plus habiles astronomes ont eu d'abord de la peine à s'accorder, et si le mouvement progressif de la lumière étoit encore un problème à resoudre au commencement de ce siècle.

Pound, observateur exact, a enfin levé tous les doutes à ce sujet. Il s'assura par des observations continuées pendant plusieurs années, que l'inégalité est non-seulement la même pour tous les satellites ; mais encore qu'elle a lieu, lorsque Jupiter va à son périhélie, et revient à son aphélie. Les difficultés de Cassini et de Maraldi ne subsistent donc plus.

La découverte du mouvement progressif de la lumière a depuis été confirmée par une autre découverte, plus fine encore, et à laquelle elle a conduit. Quoique celle-ci soit bien postérieure, puisqu'elle n'a été faite que vers 1725, je crois devoir la rapprocher de la première. Il s'agit de la cause de l'aberration des fixes, la plus grande preuve de sagacité qu'aucun astronome ait jamais donnée. Bornons-nous à nous en faire une idée, et contentons-nous des résultats.

Lorsque Copernic eut tiré la terre du repos où elle étoit depuis Ptolomée, les astronomes en prouvèrent le mouvement d'après l'analogie, et d'après l'explication simple des phénomènes. Comme il eût été à desirer d'en avoir une preuve plus directe, ils la cherchèrent dans la parallaxe des fixes. Cette parallaxe est l'angle sous lequel d'une étoile, on verroit le demi-diamètre de l'orbite de la terre (1). Si elle est sensible, et que la terre se meuve en effet autour du soleil, il faut nécessairement que les fixes paroissent changer de situation par rapport au zénith et par rapport au pôle.

Pour le comprendre, imaginons que les fixes sont à une distance qu'il est facile de mesurer, et dans cette supposition élevons une ligne perpendiculaire sur le centre du plan de l'écliptique. Pendant la révolution périodique de la terre, nous tournons autour de cette ligne; et puisque nous ne nous apercevons pas de ce mouvement, ce sont

---

(1) Cette parallaxe est celle qu'on nomme annuelle. La parallaxe diurne est celle qui a pour base le demi-diamètre de la terre.

les fixes, que je suppose peu éloignées, qui doivent nous paroître tourner dans le ciel.

Si, de votre œil, vous tirez une ligne par une de ces étoiles placée dans la perpendiculaire au plan de l'écliptique; cette ligne formera par son mouvement deux cônes opposés au sommet dont l'un aura sa base sur le plan de l'écliptique, et l'autre la sienne sur le petit cercle décrit dans le ciel. Sur quoi vous remarquerez qu'en regardant cette étoile le long de cette ligne, le point du cercle où vous la verrez sera toujours directement opposé au point où vous serez dans l'orbite de la terre. Si vous voulez observer de la même manière un autre endroit du ciel, vous n'avez qu'à incliner la perpendiculaire et avec elle les deux cônes, vous continuerez de remarquer le même phénomène, avec cette seule différence que l'étoile décrira une ellipse : mais elle vous paroîtra toujours dans un point opposé à celui où vous êtes.

D'après le mouvement apparent de cette étoile, vous pourrez juger du mouvement réel de la terre, comme je jugerois des tours que vous avez faits dans votre cabinet, si je savois seulement les différentes situations que les objets immobiles ont eues successivement avec votre zénith, qui se promenoit le long du plancher.

Un pareil phénomène dans le ciel seroit donc une démonstration du mouvement de la terre, et on le découvriroit, si les fixes avoient une parallaxe sensible; parce qu'alors elles seroient par rapport au pôle ou au zénith dans des situations qui varieroient sensiblement.

Mais si, vu la distance où elles sont de nous, l'orbite de la terre n'est qu'un point, elles n'ont plus de parallaxe. Les deux lignes, qui avec le diamètre de l'orbite auroient dû former un triangle, se confondent alors avec la ligne élevée sur le centre du plan de l'écliptique, et les trois n'en sont qu'une. Dans ce cas, le seul mouvement réel de la terre ne peut plus produire de mouvement apparent dans les fixes; et nous devons les voir dans le même repos que si nous étions sur le soleil.

Il y a dans les fixes des mouvemens apparens, qu'on nomme aberrations, parce que jusqu'à Bradley, on n'en a pas connu la cause. Si ces aberrations faisoient toujours voir l'étoile à l'extrémité de la ligne, où la révolution de la terre la devroit faire apercevoir, on en reconnoîtroit la cause dans le mouvement de la terre. Mais cela n'est pas. L'étoile, au contraire, est toujours dans les points où elle ne devroit pas être; et cependant il est à craindre que la ressemblance de ces aberrations avec les ellipses que nous venons de décrire, n'occasionne des méprises.

Depuis qu'on observe les cieux avec de meilleurs instrumens, on y a découvert tant de petites irrégularités, qu'il est bien difficile de décomposer tous ces mouvemens apparens, et d'en séparer ceux qui peuvent être produits par la révolution périodique de notre globe. La chose est d'autant plus difficile, que la parallaxe des fixes, si elles en ont, est peu sensible; et que par conséquent les changemens de situation sont bien petits pour être observés, et suivis avec toute la précision nécessaire.

Galilée a le premier imaginé des moyens pour trouver cette parallaxe, et après lui

Galilée a le premier imaginé des moyens pour trou-

plusieurs astronomes l'ont cherchée : mais leurs résultats ne sont point tels qu'ils devroient être, et même ils ne s'accordent pas; de sorte qu'on n'en peut rien conclure.

En 1725, Bradley, professeur d'astronomie à Oxford, tenta cette entreprise. Il fit ses observations avec un soin et une sagacité singulière. Mais il ne decouvrit que des variations toutes différentes de celles que la parallaxe devoit produire. Cependant ce ne sont pas des aberrations, comme on l'avoit cru jusqu'à lui. Ce sont des mouvemens réguliers : l'étoile paroît décrire une petite ellipse ; et ce phénomène peut avoir trompé des astronomes, qui auront cru y trouver une preuve de la parallaxe des fixes.

C'étoit déjà une chose assez fine que de découvrir ces petites ellipses, de démêler qu'elles sont différentes de celles que la révolution seule de la terre pourroit faire paroître, et de remarquer que l'étoile paroît toujours dans un autre point que celui où l'on auroit dû la voir, si son apparence étoit seulement l'effet de la révolution périodique. Mais il étoit bien ingénieux d'imaginer d'en trouver la cause dans le mouvement annuel de la terre, combiné avec le mouvement progressif de la lumière ; et vous concevez que pour développer cette idée, Bradley a dû déployer une théorie subtile, dans laquelle nous ne le pouvons pas suivre.

<small>Comment ces deux mouvemens se combinent.</small>

Si la terre étoit en repos, ou si la lumière arrivoit dans l'instant, le spectateur verroit toujours l'étoile immobile au même point, parce que la lumière viendroit toujours à lui directement de ce point, et que sa sensation retourneroit par la même ligne à l'étoile. Mais dès que la lumière a un mouvement progressif, et que la terre se meut avec une vîtesse qui a un rapport sensible à celle de la lumière ; ces deux mouvemens combinés doivent faire paroître l'étoile suivant une autre direction dans un autre point du ciel.

Pour rendre d'abord la chose sensible, tenez un plomb suspendu au-dessus d'une feuille de papier : si pendant que vous le laissez tomber perpendiculairement, vous donnez à la feuille un mouvement horisontal, vous verrez que, par rapport à cette feuille, le plomb paroîtra se mouvoir obliquement, et décrire la diagonale d'un parallélograme. L'apparence sera donc la même que si la feuille eût été immobile, et que le plomb eût obéi tout-à-la-fois à deux forces qui l'auroient poussé en même temps, l'une suivant la direction perpendiculaire, et l'autre suivant la direction horisontale. Or, si vous vous représentez le rayon par le plomb qui tombe, et si vous supposez que votre œil est le point de la feuille, qui, mu horisontalement, va rencontrer le plomb, vous sentirez que vous devez voir l'étoile suivant une direction oblique, et par conséquent dans un autre lieu que celui où elle est.

Pour donner à cette preuve sensible un tour plus géométrique, supposons que votre œil soit placé au point A, de l'orbite de la terre, que l'étoile que vous observez soit au point C, et qu'ayant tiré la ligne A B, tangente de l'orbite de la terre au point A, votre vîtesse suivant la direction A B, soit à celle de la lumière comme la tangente A B est à la distance de l'étoile C A.

Dans cette supposition, si la particule de lumière, qui part de l'étoile C, étoit portée dans votre œil, suivant les deux directions et les deux vitesses CA et BA, elle parcourroit une diagonale semblable à D A ; car c'est la loi que suit tout corps, lorsqu'il est mu par deux forces, dont les directions forment un angle. Dans ce cas vous verriez donc l'étoile en D, suivant la direction A D.

Mais que la particule de lumière soit portée suivant les deux directions et les deux vîtesses CA et BA, ou que n'ayant que la direction et la vîtesse CA, votre œil aille la rencontrer, suivant la direction et la vîtesse AB, le résultat des directions et des vîtesses combinées sera toujours le même. Dans le second cas comme dans le premier, vous verrez donc l'étoile suivant la direction de la diagonale du parallélograme CA BD.

Comment l'étoile paroit décrire une ellipse.

Dès que le rayon vient à vous obliquement, vous le rapportez obliquement ; il ne peut plus retourner de votre œil à l'étoile, il se dirige un peu à côté. Votre rayon visuel fait donc un angle avec une ligne, qui seroit tirée directement de l'étoile à votre œil; et tournant autour de cette ligne à mesure que vous êtes transporté dans l'orbite de la terre, il décrit une petite ellipse, que l'étoile paroît elle-même décrire.

<small>Que cette ellipse est la base d'un cône, dont le sommet est dans l'orbite même de la terre, ainsi que dans l'œil.</small>

Cette ellipse est la base d'un cône, dont le sommet est dans votre œil. Mais puisque, attendu la distance, l'orbite de la terre n'est qu'un point, cette même orbite est, ainsi que votre œil, le sommet du cône; et votre rayon visuel a décrit ce cône de la même manière, que si partant du centre du plan de l'écliptique, il avoit eu le même mouvement autour de la ligne dirigée à l'étoile.

<small>Comment cette ellipse diffère de celle qu'on apercevroit si les étoiles avoient une parallaxe sensible.</small>

Vous pouvez donc remarquer actuellement la différence qui se trouve entre ces dernières ellipses, et celles que nous avons tracées plus haut, lorsque nous supposions que les fixes ont une parallaxe sensible. Les unes se forment avec un seul cône, les autres se forment avec deux; et par conséquent, pendant que la terre se meut dans son orbite, il faut qu'à chaque instant où vous observez l'étoile, le point auquel vous la rapportez dans les unes, soit tout différent de celui où vous la rapportez dans les autres.

Cette théorie ingénieuse et subtile, qui explique parfaitement toutes les apparences de l'aberration des étoiles, a été reçue avec applaudissement de tous les astronomes, et s'est toujours trouvée conforme aux observations. Vous voyez qu'après avoir cherché dans la parallaxe des fixes une preuve directe du mouvement de la terre, on l'a trouvée dans les aberrations, où on ne la cherchoit pas. Cette théorie démontre également le mouvement progressif de la lumière. Les calculs de Bradley s'accordent même avec ceux qu'on avoit déjà faits; car, selon lui, elle emploie environ huit à neuf minutes à venir du soleil à nous.

Cette découverte confirme le mouvement de la terre, ainsi que le mouvement progressif de la lumière.

Tels ont été les progrès de l'astronomie. Il nous reste à considérer comment ils ont contribué à ceux de la géographie.

Les Grecs avoient laissé la géographie dans un état bien imparfait. Vous pouvez juger ce que c'étoit que leurs cartes, puisqu'Hypparque, qui florissoit entre 168 et

Hypparque a le premier cherché la longitude et la latitude des lieux.

129 avant Jésus-Christ, est le premier qui ait imaginé de déterminer la position des lieux par la longitude et par la latitude.

Il se servoit à cet effet des éclipses de lune.

Vous savez qu'on a les longitudes par l'intervalle qui s'écoule entre les temps, où de deux lieux, placés sous différens méridiens, on observe un même phénomène dans le ciel. C'est que l'angle que forment les plans des deux méridiens donne la distance qu'on cherche, lorsque sa valeur est connue par le temps que le soleil met à passer d'un méridien à l'autre. Hypparque, qui vraisemblablement a le premier connu ce moyen de juger des longitudes, se servoit des éclipses de lune : mais comme il n'avoit pas de mesures exactes du temps, et que ces éclipses sont fort rares, il n'a pas pu ne pas tomber dans bien des méprises.

On doit à Ptolomée les principes de la construction des cartes de géographie.

Environ deux cent cinquante ans après, Ptolomée travailla sur les principes d'Hypparque. Ses cartes sont même les premières où la longitude et la latitude ont été marquées. Cependant, comme les observations lui manquoient presque toujours, il a été obligé de juger de la position des lieux, d'après des moyens très-sujets à erreur. Les astronomes étoient alors fort rares, et on ne connoissoit encore qu'une très-petite partie de l'Asie, de l'Afrique et de l'Europe. Ce qu'on doit sur-tout à Ptolomée, c'est d'avoir le premier donné les principes géométriques de la construction des cartes de géographie, et des diverses projections propres à représenter la terre en tout ou en partie.

Depuis les progrès de l'astronomie dans le dix-septième siècle, la géographie en pouvoit faire également; et elle en fit en effet de rapides, principalement par les travaux de l'académie des Sciences. Il y avoit alors d'habiles astronomes dans toute l'Europe. L'horloge d'Huyghens étoit une mesure exacte du temps; et les satellites de Jupiter, dont la révolution est si courte que chaque jour quelqu'un d'eux s'éclipse, offroient, par leurs immersions et leurs émersions, des phénomènes instantanés, qui sont bien plus propres à déterminer les longitudes que les éclipses de la lune et du soleil. Les tables du mou-

Depuis les progrès de l'astronomie, la géographie se perfectionne, et on détermine mieux les longitudes, depuis qu'on peut observer les éclipses des satellites de Jupiter.

vement de ces satellites, que Cassini avoit construites, dispensoient même d'un second observateur : car il suffisoit d'observer le moment de l'immersion ou de l'émersion, vue dans le lieu dont on vouloit avoir la longitude, avec le moment marqué par Cassini pour le lieu d'où il avoit observé.

Mais on n'avoit pas encore de moyens pour prendre les longitudes sur mer.

Ces moyens sont suffisans sur terre : mais pour les progrès de la navigation, il faudroit pouvoir prendre les longitudes sur mer.

On a sur mer assez exactement l'heure du lieu où l'on est. Il ne restoit qu'à la pouvoir comparer avec celle du lieu d'où l'on est parti; puisque la différence entre l'une et l'autre donneroit la différence en longitude. Si le mouvement de l'horloge n'étoit pas altéré par celui du vaisseau, il suffiroit de s'être embarqué avec une horloge, qu'on auroit réglée sur le midi avant son départ. Mais le pendule même, qui doit régler le rouage, le dérange; parce qu'il ne peut plus faire ses oscillations dans des temps égaux. Huyghens, jaloux de remédier à cet inconvénient, en chercha long-tems le moyen, et crut enfin l'avoir trouvé.

Il publia dans les journaux de Leipsick de 1693, qu'il pouvoit faire décrire au pendule une courbe, avec laquelle il lui conserveroit, même sur mer, le mouvement le plus égal. Malheureusement il mourut peu de tems après avec son secret.

S'il étoit possible d'observer d'un vaisseau les satellites de jupiter, on n'auroit pas lieu de regretter la découverte que Huyghens peut avoir faite. C'est ce que la longueur des télescopes et leur peu de champ ne permettent pas à un observateur toujours troublé par l'agitation de la mer. Vous avez vu comment Maupertuis, après avoir remarqué les défauts des horloges et des télescopes, propose de prendre en mer les longitudes, en observant le moment où la lune fait un triangle avec deux étoiles fixes. En effet, ce seroit un phénomène qu'on pourroit voir à l'œil nud, ou du moins avec une lunette courte et d'un grand champ. Mais, comme il le reconnoît, cette méthode ne sera praticable que lorsque la théorie de la lune aura été perfectionnée. On a depuis peu imaginé une horloge,

Le moment où la lune fait un triangle avec deux fixes y seroit propre si on connoissoit parfaitement la théorie de cette planète.

avec laquelle on peut prendre ces longitudes sur mer.

Picard et Snellius mesurent un degré du méridien par une suite de triangles.

La connoissance de la grandeur de notre globe est sans doute nécessaire à la géographie ; et vous savez qu'elle ne l'est pas moins pour s'assurer du vrai système du monde. On crut qu'il suffiroit de mesurer un degré du méridien, parce qu'on supposoit alors la terre parfaitement sphérique. Picard en fut chargé par l'académie, et il y travailla pendant le cours des années 1669 et 1670. Le résultat fut pour un degré 57060 toises.

Au commencement du dix-septième siècle, Snellius, ce mathémacien dont nous avons parlé, à l'occasion des lois de la réfraction, avoit déjà mesuré un degré du méridien par une suite de triangles liés. Il est même l'auteur de cette méthode simple et exacte. Picard la suivit, et vous en avez vu l'explication dans Maupertuis.

Leurs résultats diffèrent peu l'un de l'autre.

Le degré du méridien, suivant l'ouvrage imprimé de Snellius, est de 55011 toises. Mais il reconnut lui-même avoir fait des erreurs, qu'il corrigea. Cependant il n'eut pas le temps de faire réimprimer son livre ; et on n'a su que long-temps après sa mort que ses corrections donnoient au degré 57033 toises, ce qui diffère peu de la mesure de Picard. Je ne parle pas de celle du père Riccioli, qui, par une méthode peu exacte, a trouvé le degré de 62650 toises. On a depuis fait quelques corrections à la mesure de Picard. Mais je vous ai donné ailleurs l'histoire de toutes les tentatives, qu'on a faites pour déterminer la figure de la terre.

En 1671 et 1672 les académiciens travaillèrent à une carte de la France. Les anciennes étoient si grossièrement faites, qu'elles avançoient la Bretagne de plus de trente lieues dans la mer. Ces terres, que de mauvais géographes avoient ajoutées à la France, ressemblent assez aux conquêtes, qui, à la paix, laissent un royaume dans ses premières limites.

Pendant que ces opérations se faisoient en France, Richer avoit été envoyé à l'île de Caïenne, pour déterminer divers élémens de la théorie du soleil. Il s'agissoit de son entrée dans l'équateur, de sa paral- Richer observe le retardement du pendule à l'équateur. Huyghens et Newton en concluent que la terre est applatie aux poles.

laxe, de la déclinaison de l'écliptique, et de plusieurs autres phénomènes, qu'on observe à notre latitude avec moins de précision, parce que nous voyons le soleil trop obliquement. Ce fut alors qu'il fit l'observation du retardement du pendule; phénomène dont on fut étonné, et qui parut d'abord fort douteux, quoiqu'on eût dû le prévoir, puisqu'il est l'effet de la rotation de la terre. Mais si, dans les temps des hypothèses, on hasardoit volontiers des conjectures, il étoit naturel qu'on devînt plus circonspect depuis qu'on étudioit d'après l'expérience.

Les découvertes, faites jusqu'alors en astronomie, sont les élémens du systême de Newton. Galilée avoit découvert les lois de la chûte des corps; et démontré la courbe qu'ils décrivent lorsqu'ils sont projetés obliquement à l'horison. Képler avoit observé les deux lois que les planètes suivent dans leur cours; Huyghens avoit donné la théorie des forces centrales dans les mouvemens circulaires; et Picard venoit de donner une mesure plus exacte de notre globe. Ces premières découvertes sont les élémens de tout le systême de notre monde; mais pour découvrir ce systême dans ces élémens, il falloit sans doute le génie de Newton. Essayons de saisir par quelle suite d'idées ce philosophe a été conduit de découvertes en découvertes. C'est ce que je me propose dans le chapitre suivant; mais je ne vous donnerai qu'une ébauche imparfaite, et je n'irai pas même bien avant. C'eût été à Newton à nous donner l'histoire de ses pensées; et on doit regretter que les grands hommes tels que lui, se bornant à montrer le terme où ils sont arrivés, négligent de faire connoître le chemin qu'ils ont tenu.

CHAPITRE IX.

De la gravitation universelle découverte par Newton.

<small>Un corps que nous jetons obliquement à l'horison, décrit une courbe.</small>

LA gravité fait décrire une courbe aux projectiles, qui sont jetés obliquement à l'horison, près de la surface de la terre. Cette force aura-t-elle lieu à une plus grande distance? cessera-t-elle tout-à-coup? ou diminuera-t-elle seulement dans une certaine proportion?

<small>La lune seroit-elle donc un projectile?</small>

La lune pourroit donc n'être qu'un projectile, lancé à une certaine distance. Si elle ne pesoit pas vers la terre, elle continueroit à se mouvoir dans une ligne droite. Il se peut donc que la courbe, dans laquelle elle se meut, soit l'effet de sa gravité combinée avec sa force de projection. Dans ce cas elle tomberoit sur la terre, si son mouvement de projectile étoit détruit, et elle observeroit dans sa chûte les lois des corps pesans.

Tout corps qui décrit une parabole à la surface de la terre, tombe à chaque instant; parce qu'il s'éloigne de la tangente, suivant laquelle il continueroit à se mouvoir s'il ne pesoit pas.

En ce cas elle doit tomber: chaque instant, suivant la loi de la chûte des corps.

Or, puisque la lune s'abaisse continuellement au-dessous de sa tangente, elle tombe donc continuellement vers la terre. Il ne reste plus qu'à savoir si les espaces parcourus suivent la loi de la chûte des corps.

L'orbite de la lune est à peu de chose près un cercle, dont le rayon est soixante fois le demi-diamètre de la terre; sa circonférence est donc environ soixante fois la circonférence d'un grand cercle de notre globe.

Or, il est démontré qu'elle gravite suivant cette loi.

Or, d'après les mesures prises d'un degré du méridien, ce cercle a de circonférence 123,249,600 pieds de Paris. En multipliant ce nombre par 60, on aura la circonférence de la lune; et puisqu'elle achève sa révolution dans 27 jours 7 heures et 43 minutes, il sera facile de trouver l'arc qu'elle parcourt dans une minute.

Dès qu'on a cet arc, on a la quantité

de l'abaissement au-dessous de la tangente. Il ne s'agit plus que de calculer. Or, on trouve que dans une minute la lune est tombée de 15 $\frac{1}{17}$ pieds de Paris.

Supposons que la gravité augmente à proportion que le carré de la distance diminue. Dans cette supposition, la lune tombant près de la surface de la terre, parcourroit dans une minute, 60 fois 60 15 $\frac{1}{17}$ pieds. Elle courroit donc dans une seconde une espace moindre de 60 fois 60, c'est-à-dire 15 $\frac{1}{17}$ pieds. Or, cette gravité est précisément la même que celle des corps terrestres. On peut donc présumer qu'un boulet de canon, à la distance de la lune, pèseroit en raison inverse du carré de sa distance ; et que sa gravité seroit moindre de 60 fois 60 ; puisque la lune, à la surface de la terre, graviteroit comme le boulet, et que sa gravité seroit plus grande de 60 fois 60. Cela seul rend déjà assez probable que la gravité augmente et diminue dans la proportion supposée ; et c'est une preuve que la lune obéit, dans son mouvement, aux lois de la gravité, ainsi que les corps qui tombent perpendiculairement sur la terre, ou qui tombent en décrivant une ligne courbe. En effet, elle descend à chaque instant, et il est aussi démontré qu'elle gravite, que si elle tomboit librement jusques sur la terre.

Mais si cela est, toutes les planètes gravitent, puisqu'elles se meuvent toutes dans des lignes courbes ; et par conséquent la gravitation suivra dans chacune les mêmes lois : c'est ce dont il faut s'assurer.

En seroit il de même de toutes les planètes ?

Supposons qu'à une certaine distance du soleil, Mercure soit lancé dans une direction perpendiculaire à celle de la gravité, qui l'attire vers le centre de cet astre ; et que la force centrifuge, qui résulte du mouvement de projection, soit égale à la force centripète qui n'est autre chose que la gravité même. Dans ce cas, il est évident que Mercure décrira un cercle. Car s'il est à chaque instant poussé par une force, qui tend à le faire échapper par la tangente ; il est encore, à chaque instant attiré vers le soleil par une force égale, qui le fait descendre au-dessous de la tangente. Il faudra donc qu'il se meuve circulaire-

Supposition dans laquelle Mercure décriroit une orbite circulaire autour du soleil.

ment, sans pouvoir jamais s'approcher ni s'éloigner du centre de son mouvement.

La force de projection étant la même, la gravité qui le retiendra dans une orbite circulaire, sera plus ou moins grande suivant la distance à laquelle il aura été projeté. Elle sera plus grande, si la distance l'est moins, parce qu'alors l'arc, décrit en temps égal, sera d'autant plus courbe que ce cercle sera plus petit ; et par conséquent Mercure descendra davantage au-dessous de la tangente. Par la raison contraire, la gravité sera moindre si la distance est plus grande.

Mais si la distance demeurant la même, la vitesse de projection étoit augmentée, il seroit nécessaire d'augmenter aussi la gravité, pour retenir Mercure dans le même cercle. Supposons que la projection soit double en vitesse, l'arc parcouru sera double. Or, dans ce cas, comme on le démontre en géométrie, le corps projeté descend quatre fois autant au-dessous de la tangente; il est donc quatre fois autant attiré vers le centre. Donc Mercure, projeté avec une force double, ne peut être retenu dans le même cercle, qu'autant qu'il est attiré vers le soleil avec une gravité quadruple.

La gravité peut prévaloir sur la force centrifuge qui naît de la force de projection, ou la force centrifuge sur la gravité; et dans l'un et l'autre cas, Mercure décrira une ellipse. *Supposition dans laquelle il décrit une ellipse.*

Dans le premier, il doit tomber au-dedans du cercle, s'approcher du soleil à proportion que sa gravité prévaut, et descendre avec un mouvement accéléré. La gravité pourroit prévaloir au point que Mercure tomberoit dans le soleil.

Dans le second cas, cette planète doit être emportée hors du cercle, et s'éloigner du soleil à proportion que sa force centrifuge est plus grande que sa gravité. Cette force pourroit être si supérieure, que Mercure s'éloigneroit toujours.

Supposons que les deux forces soient combinées dans une telle proportion que la planète ne puisse ni tomber dans le soleil ni s'en éloigner continuellement; alors la gravité qui la fait descendre de l'apside supérieure, ne peut que la rapprocher, et en accélérer le mouvement. Or, lorsque le mouvement en ligne courbe s'accélère, la force centrifuge augmente. Elle ira donc toujours en augmentant, jusqu'à ce que Mercure soit arrivé au point où il est le plus près du soleil, c'est à dire à son apside inférieur. Parvenue alors à son dernier accroissement, elle prévaut : Mercure s'éloignera donc du soleil : il remontera donc, avec un mouvement retardé, à son apside supérieure ; d'où sa gravité le fera redescendre, parce qu'elle vaincra sa force centrifuge. C'est ainsi que ces deux forces prévalant tour-à-tour, une planète peut décrire une ellipse.

Quoique de l'apside supérieure, à l'apside inférieure, la force centrifuge aille toujours en augmentant, la planète se rapproche continuellement du soleil, parce que dans toute cette partie de son cours, la gravité continue de prévaloir sur la force centrifuge. Mais le moment où la planète arrive à son apside inférieure, est celui où la force centrifuge va prévaloir à son tour; et quoique cette force aille ensuite en diminuant, elle éloigne la planète et la fait remonter à l'apside supérieure, parce que dans toute cette partie de l'orbite, elle continue de prévaloir sur la gravité, qui l'a vaincue dans l'autre partie et qui va la vaincre encore. Telle est la manière dont ces deux forces se combinent, et sont alternativement supérieures l'une à l'autre.

Il s'agissoit de déterminer dans quelle proportion les forces doivent être combinées pour ramener continuellement une planète d'une apside à l'autre. C'est où Newton entre dans de grandes recherches, et résout les problèmes les plus difficiles. Il nous suffira d'observer, comme un résultat de ses démonstrations, que lorsque la gravité diminue dans la même raison que le carré des distances augmente, une planète, avec quelque force finie qu'elle ait été projetée, est forcée à se mouvoir dans une section conique ; qu'il faut une force de projection déterminée pour l'obliger à se mouvoir dans une ellipse ; et que cette force est différente dans les différentes sections coniques.

Dans la supposition que la gravité diminue dans la même raison que le carré des distances augmente, Newton fait voir comment une planète va continuellement d'une apside à l'autre.

Il n'en seroit pas de même si la gravité *C'est ce qui n'auroit pas lieu,* diminuoit, dans la même raison que le cube des distances augmente. Dans cette supposition, il est démontré qu'un corps projeté avec une certaine force perpendiculairement à l'horizon, s'éloignera toujours avec un mouvement retardé, et ne retombera jamais. Les mêmes principes démontrent que s'il étoit projeté obliquement, il décriroit une spirale, en s'éloignant toujours du centre de gravitation.

Puisque les planètes font leurs révolutions dans des ellipses, il est évident que la gravité n'agit pas en raison inverse du cube des distances. Mais agit-elle en raison inverse du carré, ou dans une moindre proportion? c'est ce qu'il reste à chercher.

Képler a observé qu'un rayon, tiré d'une planète au centre de son mouvement, décrit des aires égales en temps égaux. Or, cette observation est non-seulement une preuve de la gravitation des planètes, elle conduit encore à découvrir la loi que suit la gravité.

Vous savez que des triangles sont égaux, lorsqu'ils ont des bases et des hauteurs égales. Or, supposons un corps qui se meut d'un mouvement égal, dans une ligne droite, il parcourra des espaces égaux en temps égaux, et si nous imaginons un rayon tiré de ce corps à un point fixe, hors de la ligne de projection, ce rayon décrira des aires égales en temps égaux : car tous les triangles ont des bases égales sur la ligne de projection, et ayant tous aussi leur sommet au même point, ils ont encore des hauteurs égales.

Si nous supposons ensuite que ce corps, sans prendre sa première force de projection, reçoive une nouvelle force qui agisse dans la direction du rayon au point fixe ; alors il obéira aux deux, et parcourra une diagonale. Mais les aires seront encore égales en temps égaux : car les triangles auront une base commune sur la première distance du corps au point donné, et ils auront une même hauteur puisqu'ils sont entre les mêmes lignes parallèles.

Que cette seconde force continue d'agir, qu'elle croisse, ou qu'elle décroisse, elle accélérera ou retardera le mouvement du corps: mais elle ne changera rien à la grandeur des aires, qui regagneront d'un côté ce qu'elles perdront de l'autre ; parce que les triangles, formés dans des temps égaux, auront successivement l'un avec l'autre une base commune, et une même hauteur. Les aires seront donc toujours égales ; et la seconde force ne peut que changer la première direction du corps et le faire mouvoir dans une courbe.

Puisqu'il est démontré que les aires sont égales en temps égaux, lorsqu'un corps est toujours dirigé vers un même point ; nous ne pouvons pas douter que l'inverse de cette proposition ne soit également vraie. Il est donc évident qu'un corps, qui se meut dans une courbe, est toujours dirigé vers un même point ; toutes les fois que nous pouvons remarquer cette égalité entre les aires et les temps. En effet, si, dans des temps égaux, il étoit tour-à-tour dirigé à des points différens, les aires seroient nécessairement inégales.

Donc chaque planète, dans son cours, est toujours dirigée vers un même centre.

Or la lune décrit des aires égales en temps égaux autour du centre de la terre : il en est de même des satellites, soit autour de Jupiter, soit autour de Saturne, et des planètes autour du soleil. La lune est donc dirigée vers le centre de la terre, les satellites de Jupiter vers le centre de Jupiter, ceux de Saturne vers le centre de Saturne, et toutes les planètes vers le centre du soleil. Mais cette direction est une loi que suit la gravité dans les corps pesans, puisque nous voyons qu'ils tendent vers le centre de notre globe. La lune, les satellites et les planètes pèsent donc vers le centre de leur révolution. Quelques inégalités qu'on remarque dans leur mouvement et sur-tout dans celui de la lune, confirment cette conséquence, bien loin de la combattre. Car si la lune ne décrit pas des aires exactement égales en temps égaux, c'est qu'elle est tout-à-la fois dirigée vers deux points différens, vers le centre de la terre et vers le centre du soleil. Ces inégalités prouvent même que la gravitation est universelle, c'est-à-dire, que les corps célestes gravitent réciproquement les uns vers les autres ; et tous ensemble vers un centre commun, dont le centre du soleil s'approche, ou s'éloigne suivant leur position.

De ce que la puissance, qui retient les planètes dans leurs orbites, a la même di-

Mais la puissance qui retient les planètes dans leurs

rection que la gravité, j'ai conclu qu'elle est la gravité même. Peut-être cette conséquence est-elle trop précipitée. En effet, il faut encore s'assurer que cette puissance agit avec la même quantité de force : et, si nous le démontrons, elle sera semblable en tout à la gravité, que nous remarquons dans les corps terrestres.

Nous mesurons la force par l'espace parcouru dans un temps donné, et nous observons que les espaces sont comme les carrés des temps. C'est la seconde et la dernière loi que suit la gravité. Or, en supposant que la puissance qui retient les planètes dans leurs orbites, suit encore cette loi, nous nous rendrons raison de leurs révolutions, jusqu'à découvrir dans quelle portion la gravité augmente ou diminue suivant les distances.

L'orbite de la lune ne différant pas beaucoup d'un cercle, on en peut considérer les différentes portions, comme autant d'arcs de même courbure à peu de chose près.

Il est encore certain qu'à proportion que la lune s'approche de la terre, elle se meut avec plus de vitesse. Elle parcourt donc dans des temps égaux un plus grand arc à sa moindre distance qu'à sa plus grande. Elle descend donc davantage au-dessous de la tangente. Elle est donc dirigée vers la terre par une puissance qui agit avec plus de force.

Or, pour prendre le cas le plus simple, supposons que sa moindre distance soit la moitié de sa plus grande. Dans cette supposition, elle parcourroit à son périgée un arc double de celui qu'elle parcourroit dans un temps égal à son apogée : elle tomberoit par conséquent autant au-dessous de la tangente en une minute, dans la partie inférieure de son orbite, qu'en deux dans la partie supérieure. La première loi de Képler le démontre : car si les arcs parcourus n'étoient pas dans cette proportion, les aires ne seroient pas égales en temps égaux.

Supposons ensuite que la lune étant à sa moindre distance, son mouvement de projection fût détruit, elle tomberoit alors autant vers la terre en une minute, qu'elle seroit tombée en deux, si son même mouvement de projection eût été détruit à sa plus grande distance : et dans l'une et l'autre cas elle descendroit avec un mouvement accéléré comme celui des autres corps ; parce que la puissance qui la feroit descendre, agit sans cesse, et peut être considérée comme une multitude d'impressions successives.

Si les espaces que parcourroit la lune en tombant perpendiculairement de son apogée sont les mêmes que ceux que parcourt tout corps dans sa descente, elle devroit tomber en deux minutes quatre fois autant qu'en une, puisque les espaces sont comme les carrés des temps. Par conséquent à son périgée, où nous supposons qu'elle est la moitié moins éloignée de la terre, elle devroit, dans des temps égaux, tomber quatre fois autant qu'à son apogée.

Or si, comme tout les corps qui sont à la surface de la terre, la lune est en effet assujettie à cette loi, elle doit la suivre également, soit qu'elle décrive une orbite, soit qu'elle tombe perpendiculairement. Car la force de projection ne peut pas empêcher l'effet de la puissance qui dirige la lune vers le centre de notre globe : elle peut seulement changer la direction perpendiculaire en une ligne courbe.

Mais nous venons de voir que dans la supposition, où la moindre distance de cette planète seroit la moitié de sa plus grande, elle parcourroit à son périgée des arcs doubles de ceux qu'elle parcourroit dans des temps égaux à son apogée. Elle tomberoit donc quatre fois autant au-dessous de la tangente, puisque tous les arcs qu'elle décrit sont de même courbure : elle parcourroit donc en descendant, quatre fois autant d'espace : la puissance, qui la dirigeroit vers la terre, seroit donc quadruple : elle augmenteroit donc, comme le carré des distances diminueroit ; c'est-à-dire qu'elle seroit comme 4 à 1, lorsque les distances seroient comme 1 à 2.

Nous n'avons choisi cette supposition que pour simplifier davantage ; et il est évident que les mêmes principes ont lieu dans toute autre. Quel que soit donc le rapport qu'il y ait entre la plus petite et la plus grande distance de la lune, il est démontré qu'elle obéit dans sa descente à toutes les lois des corps pesans. Elle gravite donc vers le centre de la terre ; et nous voyons que sa gravité agit en raison inverse du carré des distances.

C'est donc la gravité qui retient la lune dans son orbite.

La même puissance qui fait tomber les corps avec un mouvement accéléré, et qui contenant toutes les parties de la terre autour du centre, les empêche de se dissiper, retient donc encore la lune dans son orbite et l'attire vers la terre, avec une force qui augmente et diminue, comme le carré des distances diminue et augmente.

Or, les observations démontrent qu'il en est de Jupiter, par rapport à ses satellites, et de Saturne, par rapport aux siens, comme de la terre par rapport à la lune.

Or, les observations démontrent que les satellites de Jupiter sont assujettis dans leurs révolutions aux mêmes lois que la lune. Leur gravité est dirigée au centre de leur planète principale, puisqu'un rayon, tiré de chacun d'eux à ce centre, décrit des aires égales en temps égaux. A chaque instant ils tombent au-dessous des tangentes de leur orbite, à proportion que le carré de leur distance diminue.

Jupiter est donc, par rapport à ses satellites, ce qu'est la terre par rapport à la lune. Les mêmes raisonnemens ont lieu dans l'un et l'autre cas ; et puisque les principes sont les mêmes, les conséquences ne sauroient être différentes. Toutes les parties de Jupiter gravitent donc vers un centre commun. C'est cette gravité, qui fait toute la force de leur union ; et qui agissant en raison inverse du carré des distances, retient chaque satellite dans l'orbite qu'il parcourt. Les observations autorisent à dire la même chose de Saturne et de ses satellites.

L'analogie suffiroit pour faire juger des planètes principales, dans le grand système solaire, par les planètes secondaires dans les systèmes de la terre, de Jupiter et de Saturne. Mais l'observation démontre encore que la même loi règle les mouvemens de tous les corps célestes. Car, soit que l'on compare les mouvemens d'une planète avec ceux d'une autre, ou les mouvemens de chacune dans les différentes parties de son orbite elliptique, on découvre qu'elles sont toutes dirigées vers le soleil par une puissance, qui croît comme le carré des distances diminue. Les comètes, qui se meuvent dans des ellipses si excentriques,

Il en est de même du soleil par rapport aux planètes et aux comètes.

ne sont pas une exception à cette loi, puisqu'elles descendent avec un mouvement accéléré, et remontent avec un mouvement retardé, décrivant toujours des aires égales en temps égaux ; et la différence qu'on remarque entre les ellipses des corps célestes, vient uniquement des différens degrés de force avec lesquels ils ont été projetés à certaines distances du soleil. En un mot, c'est le même principe qui les règle tous dans leurs mouvemens, c'est la gravité combinée avec la force de projection ; et les sections coniques dans lesquelles ils se meuvent, ne sont différentes, que parce que les forces avec lesquelles ils ont été projetés, sont différentes elles-mêmes.

La gravitation est un principe universel par lequel les corps célestes s'attirent réciproquement, en raison directe des masses, et en raison inverse du carré des distances.

La gravitation des corps vient de la gravitation des parties dont ils sont composés ; et par conséquent la force de la gravité est à distances égales, comme la quantité de matière. La gravitation est donc mutuelle entre tous les corps célestes; et elle agit en raison directe, si on n'a égard qu'aux masses, comme elle agit en raison inverse, si on a égard aux distances.

C'est une action et une réaction par lesquelles tous les corps se balancent mutuellement. La terre gravite vers la lune de la même manière que la lune gravite vers la terre : il en est de même de Jupiter par rapport à ses satellites, de Saturne par rapport aux siens, des planètes les unes par rapport aux autres, et du soleil par rapport à toutes les planètes. Ces conséquences sont démontrées par les irrégularités qu'on observe dans le mouvement de Jupiter et de Saturne, lorsqu'ils sont en conjonction, et par celles qu'on remarque encore dans le mouvement des lunes de Jupiter, de Saturne et de la terre. Ainsi la gravitation est un principe universel, qui réglant tous les corps célestes dans leurs cours, concilie jusqu'aux mouvemens les plus irréguliers, ou plutôt varie les mouvemens sans produire d'irrégularités réelles, et entretient l'harmonie dans toutes les parties du systéme.

Quand on a prouvé que la gravité suit la raison inverse des carrés des distances ; il ne faut plus que des calculs pour découvrir en quelles raisons sont entr'elles les

La seconde analogie de Képl suit du principe de Newton.

vîtesses des planètes, qui font leurs révolutions à différentes distances d'un centre commun : et c'est de la sorte que Newton a tiré de son principe la démonstration de la seconde analogie de Képler; que les carrés des temps périodiques sont comme les cubes des distances moyennes.

Je m'arrête, Monseigneur : de plus grands détails demanderoient de trop grands calculs. S'il vous reste quelque curiosité, vous trouverez des écrivains qui la satisferont mieux que moi : mais, comme votre précepteur, je crois avoir assez fait, si je vous ai donné une première idée des découvertes d'un grand homme; et vous, comme prince, vous aurez bien d'autres calculs à faire que ceux de Newton, si jamais vous avez un peuple à gouverner. Je n'ai traité dans cette occasion, comme dans beaucoup d'autres, des matières qui sont éloignées de votre genre, que parce que je suis persuadé qu'un prince doit savoir de tout : mais je ne pense pas qu'il doive tout savoir. Bornez-vous donc, Monseigneur, dans ces sortes de recherches, et n'oubliez jamais que votre premier devoir est d'apprendre votre métier. Je ne vous parle pas des découvertes de Newton sur la lumière, parce qu'on en fera quelque jour les expériences devant vous.

CHAPITRE X.

Considération sur le progrès des sciences et sur celui des lettres.

<small>Dès qu'on a su observer, on a été rapidement de découvertes en découvertes.</small>

QUAND on considère le progrès des connoissances depuis Copernic, il semble qu'on voie l'univers se former peu-à-peu.

Remarquez sur-tout, Monseigneur, qu'aussi-tôt qu'on a su observer, on a été conduit de découvertes en découvertes. Le chemin de la verité s'ouvroit enfin : il se frayoit à mesure qu'on avançoit davantage : les vérités à découvrir touchoient les unes aux autres; et elles paroissoient tellement liées, que si nous admirons à juste titre les génies auxquels nous en devons la connoissance, nous sommes étonnés de les voir quelquefois s'arrêter tout-à-coup, et laisser échapper une découverte à laquelle ils touchent.

<small>Newton n'a été plus loin, que parce qu'il a mieux con-</small>

Newton est certainement, de tous les philosophes, celui qui a le mieux connu

cette route, que trace une suite de vérités ou la liaison des vérités.
liées les unes aux autres. Aussi s'est-il élevé aux plus sublimes connoissances. J'en conclus que celui qui a fait une première découverte, est capable d'en faire d'autres, toutes les fois qu'il est doué d'assez de sagacité, pour apercevoir cette liaison dont je parle. Voilà ce qui caractérise l'homme de génie. Il doit ce qu'il est à cette liaison qu'il aperçoit ; et c'est par elle qu'il va rapidement de connoissances en connoissances. Quelques découvertes dues au hasard, comme les télescopes et les microscopes, auroient pu se faire par la seule liaison des idées, si ceux qui portoient des lunettes, avoient su réfléchir sur l'usage dont elles leur étoient. Mais pendant des siècles les savans ont été avides de connoissances, sans savoir en acquérir. Ils ne ressemblent que trop souvent à ces chiens de chasse, qui, avec beaucoup d'ardeur et peu d'odorat sautent par-dessus le gibier sans l'apercevoir. Il faut qu'en faveur de la justesse, ils me passent cette comparaison.

La liaison des idées fait la folie, la raison et toutes les qualités de l'esprit.

Je vous ai fait voir ailleurs que tout l'art d'écrire porte sur le principe de la plus grande liaison des idées ; parce qu'en effet l'art de penser n'a pas d'autre principe lui-même. A proportion que nous sommes capables de suivre cette liaison, notre esprit s'étend davantage : il voit chaque chose à sa place : il embrasse à-la-fois une multitude d'objets : et les apercevant avec netteté, il les expose avec précision.

Plus vous réfléchirez sur l'histoire de l'esprit humain, plus vous vous convaincrez de l'universalité de ce principe. Locke a remarqué que les fausses liaisons d'idées font la folie, et il s'est arrêté là. Il étoit cependant facile de conclure que la vraie liaison des idées fait la raison ; et en réfléchissant un peu sur cette conséquence, ce philosophe eût vu que ce principe est l'unique cause de toutes les qualités de l'esprit.

Ce chemin étoit certainement le plus court pour découvrir l'universalité de ce principe ; et vous croirez, peut-être, que c'est celui que j'ai pris. Point du tout : je ne fais presque que de m'en apercevoir; et actuellement que je suis arrivé, je vois que j'ai fait de grands détours.

Il y a des hommes de génie, qui ne paroissant pas suivre la trace que laisse la liaison des idées, semblent penser de grandes choses comme par inspiration. Mais lorsqu'on rapproche leurs vues, on voit facilement comment ce qu'ils ont dit de mieux tient à ce qu'ils ont dit de bien; et comment ils ont été conduits, à leur insu, par le seul principe qui fait bien penser. Je crois que s'ils avoient connu ce principe, ils n'auroient presque dit que de bonnes choses; et qu'on ne trouveroit pas dans leurs écrits des vues hasardées, des idées mal déterminées, des notions trop généralisées et des pensées fausses.

Ceux qui pensent comme par inspiration, obéissent à leur insu au principe de la plus grande liaison des idées.

C'est ce principe qui a guidé tous les bons esprits au renouvellement des lettres, et qui les a ramenés au vrai, lorsque les Grecs de Constantinople les avoient égarés dans une érudition pédante. Alors toutes les sciences et tous les arts firent à-la-fois des progrès rapides. On en est étonné; et cependant il seroit bien plus étonnant que

C'est ce principe qui a guidé les bons esprits, et les a rendus capables de perfectionner à-la-fois toutes les sciences et tous les arts.

le génie, qui avoit appris à se conduire dans quelques genres, n'eût pas su se conduire également bien dans tous. Puisque toutes nos études tiennent les unes aux autres, elles doivent s'éclairer et contribuer mutuellement à leurs progrès. La marche de l'esprit est la même dans chacune : l'objet change seulement ; et quiconque sait apprendre une chose, et sait comment il l'a apprise, est capable d'en apprendre beaucoup d'autres.

Les arts et les sciences commencent en Italie parce que le goût s'y forme avec la langue ;

La langue italienne s'est perfectionnée la première. Aussi c'est en Italie que les beaux-arts ont commencé avec le goût ; et Galilée eût donné à sa patrie la gloire d'être le berceau de la vraie philosophie, si l'Allemagne n'avoit pas produit Copernic, Tycho-Brahé et Képler.

Tandis qu'en France eût la langue étoit grossière, parce qu'on y manquoit de goût, il n'y avoit encore ni arts ni sciences.

La France, encore grossière et barbare, n'avoit proprement ni langue, ni arts, ni sciences, lorsqu'au seizième siècle, l'érudition grecque et latine s'y répandit. Cette révolution devoit accroître, et accrut la barbarie, parce qu'on n'étoit pas capable de chercher dans les anciens une élégance qu'on ne sentoit pas. C'étoit assez de faire connoître qu'on les avoit lus, et avec quelque peu de choix qu'on puisât dans leurs écrits, on étoit sûr de se faire une grande réputation.

La langue étoit pauvre et maniée par des esprits qui ne savoient pas penser : elle le paroissoit encore plus qu'elle ne l'étoit. Si les mots manquoient quelquefois, si les constructions étoient dures et embarrassées, si les expressions figurées étoient exagérées et sans goût, en un mot, si le style n'avoit ni netteté, ni précision, c'étoit plus la faute des écrivains que de la langue même. En effet, le français de ce siècle a des graces dans Marot et dans Amiot, qu'il ne faut pas confondre avec leurs contemporains : mais le pédantisme grec et latin permit rarement de les imiter.

On est étonné que François Ier, que les savans appellent le père des lettres, parce qu'il les protégea, n'en ait pas encore été le restaurateur. Il les eût sans doute fait fleurir davantage, s'il les eût protégées avec plus de discernement ; mais il encouragea la fausse érudition plus que le goût, et ses successeurs suivirent son exemple. Lorsque les princes n'ont pas des lumières

> Aussi François Ier ne peut pas être le restaurateur des lettres.

au-dessus de leur siècle, ils estiment sur parole, et ils se laissent égarer par le public qui se trompe.

Ronsard.........
Réglant tout, brouilla tout, fit un art à sa mode,
Et toutefois long-temps eut un heureux destin :
Mais sa muse, en français, parlant grec et latin,
Vit, dans l'âge suivant, par un retour grotesque,
Tomber de ses grands mots le faste pédantesque.

Mauvais goût des Français dans le seizième siècle.

Ce Ronsard, né sous François Ier, en 1525, a vécu sous les règnes de Henri II, de François II, de Charles IX et de Henri III. Comblé des bienfaits, et même de l'amitié de ces princes, sur-tout de celle de Charles IX, il fut regardé lui-même comme le prince des poëtes. Les savans applaudirent à ses vers, parce qu'ils y trouvoient du grec et du latin; et lorsqu'il mourut, en 1585, toutes les muses le célébrèrent à l'envi. Vous pouvez juger, à cette réputation éclatante, du goût qui dominoit dans le seizième siècle.

C'est ce qui nuisoit au progrès des lettres.

On pourroit croire que les guerres civiles et sur-tout les disputes de religion, auroient nui aux progrès des lettres. Il est vrai que tout ce qui sortoit des écoles, étoit très-capable de corrompre le goût, s'il y en avoit eu ; et que les questions qu'on agitoit avec enthousiasme, et pour lesquelles on s'égorgeoit, ont dû entraîner beaucoup d'esprits, qui auroient pu s'appliquer à d'autres études avec plus de succès. Mais la principale cause du peu de progrès des lettres, c'est le mauvais goût, surchargé d'une érudition pédante. Il étoit répandu par-tout, il régnoit à la cour parmi les vices ; et il ressembloit tout - à - fait aux mœurs.

Les guerres et les disputes de religion n'ont point empêché de cultiver la poésie. Le seiziéme siècle a produit un grand nombre de poëtes. Recherchés par les grands, protégés par les souverains, chéris même par Charles IX, qui se piquoit de faire des vers, il ne leur manquoit que du goût pour perfectionner leur art. Ils n'en auroient eu que trop d'occasion dans ces temps malheureux, où, parmi les horreurs et les crimes, on s'occupoit continuellement de galanterie, de fêtes et de plaisirs ; mais le fanatisme étouffoit tout sentiment

Car les guerres et les disputes de religion n'empêchoient pas de les cultiver.

d'humanité, permettoit-il de sentir avec cette délicatesse qui caractérise le vrai goût ?

Enfin Malherbe vint. Il connut le premier le caractère de notre langue ; il l'assujettit aux règles du bon sens ; et tout-à-coup il se fit dans les lettres une révolution semblable à celle qu'éprouvoit alors la philosophie. Ronsard et ses semblables tombèrent dans le mépris, non par un retour grotesque, comme dit Despréaux, mais par un changement très-judicieux. Les bons esprits se hâtèrent d'entrer dans la route qui leur étoit ouverte : le dix-septième siècle produisit de grands poëtes et de grands orateurs, comme de grands philosophes : en un mot, tous les arts, toutes les sciences, cultivés à-la-fois et avec le même discernement, se perfectionnèrent ensemble. Je ne vous dirai rien de ces écrivains célèbres qui ont fixé notre langue : assez d'autres ont disserté sur leurs ouvrages. Il vaut mieux les lire, et vous en avez déjà lu plusieurs.

Lorsque nous eûmes de meilleurs écrivains, nous fimes une étude plus parti-

culière de notre langue : étude qui devint
à la mode plus qu'aucune autre, parce
qu'elle paroissoit à la portée du plus grand
nombre. Il parut des volumes d'observations sur le langage, et ces questions,
souvent frivoles, faisoient les délices des
conversations. Cette manie donna naissance à ce qu'on nomma *les Puristes*.

Avant le dix-septième siècle, on écrivoit
sans règles, et les poëtes se permettoient
tout, sous prétexte de licence. Depuis on
tomba dans l'excès opposé, et on voulut,
avec des règles arbitraires, mettre des entraves au génie. C'est que les grammairiens
qui entreprirent de se rendre les législateurs
du langage, n'avoient pas le goût des hommes
de talens, qui se contentoient de bien
écrire, sans donner leurs observations sur
la langue. Ils calquèrent la grammaire latine : ils prirent pour règle, que ce qui n'a
pas été dit, ne peut pas être dit, sur le
principe que l'usage est le seul maître des
langues ; et en conséquence tout nouveau
tour leur parut vicieux, ou du moins hasardé. Ils ne s'apercevoient pas qu'une

Et les grammairiens qui se firent les législateurs du langage, donnèrent des entraves au génie.

langue ne peut se perfectionner qu'autant que l'usage change lui-même. Ils ne s'apercevoient pas même qu'ils étoient à la fin contraints d'approuver des expressions qu'ils avoient d'abord condamnées ; et ils continuoient de dire qu'il ne faut employer que celles dont on s'est déjà servi.

<small>L'analogie est l'unique règle pour juger si on...</small> L'analogie est l'unique règle. Quand on la connoît, on peut se permettre tous les tours qui ne s'en écartent pas. C'est ce qu'ont fait les grands écrivains, qui ont enrichi notre langue. Peut-être même l'auroient-ils enrichie davantage, si la pédanterie des grammairiens ne les avoit pas quelquefois rendus timides. Racine est un de ceux à qui elle a le plus d'obligation.

<small>L'érudition tendoit à perpétuer le mauvais goût.</small> Pendant que le langage et la philosophie se perfectionnoient, l'érudition, toujours pédante, tendoit à perpétuer le mauvais goût. Il est vrai qu'on étudioit l'histoire avec un peu de critique : les disputes de religion en avoient fait une nécessité. Mais la prévention aveugle pour l'antiquité subsistoit dans toute sa force : on continuoit de prodiguer l'érudition : on ne raisonnoit

que par autorité : on ne pensoit que d'après les anciens ; et on jugeoit uniquement sur leur parole.

Alors les partisans des anciens et les partisans des modernes formèrent deux sectes, qui se traitèrent réciproquement avec mépris. Elles élevèrent une dispute qui a duré jusqu'à nos jours. Ils s'agissoit de savoir à qui la préférence est due des anciens ou des modernes : question qui n'a jamais été bien traitée, parce que les partisans des anciens n'avoient lu que les anciens, et que les partisans des modernes étoient de beaux esprits, qui ne connoissoient pas les progrès que la philosophie avoit faits de leur temps. Les vrais philosophes ne se mêlèrent jamais dans cette dispute, ils étoient sans doute trop sûrs d'avoir l'avantage pour ne pas dédaigner d'entrer en lice.

On demanda si la préférence est due aux modernes; et ce fut une grande dispute.

Les érudits accoutumés à raisonner sur des hypothèses, à l'exemple des sectes anciennes, étudièrent l'histoire avec cet esprit, et expliquèrent jusqu'au temps fabuleux avec des suppositions. Etoient-ils embarrassés sur un fait, sur une

Les érudits cherchèrent dans les hypothèses ce que les monumens ne leur apprenoient pas, et la critique se formoit lentement.

époque, sur une généalogie, ils faisoient une hypothèse, et ils la donnoient pour l'histoire même. Ils n'avoient pas encore appris que pour être historien, il faut des monumens, comme il faut des observations pour être philosophe. Nous avons déjà eu occasion de remarquer que, lorsque les philosophes étoient mauvais, les critiques ne l'étoient pas moins. Aujourd'hui que la vraie philosophie est plus répandue, la critique en est devenue meilleure ; et l'on commence à reconnoître qu'on ignore l'histoire d'un temps, quand les événemens n'ont pas laissé de traces. Mais ceux qui les premiers ont élevé des doutes contre la crédule érudition, ont causé de grands scandales.

La critique étant plus saine, on pourroit étudier aujourd'hui l'antiquité avec plus de fruit. Mais il est à craindre qu'on ne tombe dans un autre excès ; et qu'après avoir porté l'érudition jusqu'au pédantisme, on ne la néglige tout-à fait.

Ordres des progrès de l'esprit en différens genres.

D'après cet exposé de l'histoire des sciences et des lettres, vous voyez que le goût a commencé avec l'étude des langues vulgaires; qu'il s'est perfectionné, lorsqu'il avoit déjà fait assez de progrès pour puiser avec discernement dans les anciens, que la vraie philosophie se montrant presque aussitôt, nous avons eu de bons philosophes après avoir eu de bons poëtes; et que la saine critique a été la dernière à se former.

CHAPITRE XI.

Des progrès de la politique.

Il importe à un prince de se faire une idée complète de la politique.

IL est une science qui étoit fort imparfaite avant le dix-septième siècle, qui l'est encore à bien des égards, et qui se perfectionne tous les jours, au moins quant à la théorie : c'est la politique.

En étudiant les différens gouvernemens, et en observant la conduite des bons et des mauvais princes, vous avez déjà pu vous faire quelque idée de cette science. Cependant vous ne sauriez dire tous les objets qu'elle embrasse. L'idée que vous en avez est donc incomplète, et il s'agit aujourd'hui de vous en faire une plus étendue.

Double objet de la politique.

La politique peut être considérée par rapport aux nations étrangères, et par rapport aux peuples qu'on a à gouverner.

Objet de la politique par rapport aux nations étrangères.

L'objet de la politique, par rapport aux nations étrangères, est d'en connoître le droit public, le gouvernement, les forces, les intérêts, les préjugés, les mœurs, les vues, les moyens et le caractère de ceux qui ont part à l'administration.

Par rapport aux peuples à gouverner, la politique embrasse encore un plus grand nombre d'objets. Tels sont les mœurs, les préjugés, l'industrie et le nombre des citoyens; l'étendue des terres, leur valeur et les moyens de l'améliorer ; les lois, les abus qui se sont introduits, les changemens à faire, les obstacles auxquels on doit s'attendre, et la conduite à tenir pour les vaincre; l'agriculture, la milice, les finances, le commerce, les arts; en un mot, toutes les parties économiques.

Son objet par rapport aux peuples à gouverner.

Puisque le souverain doit également sa protection à tous les citoyens ; il est de sa politique de protéger toujours également l'industrie qui les fait vivre. Tous les arts qui contribuent au bien commun, ont plus ou moins de droits à la faveur, à proportion qu'ils sont plus ou moins utiles à la société entière. C'est l'utilité générale que l'homme d'état doit toujours se proposer : il ne seroit ni juste, ni prudent de la sa-

Elle doit embrasser toutes les parties de l'économie.

crifier à l'utilité de quelques membres, et d'oublier les arts généralement utiles ou nécessaires, pour ne s'occuper que des arts moins utiles ou frivoles. Vous voyez que l'économie publique demande un génie vaste, qui connoisse tout, qui pèse tout, et qui dirigeant tous les ressorts du gouvernement, les entretienne dans une harmonie parfaite.

Les hommes d'é-tat ne réussiront jamais mieux qu'en laissant faire.

Il seroit difficile, ou plutôt impossible de trouver un pareil génie. Les hommes d'état, les mieux intentionnés et les plus habiles, ont fait des fautes par ignorance ou par précipitation, tant il est difficile de tout voir et de tous combiner, sans tomber quelquefois dans l'erreur. Tel excelle dans des parties, qui est médiocre dans d'autres ; et il se trouve naturellement porté à sacrifier les choses qu'il sait moins conduire, aux progrès de celles qu'il conduit mieux. Mais les hommes d'état ne nuisent jamais plus, que lorsqu'ils veulent se mêler de tout. Il seroit plus sage de se borner à prévenir les abus, et d'ailleurs de laisser faire. Sans doute qu'ils tiendroient tous cette conduite, s'ils vouloient toujours le bien, et s'ils connoissoient mieux les ressorts de l'économie publique.

Voilà, Monseigneur, l'étude à laquelle vous devez principalement vous appliquer. Comme un duc de Parme a peu d'intérêts à démêler avec les nations, vous pouvez vous borner à une connoissance imparfaite de la politique, qui règle la conduite de souverain à souverain : mais vous ne devez jamais négliger de connoître les choses qui peuvent contribuer à la meilleure administration, si vous voulez être un jour en état de faire le bonheur d'un peuple, que vous êtes destiné à gouverner.

Je viens de vous donner une idée générale des différentes parties de la politique. Voyons maintenant quels ont été les progrès de cette science.

Il ne s'agit pas de chercher ce que les anciens philosophes ont écrit sur cette matière. Bornés à la morale et à la législation, ils ne se sont pas appliqués aux autres parties de l'économie politique, et ils ont d'ordinaire fondé leurs systèmes sur des principes qu'ils n'avoient pas pris dans la na-

Les anciens philosophes ne se sont pas appliqués à toutes les parties de l'économie politique.

ture de l'homme. Vous ayant suffisamment entretenu de leurs opinions, nous jugerons aujourd'hui de l'état de la politique en considérant la conduite des peuples.

<small>Les nations de l'Asie n'ont jamais pu avoir d'idée de la vraie politique.</small> Les nations de l'Asie, accoutumées de tout temps au despotime, n'ont pu se faire que des idées fausses du droit naturel et du droit des gens. Les révolutions, auxquelles elles étoient exposées, nuisoient d'autant plus aux progrès du gouvernement, qu'elles les assujettissoient à des barbares, qui ne connoissoient d'autre vertu que le courage. La paix, qui succédoit à ces révolutions, amolissoit les conquérans, et en même-temps étouffoit dans le vaincu des lumières, dont le vainqueur faisoit peu de cas. On se conduisoit uniquement d'après les coutumes que l'usage paroissoit consacrer, et dont on s'étoit fait une habitude, sans les avoir examinées. Enfin le joug de la superstition, qui entretenoit l'ignorance, ne laissoit pas la liberté de penser; et le monarque adoré sur son trône, ne connoissoit d'autre loi que sa volonté. Or, est-il possible qu'un peuple, qui ne sent que la nécessité de céder à la force, se fasse

des idées du droit naturel ; et qu'un despote qui, se voyant maître d'un vaste empire, croit n'avoir à redouter aucune puissance, soupçonne qu'il a des devoirs à remplir envers ses sujets, et des ménagemens au moins à garder avec les nations voisines ? Il ne faut donc pas s'attendre à trouver les commencemens de la politique parmi les peuples de l'Asie.

Les Grecs se trouvèrent dans des circonstances plus heureuses, lorsque, las des désordres, il demandèrent des lois aux esprits les plus éclairés. Une expérience qui tâtonne, introduit les abus, comme les réglemens les plus sages : elle les autorise, elle les multiplie, elle permet rarement de les corriger. Les républiques de la Grèce, formées par des législateurs, se gouvernèrent par des lois plutôt que par des coutumes. Leur législation, ouvrage du génie, ne fut pas uniquement l'effet lent des circonstances. Elles s'éclairèrent mutuellement ; et elles eurent de bonne heure pour citoyens des hommes d'état. Voilà pourquoi les Grecs sont de tous les peuples de l'anti-

De tous les peuples anciens, les Grecs sont ceux qui ont eu les idées plus saines sur le droit naturel.

quité payenne, ceux qui ont eu les idées les plus saines sur le droit naturel.

Cependant au temps de Solon la morale étoit à sa naissance.

Cependant au siècle même de Solon, la morale n'étoit encore qu'à sa naissance. Elle se bornoit à quelques maximes, exprimées avec précision; et il ne paroît pas qu'on l'eût assez approfondie pour en développer tout le système. La célébrité que les sept sages acquirent par leur apophthegmes, prouve assez que la morale étoit une science toute nouvelle pour les Grecs. Il faut même convenir que la plupart de ces sentences n'étoient pas ignorées des Barbares: mais il semble que la connoissance qu'en avoient les Egyptiens, les Chaldéens et autres, bornée à la spéculation, fût réservée aux savans. Les Grecs, au contraire, enseignoient la pratique de ces maximes, parce qu'ils les pratiquoient. Ils ont trouvé par l'applaudissement, avec lequel ils les ont reçues, qu'ils étoient capables de connoître et d'aimer la vertu, et ils ont été vertueux.

Les Grecs ont connu le droit des gens, mais non

Le droit des gens ne leur étoit pas inconnu. Comme chaque république étoit foible par elle-même, et que celles qui ac- *pas dans toute son étendue.* quéroient le plus de puissance, avoient des temps de foiblesse ; elles eurent toutes souvent occasion d'éprouver qu'au lieu de se nuire, elles doivent se donner mutuellement des secours, et s'opposer de concert à toute entreprise injuste. Les foibles sont faits pour réclamer la justice, et pour s'en faire des idées plus exactes.

Une chose a pu contribuer encore à donner aux Grecs une idée aussi saine du droit des gens; c'est qu'ils se regardoient en quelque sorte comme un seul peuple sorti d'une même famille. Mais ils n'étendoient pas ce droit des gens aux barbares. Ils les traitoient au contraire comme des ennemis naturels, contre lesquels ils se croyoient tout permis. Cette erreur pouvoit avoir pour cause le mépris qu'ils concevoient pour les autres nations, et les injustices qu'ils en avoient reçues.

Les républiques de la Grèce, en consi- *Ils ont mieux connu l'art de négocier.* dérant leur position et leurs intérêts, apprirent encore l'art de négocier, et de contracter des alliances pour maintenir une sorte d'équilibre entr'elles. Cet art passa chez les Perses, lorsqu'ils eurent éprouvé les forces des Grecs. Le grand roi employa les négociations, et s'occupa des moyens de diviser des peuples qu'il craignoit de voir réunis contre lui. Philippe de Macédoine usa dans la suite du même artifice pour les subjuguer.

<small>Ils n'ont pas eu des principes sur toutes les parties de l'économie publique.</small>
Les progrès du commerce et des arts sont une preuve que les gouvernemens de la Grèce n'ont pas négligé l'économie politique. Je doute cependant qu'aucune république eût un plan qui en développât toutes les parties; et il me paroît qu'à cet égard les Grecs n'avoient pas de science fondée en principes, mais seulement des connoissances pratiques dues à l'expérience.

<small>Les Romains n'ont connus ni le droit naturel ni le droit des gens;</small>
Un gouvernement, conquérant par sa constitution, ne permet pas de remonter aux vrais principes du droit naturel et du droit des gens. Aussi les Romains ne les ont-ils point connus. Presque toujours supérieurs en forces, s'ils ont voulu par prudence paroître justes, ils ont rarement senti le besoin de l'être en effet. Conduits par les circonstances, ils se sont trouvés dans le chemin de l'ambition, et ils l'ont

suivi. L'art militaire a été l'unique étude à laquelle ils aient été portés par la nature du gouvernement, en sorte qu'ils n'en pouvoient pas faire d'autres sans s'écarter de l'esprit qui dominoit dans la république. Bons soldats, ils pouvoient vaincre avec de mauvais généraux par l'effet de la discipline seule, et ils en ont souvent eu de bons. Enhardis par leurs succès, ils se persuadèrent bientôt que les dieux les destinoient à l'empire du monde. Dès-lors toutes leurs entreprises parurent justes à leurs yeux.

Ils ont peu connu l'art de négocier, parce qu'une puissance dominante commande et négocie peu, ou du moins ne négocie qu'autant qu'elle a intérêt de paroître respecter les droits des nations. D'ailleurs les peuples foibles venoient d'eux-mêmes au-devant du joug; et se croyant protégés contre leurs ennemis, ils aidoient à les subjuguer, pour être bientôt subjugués eux-mêmes.

Et fort peu l'art de négocier.

Les cités voisines osèrent d'abord résister; mais n'ayant pas su réunir leurs forces, elles firent des efforts inutiles. Quelques-unes commencèrent à rechercher l'alliance du

Ce sont les peuples mêmes qui leur ont appris comment ils dévoient se conduire, pour les subjuguer les unes par les autres.

vainqueur, soit par l'impuissance de conserver autrement quelque espèce de liberté, soit dans l'espérance de partager avec lui les dépouilles des vaincus. Cet esprit gagna peu-à-peu toute l'Italie. Il devoit se répandre à mesure que les armes des Romains feroient de plus grands progrès. Les cités les plus belliqueuses suivirent donc les unes après les autres l'exemple de celles qui s'étoient soumises les premières. Elles oublièrent insensiblement qu'elles avoient une patrie, et elles n'eurent plus d'autre ambition que d'être Romaines. Ce fut dans ces circonstances que la république s'aperçut qu'elle avoit des peines et des récompenses pour se les attacher, et la conduite habile qu'elle tint, fut moins son ouvrage que celui de tous les peuples d'Italie.

Ils n'ont eu que des usages pour conduire les différentes parties de l'économie publique.

Pauvres d'abord parce qu'ils ne connoissoient pas les richesses, et asez riches parce que cette ignorance les rendoit sobres, les Romains commencèrent à piller des peuples aussi pauvres qu'eux ; et cet amour du pillage croissant avec les conquêtes, ils s'enrichirent enfin des dépouilles des nations. La guerre suppléa au commerce qu'ils ne connoissoient pas; et ils ne transportèrent les arts à Rome, que parce que les arts étoient une partie des dépouilles des peuples subjugués. Si vous parcourez donc leur histoire, vous reconnoîtrez qu'ils n'ont jamais été dans le cas d'approfondir toutes les parties de l'économie politique; et que par conséquent, bien loin de songer à en former un corps de science, ils ne se sont conduits à cet égard qu'après des coutumes.

La barbarie, qui avoit commmencé avec la décadence de l'empire romain, couvrit enfin toute l'Europe. Vous ne vous attendez pas à trouver des notions du droit de la nature et des gens, ni les vrais principes d'une sage administration parmi des nations féroces, qui ne connoissent d'autres lois que la force. Si quelquefois elles ont été conduites par de grands hommes, tels qu'un Théodoric le Grand et un Charlemagne, elles ont été heureuses, sans être capables de remonter aux principes de leur bonheur; et l'art de gouverner paroissoit un secret réservé à quelques génies, bien supérieurs à leur siècle.

Les Barbares, qui ont envahi l'empire d'Occident, ignoroient absolument tout ce qui peut contribuer au bonheur des sociétés civiles.

Le désordre s'accrut avec le gouverne-

Ils se portèrent aux derniers excès.

et ils parurent s'y autoriser par la religion même.

ment féodal, et fut porté au comble lorsque la puissance ecclésiastique foula aux pieds les lois qu'elle devoit faire respecter par son exemple. On n'eut plus aucune idée du droit de la nature et des gens; il ne resta aucune trace du droit public, on viola sans remords la foi des traités ; souvent même on s'y crut autorisé par le souverain pontife; les nations ne connurent plus de lien ; les sujets oublièrent la fidélité qu'ils devoient à leur prince ; l'assassinat des rois fut regardé comme une action pieuse ; et les maximes les plus monstrueuses, enseignées par des prêtres, prirent la place d'une religion, qui n'aime que la justice et la paix. Ces abus continuèrent et se multiplièrent jusqu'au dix-septième siècle, et finirent par des guerres de religion, où le fanatisme et l'ambition armèrent les peuples et les citoyens, et répandirent des flots de sang dans toute l'Europe.

Depuis deux siècles elles faisoient des ligues sans objet, et s'armoient sans dessein.

Il y avoit deux siècles que les nations s'observoient mutuellement. Elles négocioient, elles traitoient, elles s'allioient. Mais ces alliances n'étoient que des ligues formées sans objet, et conduites sans dessein. Les passions, toujours aveugles, régloient les démarches des souverains, qui ne connoissoient ni leurs intérêts, ni leurs forces, ni leurs droits ; et cependant l'Europe étoit baignée de sang.

Il étoit temps de remédier à des désordres, qui, ruinant le vainqueur comme le vaincu, faisoient le malheur général de l'Europe. Il s'agissoit de montrer aux peuples ce qu'ils se doivent les uns aux autres, et de combattre par conséquent l'ignorance, les préjugés et la superstition qui les armoient.

Il étoit temps de leur apprendre ce que les nations se doivent les unes aux autres.

Pour remplir cet objet, il falloit créer une science qu'il étoit bien difficile d'enseigner aux nations. Grotius osa le premier le tenter, dans son *droit de la guerre et de la paix*; ouvrage auquel il travailla les premières années de la guerre de trente ans, et qu'il publia en 1625.

C'est ce que Grotius se proposa dans son Droit de la guerre et de la paix.

L'Allemagne, qui cherchoit alors des secours pour défendre sa liberté contre les entreprises de Ferdinand II, trouva bientôt après dans Gustave-Adolphe un héros et un conquérant. De ce moment ses provinces furent continuellement ravagées, autant

Cet ouvrage devoit avoir, et eut un grand succès en Allemagne.

par ses propres troupes, que par les armées étrangères, qui erroient les unes et les autres, comme des hordes dans un pays, où tout seroit au premier occupant. Il n'y avoit donc point alors de nation, qui sentît mieux le besoin d'un droit des gens, établi sur de bons principes, et généralement reconnu. Aussi l'ouvrage de Grotius eut-il en Allemagne le plus grand succès; il y fut enseigné dans les écoles, et il eut de bonne heure le sort des livres anciens, c'est-à-dire, qu'il fut fort commenté et fort obscurci.

Pourquoi Grotius donne à cet ouvrage le titre Droit de la guerre et de la paix.

Quoique Grotius eût pour objet d'établir les principes du droit naturel, du droit des gens et du droit public, et de résoudre d'après ces principes les questions qui intéressent le bonheur des peuples, il intitula son ouvrage *le droit de la guerre et de la paix*. Il parut par-là se renfermer dans un plan moins étendu que celui qu'il se proposoit : mais il usa de cet artifice, parce qu'il écrivoit dans un temps où ce titre devoit, plus que tout autre, attirer l'attention des puissances de l'Europe. Il eut la gloire d'avoir pour lecteur le grand Gustave, qui desirant de s'attacher un écrivain dont il estimoit les talens, étoit au moment de l'appeler à son service, lorsqu'il fut tué en 1632 à la bataille de Lutzen. Peu de temps après, le chancelier Oxenstiern, qui ne l'estimoit pas moins, se fit un devoir de se conformer aux intentions du roi son maître, et nomma Grotius ambassadeur de Suède à la cour de France.

L'estime de Gustave et celle d'Oxenstiern suffisent pour déterminer la vôtre. Grotius est en effet un homme de génie, qui commence à répandre la lumière. Malgré les progrès que faisoit l'esprit humain, les puissances de l'Europe, dans la plus grande ignorance des matières qu'il traite, ne songeoient pas même à s'en instruire; et il semble leur enseigner l'art de défricher des terres, que la barbarie avoit jusqu'alors laissées sans culture. Cependant ses principes ne sont pas toujours exacts; il ne les développe pas assez; il manque de méthode. Il raisonne avec profondeur mais il est difficile de le suivre, par ce qu'il n'a pas su saisir cet ordre simple, qui ne se trouve que dans la plus grande liaison

Cet ouvrage est digne d'éloges et critiques.

des idées, et qui rejette tout ce qui est superflu. Enfin il embarrasse ses raisonnemens, en produisant l'érudition pour les éclaircir, et il juge d'après l'autorité, quoiqu'il fût capable de mieux juger par lui-même. Malgré ces défauts, qui sont ceux de son siècle, son ouvrage mérite d'être étudié. Il a créé une science qui seroit la plus utile si elle étoit connue ; et il a éclairé ceux qui, après lui, s'y sont appliqués avec plus de succès.

Hobbes, plus méthodique, se fit sur la même matière, des principes d'après son éducation et d'après les circonstances où il vivoit.

Ses vues étoient saines : on n'en peut pas dire autant de Thomas Hobbes. Génie pénétrant, celui-ci eût été fait pour développer les principes du droit de la nature et des gens, s'il eût été capable de raisonner sans prévention. Il avoit de l'ordre, de la méthode, de la netteté, de la sagacité : mais bien loin d'être en garde contre les préjugés, que l'éducation lui avoit donnés, et que les circonstances où il vivoit, nourrissoient en lui, il ne fit un système que pour les établir. Naturellement porté aux paradoxes, il secoua tout-à-fait le joug de l'autorité : il crut juger par lui-même, lorsqu'il posa des principes, qui choquoient les idées les plus reçues. et il les prit pour des vérités, parce qu'ils le confirmoient dans des opinions qu'il avoit adoptées sans examen.

Né en Angleterre, en 1588, et ayant vécu jusqu'en 1679, Hobbes vit naître les dissentions sous les Stuarts, et fut témoin des guerres qui déchirèrent sa patrie. Les maximes des épiscopaux, dans lesquelles il avoit été élevé, lui inspiroient de la haine contre les presbytériens; et l'animant d'un zèle outré pour la monarchie, elles lui faisoient voir dans le monarque une puissance de droit arbitraire, sans bornes, et dont la volonté seule a force de loi. Les malheurs de l'Angleterre, qu'il attribuoit à la démocratie, le confirmèrent dans cette pensée. Il crut que l'autorité illimitée du prince étoit absolument nécessaire pour maintenir la tranquillité dans l'état; jugeant que la paix dépend du commandement, le commandement des armes, et que les armes ne peuvent assurer l'obéissance, si elles ne sont entre les mains d'un seul.

Afin d'établir le despotisme, il cherche

gine un état de nature, et il met le droit dans la force seule. les principes du droit dans un état de nature, qu'il imagine comme un état de guerre de tous contre tous; et il se représente le droit que chacun a de se conserver, comme un droit qui s'étend sur tout, même sur les personnes. Dans cette hypothèse, il est évident que tout est au plus fort, que la force seule fait le droit, et que par conséquent l'autorité la plus injuste devient légitime, si elle est soutenue par la force.

Cependant pouvoit-il persuader aux peuples de se soumettre lorsqu'il leur représentoit le souverain comme un despote de droit? Hobbes auroit dû voir que ses principes pouvoient être aussi favorables à Cromwel qu'à Charles Ier. Si d'ailleurs il eût remarqué que la puissance arbitraire, que s'arrogeoient les Stuarts, avoit été le prétexte de la révolte des presbytériens; il auroit jugé que ces rebelles n'étoient pas faits pour croire au despotisme, et que le moyen de les ramener à l'obéissance n'étoit certainement pas de leur offrir sans déguisement un despote dans le souverain. Les ouvrages dans lesquels cet écrivain établit sa doctrine, sont le traité du Citoyen et son Léviathan. Le premier parut en 1642, et l'autre quelques années après.

Le droit de la nature et des gens, que Pufendorff publia en 1672, est plus méthodique et mieux raisonné, que tout ce qu'on avoit fait jusqu'alors en ce genre. Cet écrivain judicieux, avec moins de génie que Grotius et que Hobbes, a mieux réussi, parce qu'il a su profiter des erreurs de l'un et de l'autre, comme de leurs lumières. Cependant il n'avoit point encore assez de philosophie pour développer et rassembler toutes les parties de cette science dans l'ordre le plus exact, et d'après les principes les plus simples.

<small>Pufendorff a mieux réussi que Grotius et que Hobbes, quoique son ouvrage soit encore bien imparfait.</small>

On a beaucoup écrit depuis sur le droit de la nature et des gens ; et les questions les plus importantes me paroissent suffisamment éclaircies, si les puissances de l'Europe veulent être équitables. Mais après vous avoir montré cette science dans ses commencemens il seroit inutile de vous parler de tous les écrivains qui en ont cultivé quelques parties: car il vous importe bien plus d'étudier leurs ouvrages, que de savoir ce que j'en pense. Je vous les indiquerai, quand il en sera temps; et je vous préparerai à les lire avec fruit, autant du

<small>Depuis on a beaucoup écrit sur les mêmes objets, et on a traité toutes les parties de l'économie publique.</small>

moins que j'en serai capable. C'est dans le dix-huitième siècle qu'on s'est sur-tout appliqué à ce genre d'étude, et qu'on a plus travaillé pour votre instruction. Aucun des objets de la politique n'a été oublié. On a écrit sur les gouvernemens, sur les lois, sur les finances, sur le commerce, sur les manufactures, sur l'agriculture, sur l'art de la guerre, en un mot sur toutes les parties de l'économie publique. Je ne vous citerai que *l'esprit des lois* de M. de Montesquieu, ouvrage où il y a des grandes vues et beaucoup de génie.

CHAPITRE XII.

Des progrès de l'art de raisonner.

Il vous paroîtra peut-être étonnant, que j'aie oublié de faire l'histoire de la métaphysique : mais c'est que je ne sais pas ce qu'on entend par ce mot. Aristote, croyant créer une science, s'avisa de ramasser toutes les idées abstraites et générales, telles que l'être, la substance, les principes, les causes, les relations, et d'autres semblables. Il considéra toutes ces idées dans un traité préliminaire, qu'il appela *sagesse première*, *philosophie première*, *théologie* etc. Après lui Théophraste, ou quelque autre péripatéticien, donna le nom de métaphysique à ce ramas d'idées abstraites. Voilà donc la métaphysique : c'est une science où l'on se propose de traiter de tout en général, avant d'avoir rien observé en particulier, c'est-à-dire, de parler de tout, avant d'avoir rien appris : science

<small>Ce que c'est que la métaphysique des péripatéticiens.</small>

vaine, qui ne porte sur rien, et qui ne va à rien. Puisque nous nous élevons des idées particulières aux notions générales, celles-ci ne sauroient être l'objet de la première des sciences.

C'est à l'analyse à nous conduire de découvertes en découvertes.

Comme il est nécessaire d'analyser les objets pour nous élever à de vraies connoissances; il faut absolument mettre de l'ordre dans nos idées, en les distribuant dans des classes différentes, et en donnant à chacune des noms, auxquels nous les puissions reconnoître. C'est-là tout l'artifice des notions plus ou moins générales. Si les analyses ont été bien faites, elles nous conduisent de découvertes en découvertes ; parce qu'en nous montrant comment nous avons réussi, elles nous apprennent comment nous pouvons réussir encore. Le caractère de l'analyse et de nous conduire par les moyens les plus simples et les plus courts.

Elle est la vraie méthode de toutes les sciences. On pourroit la nommer métaphysique.

Cette analyse n'est pas une science séparée des autres. Elle appartient à toutes, elle en est la vraie méthode, elle en est l'ame. Je la nommerai métaphysique, pourvu que vous ne la confondiez pas avec la science première d'Aristote.

Cette métaphysique n'est pas même la première science. Car sera-t-il possible d'analyser bien toutes nos idées, si nous ne savons pas ce qu'elles sont et comment elles se forment ? Il faut donc avant tout en connoître l'origine et la génération. Mais la science qui s'occupe de cet objet n'a pas encore de nom, tant elle est peu ancienne. Je la nommerois psychologie, si je connoissois quelque bon ouvrage sous ce titre.

Elle suppose que nous connoissons l'origine et la génération de toutes nos idées : science nouvelle qui n'a point de nom.

Comme on n'a fait de bonnes grammaires et de bonnes poétiques, qu'après avoir eu de bons écrivains en prose et en vers; il est arrivé qu'on n'a connu l'art de raisonner qu'à proportion qu'on a eu de bons esprits, qui ont bien raisonné dans différens genres. Vous pouvez juger par-là que cet art a fait ses plus grands progrès dans le dix-septième et dans le dix-huitième siècles.

L'art de raisonner ne s'est perfectionné que dans le dix-septième et dans le dix-huitième siècles;

En effet, la vraie méthode est due à ces deux siècles. On l'a d'abord connue dans les sciences, où les idées se forment naturellement, et se déterminent presque sans difficulté. Les mathématiques en sont la preuve. On n'a pas été aussi heureux dans

Plus promptement dans les mathématiques, plus lentement dans les autres sciences.

les sciences, dont l'objet ne tombe pas sous les sens ; parce qu'il n'étoit pas aussi facile de déterminer le nombre et la qualité des idées qui entrent dans la composition de chaque notion complexe. Telle est la politique. Aussi est-il arrivé à Grotius et à Pufendorff de déterminer souvent mal leurs idées, et d'être par conséquent dans l'impuissance d'analyser bien les sujets qu'ils traitent.

<small>Avant le renouvellement des lettres on ne le connoissoit pas.</small>

Je n'ai pas le courage de vous parler de ceux qui, avant le renouvellement des sciences, ont tenté d'enseigner l'art de raisonner. Si des Tartares vouloient faire une poétique, vous pensez bien qu'elle seroit mauvaise, parce qu'ils n'ont pas de bons poëtes. Il en est de même des logiques qui ont été faites avant le dix-septième siècle.

<small>Ce n'est que vers la fin du seizième siècle qu'on a pu en donner des régles.</small>

Il n'y avoit alors qu'un moyen pour apprendre à raisonner ; c'étoit de considérer les sciences dans leur origine et dans leurs progrès. Il falloit, d'après les découvertes déjà faites, trouver les moyens d'en faire de nouvelles; et apprendre en observant les égaremens de l'esprit humain, à ne pas s'engager dans les routes qui conduisent à l'erreur. Une pareille entreprise demandoit un génie sage, juste, étendu. Tel fut Bacon, chancelier d'Angleterre.

Né en 1561, il a été contemporain de Képler et de Galilée, il a vécu sous les règnes d'Elisabeth et de Jacques Ier, et il est mort en 1626, la seconde année du règne de Charles Ier.

C'est ce que Bacon entreprend dans son ouvrage du Rétablissement des sciences.

Son grand ouvrage a pour titre : *Du rétablissement des sciences*. Fait pour les embrasser d'un coup-d'œil, et pour y répandre la lumière, il guide l'esprit humain, que les Grecs avoient égaré, et à qui la barbarie et la superstition paroissoient avoir fermé pour toujours le chemin de la vérité. Dans le plan qu'il trace des sciences, il montre les progrès qu'elles ont faits et les causes qui les ont retardées; il enseigne les moyens de contribuer à leur avancement, et d'en écarter l'erreur ; il indique les recherches qui ont été négligées jusqu'à lui ; il crée de nouveaux objets d'étude; en un mot, il semble mettre sous les yeux, comme dans un tableau, toutes les découvertes qui ont été faites, et toutes celles qui restent à faire. Tel est l'objet de la première partie de son ouvrage, qu'il intitule : *De l'accroissement des sciences.* C'est en observant les sciences dans ce point de vue, qu'il découvre l'unique méthode à suivre ; il l'expose dans son *novum organum*, la seconde et la principale partie de son ouvrage.

Reproches qu'on lui fait, et qu'on peut lui faire.

On lui reproche de changer la signification des mots, d'en créer de nouveaux, et d'affecter un langage qui n'est qu'à lui. Il pouvoit user de cette liberté, puisqu'il avoit des vues toutes neuves : mais il est vrai qu'il en abuse quelquefois. C'est encore avec fondement qu'on se plaint des subdivisions qu'il multiplie trop. Je ne sais même, si, en divisant les sciences et les arts par rapport aux trois facultés de l'entendement, la mémoire, l'imagination et la raison, il a suivi l'ordre le plus simple et le plus naturel. Cette division est au moins tout-à-fait arbitraire, et il me semble qu'il eût été mieux de considérer les sciences en elles-mêmes : car on les confond, quand on les distingue par rapport à trois facultés, qui ne s'occupent pas d'objets tout-à-fait différens, et dont au contraire le concours est nécessaire dans toutes nos études. Je pourrois ajouter que le nombre de trois, auquel on réduit les facultés de l'entendement, n'est pas lui-même une division exacte. Ce n'est que le résultat d'une analyse, grossièrement faite : résultat qu'on reçoit par convention, et qu'on rejetteroit si on analysoit mieux.

Lorsque je me propose de vous faire connoître la méthode de Bacon, mon dessein n'est pas de traduire son *novum organum*, ni même de vous en donner une analyse complète. J'en extrairai seulement les choses qui vous montreront la marche de l'esprit de ce philosophe, et qui vous apprendront à guider le vôtre. Afin d'exciter votre attention, supposez que c'est lui qui va vous parler. Réflexion de ce philosophe sur la méthode.

« Les hommes ne connoissent bien ni Excès où tombent ceux qui veulent s'instruire.
» leurs richesses, ni leurs forces ; jugeant
» celles-là plus grandes qu'elles ne sont,
» et celles-ci plus petites. Tantôt persuadés
» que tout a été dit, et que nous sommes
» venus trop tard pour prétendre à des dé-
» couvertes ; ils croient savoir tout ce qu'il
» est possible de connoître, et ils estiment

» sottement jusqu'à des sciences qu'ils n'en-
» tendent pas. D'autres fois se méfiant
» trop d'eux-mêmes, ils désespèrent de
» pénétrer dans la nature, qui leur paroît
» incompréhensible, et ils se consument
» dans des occupations frivoles. On diroit
» que les Grecs, et après eux les Barbares,
» ont élevé des colonnes au dernier terme
» où ils sont arrivés; et nous avons la sim-
» plicité de croire que nous ne pouvons
» pas aller plus loin.

Les observations et les expériences doivent être nos seuls guides dans la recherche de la Vérité.

» Les arts se perfectionnent, les pro-
» grès en sont même rapides, tandis que
» les sciences n'avancent pas, ou que même
» elles dégénèrent. Elles ont été long-temps
» comme des eaux jaillissantes, qui ne
» peuvent s'élever au-dessus du niveau d'où
» elles sont tombées. C'est ainsi qu'elles ont
» jailli chez les Romains : mais chez les bar-
» bares elles ont peu jailli, encore ont-elles
» été fort bourbeuses. Il n'en a pas été tout-
» à-fait de même des arts, parce que les ar-
» tistes, forcés à prendre l'expérience pour
» guide, peuvent toujours trouver de nou-
» velles ressources dans la nature : res-
» sources dont les philosophes sont privés,

» parce qu'ils ne consultent que leurs pré-
» jugés et leur imagination.

» Il faut donc se soumettre à la nature
» pour s'en rendre maître. On ne la connoît
» qu'autant qu'on observe : et puisque nous
» ne pouvons pas la forcer à être telle que
» nous l'imaginons, c'est à nous à la voir
» telle qu'elle est. Peut-être ne se cache-t-elle
» pas autant qu'on le pense ; ou du moins
» elle ne se cache souvent que pour se
» faire découvrir. Elle joue en quelque
» sorte avec nous ; et se moquant de ceux
» qui la cherchent où elle n'est pas, elle
» se laisse volontiers saisir par ceux qui
» l'épient.

» Après avoir jeté un coup-d'œil sur *Mais les philo-*
» quelques effets, les philosophes se sont *sophes ont mieux aimé penser com-*
» hâtés de faire des principes généraux : *me par inspira-tion.*
» et comme si la vérité devoit leur être
» révélée par une inspiration intérieure,
» ils ont interrogé leur imagination, et ac-
» commodant la nature à leurs principes,
» ils ont rendu des oracles.

» Mais il ne faut pas croire que par *Ils ressemblent*
» cette voie, l'esprit humain puisse s'élever *à des hommes qui tenteroient d'dres-ser un obélisque*
» à de vraies connoissances. Si dans les *sans le secours d'aucune machine.*

» mécaniques les hommes n'avoient em-
» ployé que leurs mains, comme dans les
» sciences ils n'ont employé que leur esprit,
» les arts seroient encore à créer. En effet,
» pourroit-on, par exemple, sans le se-
» cours des machines dresser un obélisque,
» quand même on multiplieroit les bras,
» quand on choisiroit les plus forts ? Com-
» ment donc les génies, quoique choisis,
» quoique en grand nombre, avanceront-
» ils dans les sciences, si, dénués de tout
» secours, ils sont abandonnés à eux-
» mêmes.

Il faut d'autres machines que les règles des syllogismes pour aider l'esprit.

» Il semble qu'on ait senti la nécessité
» d'une bonne méthode; mais on y a pensé
» trop tard, et lorsque l'esprit, imbu des
» préjugés, avoit déjà contracté toutes
» sortes de mauvaises habitudes. La dia-
» lectique n'a jamais été propre à le cor-
» riger : elle l'entretient plutôt et le con-
» firme dans ses erreurs, parce que ce
» n'est qu'un jargon qui apprend à disputer
» sur tout, et qui n'apprend point à se
» faire des idées. Il faut d'autres machines
» que les règles des syllogismes pour aider
» l'esprit.

» Il seroit ridicule de prétendre faire
» mieux qu'on a fait, si nous n'avions pas
» d'autres moyens que ceux qui ont été
» employés jusqu'à présent. Mais si con-
» noissant la foiblesse de notre esprit, nous
» l'aidons des secours dont il a besoin, il
» sera raisonnable de se promettre plus
» de succès. Celui qui élève de grands
» poids avec un levier, ne se pique pas
» d'être plus fort que celui qui se sert
» seulement de ses bras. Nous n'avons
» donc pas la vanité de nous croire supé-
» rieurs en génie : mais le hasard nous a
» fait trouver un levier, et nous nous pro-
» posons de nous en servir.

» Il s'agit d'abord d'écarter les préju- *Il faut d'abord écarter les préjugés.*
» gés, espèces d'idoles, dont l'ignorance
» et la superstition font l'objet de notre
» culte. Non-seulement les préjugés nous
» ferment le chemin de la vérité ; mais
» encore, lorsque nous y sommes enga-
» gés, ils s'offrent continuellement à nous,
» semblables à ces fausses lueurs, qui se
» montrent dans les ténèbres, et qui nous
» égarent.

» Les premiers préjugés sont ceux que 1. *espèce de pré-*

jugés, idola tribus.

» je nomme *idola tribus*. Il y a des dé-
» fauts de famille dans les maisons des
» princes : et il est difficile de s'en défaire ;
» on ne le veut pas même, parce qu'on
» croiroit dégénérer. La famille d'Adam
» est dans le même cas : elle a des préjugés
» qui nous sont communs à tous. Il faudroit
» être quelque chose de plus qu'homme,
» pour n'y point participer ; comme il
» faudroit être quelque chose de plus que
» prince, pour n'en avoir pas quelques
» défauts.

» Les préjugés de famille sont en grand
» nombre, parce qu'ils sont fondés sur la
» nature de l'entendement, qui, d'ordi-
» naire, accommode tout à lui, au lieu
» de s'accommoder aux choses. Trop pa-
» resseux pour analyser la nature, nous
» nous hâtons d'abstraire, et de nous faire
» des principes généraux : nous supposons
» des ressemblances parfaites, lorsqu'au
» premier coup-d'œil nous ne voyons pas
» des différences ; nous imaginons un cer-
» tain ordre, que nous nommons régu-
» lier, parce que nous le concevons plus
» facilement : nous aimons à juger d'après

» les premières impressions que nous avons
» reçues dans l'enfance, trouvant plus
» commode de les prendre pour règles que
» de les rappeler à l'examen : nous nous
» arrêtons sur les choses qui nous frappent
» immédiatement les sens, pour n'avoir
» pas la peine de porter la vue au-delà ;
» enfin toujours jouets de nos passions,
» si elles changent, nous ne tenons plus à
» nos opinions ; si elles ne changent pas,
» nous y tenons avec opiniâtreté. C'est que
» notre esprit qui se repose dans ces prin-
» cipes généraux, dans ces ressemblances,
» dans cet ordre prétendu régulier, dans
» les impressions de l'enfance, et en gé-
» néral dans tout ce qui lui plaît, croit
» n'avoir plus rien à chercher. Telles sont
» les principales causes des *préjugés de*
» *famille.*

» Une autre espèce de préjugés, que je [1]
» nommerai *idola specus*, ont leurs
» sources dans le tempérament de chaque
» individu, dans son éducation, dans ses
» habitudes, et dans les circonstances
» particulières, ou même fortuites où il
» s'est trouvé. Par ce concours de causes,

[1] espèce, *idola specus*.

» qui produit une infinité de préjugés
» différens, notre entendement devient
» comme un antre obscur, où la lumière
» ne pénètre jamais, et où nous prenons
» des ombres pour des choses réelles.

3.e espèce, idola fori.

» Dans le commerce que les hommes
» ont entre eux, ils se communiquent
» mutuellement des préjugés que chacun
» se fait à soi-même, et que je nomme
» *idola fori.* Ces préjugés viennent du vice
» des langues, qui est tel, que nous fai-
» sons prendre à ceux qui croient juger
» comme nous, des opinions que nous
» n'avons pas. Car les mots que l'usage
» fait, sont si mal déterminés, qu'on a sou-
» vent bien de la peine à saisir notre pen-
» sée, et que nous en avons tout autant à
» l'expliquer. On croit corriger ce défaut
» avec des définitions. Mais les définitions
» sont composées de mots; en sorte qu'il
» arrive que les mots ne produisant que des
» mots, nous nous embarrassons de plus
» en plus. Combien de questions, d'opi-
» nions et de disputes sont nées du seul
» abus du langage ?

4.e espèce, idola theatri.

» Enfin il y a des préjugés qui nous

» viennent des chefs de secte, et que j'ap-
» pelle *idola theatri*; parce que les sys-
» tèmes philosophiques ne sont que des
» fables, ainsi que les pièces qu'un poëte
» met sur le théâtre. Seulement les phi-
» losophes observent un peu moins les
» règles de la vraisemblance.

» Il seroit impossible de faire l'énuméra-
» tion de tous nos préjugés, et même inu-
» tile de le tenter; car il suffit de les con-
» sidérer dans leurs causes, pour apprendre
» à s'en garantir. On voit alors qu'il faut
» commencer par douter, et que notre
» doute doit se répandre sur toutes nos
» idées sans exception. Elles doivent
» toutes nous paroître suspectes; parce
» que si nous en conservions quelques-
» unes sans les avoir examinées, elles
» pourroient nous jeter dans de nouvelles
» erreurs, et donner naissance à de nou-
» veaux préjugés. Il faut donc considérer
» l'entendement humain comme une table
» rase, où nous avons tout effacé, et où
» il s'agit de graver d'après de bons dessins.

Pour détruire tous ces préjugés, il faut commencer par douter et regarder notre entendement comme une table rase.

» Nous terminerons nos idées dans de
» justes proportions, si commençant aux

Comment nous déterminerons les idées que nous

» perceptions qui viennent immédiatement
» des sens, nous nous élevons par degrés
» d'abstractions en abstractions, sans ja-
» mais perdre de vue les choses que nous
» entreprenons d'analyser. Il faut que l'es-
» prit s'appuie toujours sur les faits : l'expé-
» rience et l'observation sont comme des
» poids qui doivent sans cesse le ramener
» à la nature et l'empêcher de prendre
» trop d'essor.

» Je dis l'expérience et l'observation :
» car il ne suffit pas d'observer la nature
» dans le cours qu'elle suit d'elle-même et
» librement ; il faut encore la violenter
» par des expériences, la tourmenter, la
» vexer.

» Les faits que nous aurons recueillis
» nous conduiront d'abord à des axiômes
» peu généraux. Ces axiômes nous indi-
» queront des expériences et des observa-
» tions, qui ayant été faites, nous décou-
» vriront de nouveaux faits ; et ces faits,
» suivant l'analogie qu'ils auront avec les
» premiers, étendront ou limiteront les
» axiômes, et les détermineront avec pré-
» cision.

» Si nous allons de la sorte des faits
» aux axiômes, et des axiômes aux faits,
» pour remonter encore aux axiômes, et
» ainsi continuellement, nous généralise-
» rons avec ordre, et nos principes, puisés
» dans la nature, offriront des idées exactes
» que l'expérience ou l'observation aura
» déterminées. Il faut sur-tout monter et
» descendre par degrés, sans jamais se
» lasser dans cette route pénible, sans ja-
» mais franchir d'intervalle. Car le chemin
» de la vérité, étant rempli de haut et de
» bas, il est plus sage de descendre pour
» remonter, et de ramper en quelque sorte
» sur les faits, que de s'élancer de hauteur
» en hauteur. Ceux qui veulent s'élever
» tout-à-coup au plus haut, n'y arrivent
» jamais. »

Voilà, Monseigneur, la manière dont Bacon étudioit la nature. Il s'est sur-tout appliqué à la philosophie expérimentale. Il en a été le restaurateur, ou plutôt le créateur : car si avant lui on avoit des morceaux d'histoire naturelle, ce n'étoient que des matériaux pour la philosophie naturelle, qu'on ne connoissoit pas encore. Depuis ce

Bacon a ouvert la route à ceux qui se sont appliqués à l'histoire naturelle.

philosophe cette science n'a fait des progrès, qu'autant qu'on s'est tenu dans la route qu'il avoit ouverte.

Je viens de vous donner une idée bien abrégée de sa méthode, et quoique j'aie tâché d'en conserver l'esprit, j'avoue que je vous l'ai exposée à ma manière, qui n'est pas la meilleure en elle-même, mais qui doit être plus à votre portée, parce que vous y êtes plus accoutumé. Il semble que j'aurois dû joindre des exemples aux préceptes : mais il sera bien mieux que vous en trouviez vous-même ; et vous en trouverez, si vous cherchez dans votre mémoire avec quelque attention.

Le préjugé des idées innées n'a pas permis à Descartes de raisonner dans toutes les sciences aussi bien qu'en géométrie.

Descartes a perfectionné l'art de raisonner en géométrie. Les autres sciences ne lui ont pas la même obligation. Il a reconnu, comme Bacon, qu'il faut commencer par douter de tout ; mais il s'est trouvé fort embarrassé dans son doute, parce que croyant que les idées sont innées, il n'imaginoit pas les devoir refaire. Il s'est donc vu dans la nécessité de continuer de douter, ou de raisonner d'après ses préjugés, et il a pris ce dernier parti.

La principale règle qu'il s'est faite, et *Insuffisance de la principale règle qu'il s'est faite.* que ses sectateurs font valoir comme un grand principe, est qu'il faut s'assurer de l'évidence, et ne rien affirmer que sur des idées claires et distinctes. Cependant ni lui, ni aucun cartésien n'a su nous apprendre à quel signe on peut reconnoître l'évidence, ni comment nos idées sont claires et distinctes. Cela n'est pas étonnant, puisqu'ils ne savent pas même dire ce que c'est qu'une idée. Ils n'en parlent au moins que d'une manière fort vague. Ils se sont, sur-tout, égarés en physique, par ce qu'ayant négligé l'observation et l'expérience, ils se sont hâtés de voler aux principes, et ils ont bâti des systèmes. Ils auroient dû étudier Bacon.

Ce dernier philosophe regrettoit que *Locke a entrepris de graver l'entendement humain.* personne n'eût encore entrepris d'effacer toutes nos idées, et d'en graver de plus exactes sur l'entendement humain, comme sur une table rase. Locke ne laisse plus lieu à de pareils regrets. Persuadé qu'on ne peut connoître l'esprit qu'en observant, il s'est ouvert et frayé une route, qui n'avoit point été battue avant lui. Il a pu former ce dessein et tenter de l'exécuter, en considérant les progrès que les sciences devoient de son temps à l'expérience et à l'observation : mais il a la gloire que ses découvertes n'ont été préparées par aucun de ceux qui avoient écrit avant lui sur l'entendement humain.

<small>Objet de son ouvrage.</small> Après avoir démontré qu'il n'y a point d'idées innées, il remonte à l'origine de nos idées, il en explique la génération, il analyse l'entendement, il montre l'abus des mots, il fait voir l'usage qu'on en doit faire, il indique les moyens d'étendre nos connoissances, il écarte les obstacles qui s'y opposent ; il mesure les différens degrés de certitude, et il marque les bornes de l'entendement.

<small>Combien je dois à ce philosophe.</small> Si je me suis fait, pour vous instruire, une méthode simple et claire, si j'ai réussi à vous donner des connoissances, ou du moins à vous préparer à en acquérir; c'est à ce philosophe, Monseigneur, que j'en ai sur-tout l'obligation, puisque c'est lui qui a le plus contribué à me faire connoître l'esprit humain. Je ne puis pas dire, comme il l'auroit pu lui-même, que personne ne

m'a ouvert la route dans laquelle je suis entré : car il me l'a ouverte et même applanie dans bien des endroits. Je ne suis que plus embarrassé à vous parler de ce grand esprit ; parce que si je le critique, on m'accusera de le vouloir déprimer; et si je le loue, on formera contre r d'autres soupçons. Il faut bien cepe que je vous dise ce que j'en pense. ferai en peu de mots, et je ne m'appesantirai ni sur les critiques, ni sur les louanges.

Ses ouvrages font son éloge. *L'essai sur l'entendement humain* est celui qui a le plus de rapport au sujet de ce chapitre. Il est neuf pour le fond et en général pour les détails; et Locke y montre une sagacité singulière, soit qu'il observe, soit qu'il raisonne d'après ses observations. Mais il manque d'ordre : en négligeant de mettre les choses en leur place, il tombe dans des répétitions; il ne rapproche pas les observations qui peuvent s'éclairer mutuellement ; il n'en recueille pas toutes les conséquences; il laisse échapper des vérités, qu'il sembloit devoir saisir ; et il devient

Éloge et critique de son ouvrage.

quelquefois obscur et même peu exact. L'analyse qu'il donne de l'entendement humain est imparfaite. Il n'a pas imaginé de chercher la génération des opérations de l'ame : il n'a pas vu qu'elles viennent de la sensation, ainsi que nos idées, et qu'elles ne sont que la sensation transformée : il n'a pas observé que l'évidence consiste uniquement dans l'identité, et il n'a pas connu que la plus grande liaison des idées est le vrai principe de l'art de penser. Il touchoit presque à toutes ces découvertes ; et il eût pu les faire, s'il eût traité son sujet avec plus de méthode.

Ce philosophe a reconnu une partie des défauts que je reproche à son ouvrage : mais, comme il le dit lui-même, il n'avoit pas le courage de le recommencer. Cependant ce qu'il avoit fait étoit peut-être plus difficile que ce qu'il laissoit à faire, et d'ailleurs avec un génie fait pour vaincre les obstacles, il n'auroit pas dû se décourager. Il naquit en Angleterre en 1632, et mourut en 1704.

CHAPITRE XIII.

De l'utilité des sciences.

Quoiqu'on ait beaucoup écrit pour et contre les sciences, ce chapitre sera court : car il y aura peu de choses à dire, si nous établissons bien l'état de la question.

La lumière est le caractère de la vraie science : il ne faut donc pas regarder comme sciences ce que les Sophistes enseignoient avant Socrate, et ce que les sectes grecques ont enseigné depuis ce philosophe.

<small>Quel est le caractère de la vraie science.</small>

Ces fausses sciences ont passé chez les Romains, où elles ont continué d'être fausses ; et chez les barbares où elles sont devenues tout-à-fait monstrueuses. Elles n'avoient éclairé ni les Grecs ni les Romains, elles aveuglèrent tout-à-fait les barbares ; et nous voyons croître les désordres, à mesure que ce qu'on appeloit science, se défigure davantage. Alors les

<small>Les sciences ténébreuses des barbares n'ont été que des fléaux.</small>

choses en viennent au point, que les hommes ne conservent aucune idée de leurs devoirs. Entraînés par leur avidité, enhardis par le sentiment de leurs forces, tour-à-tour intimidés et rassurés par la superstition, ils ne paroissent avoir de réflexion, qu'autant qu'il en faut pour se rendre criminels. Il faut donc regarder toutes ces sciences ténébreuses, comme autant de fléaux de la société.

Les vraies sciences sont utiles, parce qu'elles éclairent.

Mais demander si les vraies sciences sont utiles, c'est demander s'il est avantageux d'être éclairé : question qui mérite à peine une réponse.

La science du gouvernement est celle que les Grecs ont le mieux connue, parce que c'est celle sur laquelle ils ont eu le plus de lumières : cependant cette science est la seule à laquelle on n'ait pas donné le nom de science. Formées par des législateurs éclairés, les républiques de la Grèce ont été heureuses et florissantes. Les lumières leur ont donc été utiles.

Les Romains, conduits uniquement par les circonstances ont été moins éclairés. Cependant la forme du gouvernement qui dirigeoit leurs études, leur a fait apprendre tout ce qu'il leur importoit de savoir, comme citoyens d'une république conquérante. Les lumières leur ont donc encore été utiles. Mais ils ont eu le malheur de créer la jurisprudence ; fausse science que les Grecs ne connoissoient pas.

Le règne de Constantin est le temps où le jour est sur sa fin, et où la nuit va commencer. Les ténèbres s'épaississent de siècle en siècle. Les étincelles que jettent quelques hommes de génie, ne peuvent pas les dissiper ; et les peuples sont toujours plus malheureux.

Enfin la lumière reparoît au seizième siècle. Elle croît d'abord lentement : mais elle ne cesse pas de croître, et elle éclaire enfin toutes les nations. Alors les disputes cessent insensiblement ; les sectes disparoissent ou se tolèrent ; le fanatisme s'éteint ; les guerres de religion n'ensanglantent plus la terre : il paroît même qu'il ne doive plus naître d'hérésies, ou que s'il en naît elles troubleront peu le monde, parce qu'elles n'auront pas de grands succès.

Les lumières ou les vraies sciences nous ont donc aussi été utiles.

Plus de lumières nous rendroit plus heureux.

Quel seroit le siècle le plus heureux ? celui où les princes seroient assez éclairés, pour mettre eux-mêmes des bornes à leur puissance, et pour reconnoître que les guerres ruinent à la longue les vainqueurs et les vaincus : vérité que l'Europe devroit avoir apprise.

Toutes les vraies sciences tendent directement ou indirectement à l'avantage de la société.

On dira peut-être que les lumières ne tendent pas toutes à l'avantage de la société; et je conviens qu'elles n'y tendent pas toutes immédiatement. Mais celles qui paroissent y contribuer le moins, y contribuent d'une manière indirecte. C'est que toutes les sciences, quand elles sont vraies, s'éclairent mutuellement. Les découvertes en apparence les plus utiles, si nous les devons à l'observation, nous apprennent au moins à observer et à raisonner; et le politique s'instruit à l'école du philosophe, qui ne croit pas lui donner des leçons sur le gouvernement. Vous pouvez remarquer que si on étudie aujourd'hui avec succès l'économie politique, cette étude a été préparée par les lumières de la philosophie, qui l'ont précédée.

Je ne parlerai point du bien ni du mal que font les arts. La discussion seroit trop longue, et d'ailleurs l'histoire vous en instruira mieux que moi. Elle vous en a montré les avantages et les inconvéniens. Ils sont utiles en général : mais il faut beaucoup de discernement dans le prince qui les protège ; parce qu'ils ne sont pas tous de la même utilité, et que ceux qui sont utiles dans certaines circonstances, peuvent être nuisibles dans d'autres. Au reste quoique les arts de goût puissent être plus ou moins protégés suivant le besoin, ils ne doivent jamais être tout-à-fait bannis ; si, comme je l'ai fait voir, l'esprit ne s'éclaire qu'après que le goût s'est formé.

Il n'en est pas de même de tous les arts.

CHAPITRE DERNIER.

Des obstacles qui s'opposent encore aux bonnes études.

<small>Les études se ressentent encore des siècles d'ignorance où l'on en fit le plan.</small>

LA manière d'enseigner se ressent encore des siècles où l'ignorance en forma le plan : car il s'en faut bien que les universités aient suivi les progrès des académies. Si la nouvelle philosophie commence à s'y introduire, elle a bien de la peine à s'y établir ; et encore on ne l'y laisse entrer qu'à condition qu'elle se revêtira de quelques haillons de la scholastique.

<small>Les établissemens faits pour l'avancement des sciences sont la critique des universités.</small>

On a fait pour l'avancement des sciences des établissemens auxquels on ne peut qu'applaudir. Mais on ne les auroit pas faits sans doute, si les universités avoient été propres à remplir cet objet. On paroît donc avoir connu les vices des études ; cependant on n'y a point apporté de remèdes. Il ne suffit pas de faire de bons établissemens : il faut encore détruire les mauvais, ou les réformer sur le plan des bons, et même sur un meilleur, s'il est possible.

Je ne prétends pas que la manière d'enseigner soit aussi vicieuse qu'au treizième siècle. Les scholastiques en ont retranché quelques défauts, mais insensiblement, et comme malgré eux. Livrés à leur routine, ils tiennent à ce qu'ils conservent encore; et c'est avec la même passion qu'ils ont tenu à ce qu'ils ont abandonné. Ils ont livré des combats pour ne rien perdre : ils en livreroient pour défendre ce qu'ils n'ont pas perdu. Ils ne s'aperçoivent pas du terrain qu'ils ont été forcés d'abandonner : ils ne prévoient pas qu'ils seront forcés d'en abandonner encore : et tel qui défend opiniâtrément le reste des abus qui subsistent dans les écoles, eût défendu avec la même opiniâtreté des choses qu'il condamne aujourd'hui, s'il fût venu deux siècles plutôt.

Il restera toujours dans les écoles des défauts tout ou ne les corrigera pas.

Les universités sont vieilles, et elles ont les défauts de l'âge : je veux dire qu'elles sont peu faites pour se corriger. Peut-on présumer que les professeurs renonceront à ce qu'ils croient savoir, pour apprendre ce qu'ils ignorent? Avoueront-ils que leurs leçons n'apprennent rien, ou n'apprennent que des choses inutiles? non: mais, comme les écoliers, ils continueront d'aller à l'école pour remplir une tâche. Si elle leur donne de quoi vivre, c'est assez pour eux; comme c'est assez pour les disciples, si elle consume le temps de leur enfance et de leur jeunesse.

Pourquoi les académies ont contribué à l'avancement des sciences. La considération dont les académies jouissent, est un aiguillon pour elles. D'ailleurs les membres, libres et indépendans, ne sont pas astreints à suivre aveuglément les maximes et les préjugés de leur corps. Si les vieillards tiennent à de vieilles opinions, les jeunes ont l'ambition de penser mieux; et ce sont toujours eux qui font dans les académies les révolutions les plus avantageuses aux progrès des sciences.

Les professeurs des universités sont forcés de se conformer au plan reçu. Les universités ont perdu beaucoup de leur considération, et avec la perte de la considération, l'émulation se perd tous les jours. Un professeur qui a du mérite, se dégoûte, lorsqu'il se voit confondu avec des pédans que le public méprise, et lorsque voyant ce qu'il faudroit faire pour se distinguer, il juge qu'il seroit imprudent à lui de le tenter. Il n'oseroit changer entièrement tout le plan d'étude, et s'il veut hasarder seulement quelques changemens légers, il est obligé de prendre les plus grandes précautions.

Si les universités ont ces défauts, que sera-ce des écoles confiées à des ordres religieux, c'est-à-dire, à des corps qui ont une façon de penser à laquelle tous les membres sont obligés de s'assujettir ? Si par hasard ces écoles sont mauvaises, peut-on raisonnablement supposer qu'elles deviendront bonnes un jour ? *Les écoles confiées à des ordres religieux sont pires encore.*

Quand nous sortons des écoles, nous avons à oublier beaucoup de choses frivoles, qu'on nous a apprises ; à apprendre des choses utiles, qu'on croit nous avoir enseignées ; et à étudier les plus nécessaires, sur lesquelles on n'a pas songé à nous donner des leçons. *Nos écoles sont peu propres à nous instruire.*

De tant d'hommes qui se sont distingués depuis le renouvellement des lettres, y en a-t-il un seul qui n'ait pas été dans la nécessité de recommencer ses études sur un nouveau plan ? Ceux qui ont cru avoir appris quelque chose dans nos écoles, ont-ils eu plus de connoissances ou plus de préjugés? et ceux qui ont cru n'y avoir rien appris, et qui s'en sont dégoûtés de bonne heure, n'ont-ils pas toujours été les meilleurs esprits? Si ces derniers nous avoient dit comment ils se sont instruits, nous ne serions plus dans le cas de chercher de bonnes méthodes. Il est bien étonnant que, vivant avec des hommes qui ont acquis des connoissances en tous genres, nous ne sachions pas comment on en peut acquérir.

Si c'est hors des écoles que nous commençons à nous instruire, à quoi servent-elles donc?

Elles n'ont produit aucun bon livre élémentaire. Ce sont elles cependant qui devroient nous apprendre les élémens des sciences.

A peine ose-t-on y enseigner les mathématiques;

Il y a des sciences sur lesquelles nous avons de bons livres pour nous instruire. Telles sont, par exemple, celles que nous comprenons sous le nom de mathématiques. Or, on ne les enseigne pas dans nos colléges; ou du moins si quelques professeurs en don-

nent des leçons, il n'y a pas bien long-temps ;
ils s'écartent en cela du plan généralement
reçu ; ils n'oseroient s'étendre sur un sujet
qui n'est pas entré dans la première insti-
tution des universités ; ils n'en ont pas même
le loisir : car il ne leur est pas permis de ne
pas enseigner ce que les autres enseignent ;
et on ne tolère leurs leçons sur des objets
utiles, qu'à condition qu'ils n'oublieront
pas les choses frivoles qu'on ne veut pas
perdre. Il faut savoir gré à ces professeurs
d'avoir profité des livres que leurs confrères
n'ont pas faits. C'est à eux que les écoles
ont l'obligation d'être moins mauvaises
qu'elles ne l'ont été : elles seroient encore
meilleures aujourd'hui, si ces bons esprits
avoient été les maîtres de faire leurs leçons
sur des sujets à leur choix, et avec la
méthode qu'ils auroient voulu.

Si les meilleurs professeurs sont forcés Et on néglige les sciences les plus nécessaires aux citoyens.
à n'enseigner que superficiellement les
sciences sur lesquelles nous avons de bons
livres élémentaires, on peut bien juger
qu'ils n'ont pas imaginé d'enseigner celles
sur lesquelles nous n'en avons pas. Il arrive
de-là qu'on oublie précisément les plus

nécessaires aux citoyens, qui doivent un jour conduire les autres.

Les écoles ayant commencé dans des cloîtres, il étoit naturel que l'instruction des ordres religieux en fût le principal objet, et qu'on s'occupât peu des choses qu'il auroit fallu enseigner aux autres citoyens. Voilà pourquoi nous passons notre enfance à nous fatiguer pour ne rien apprendre, ou pour n'apprendre que des choses qui sont inutiles; et nous sommes condamnés à attendre l'âge viril pour nous instruire réellement.

Tels sont les préjugés qui sont un obstacle aux bonnes études. Il semble qu'après en avoir parlé, je devrois peut-être essayer de tracer un nouveau plan. Mais si j'en avois connu un meilleur que celui que j'ai suivi avec vous, je l'aurois préféré. Il ne me reste donc rien à vous dire sur ce sujet, sinon que je regrette de n'avoir pas été capable de faire mieux.

C'est à vous, Monseigneur, à vous instruire désormais tout seul. Je vous y ai déjà préparé et même accoutumé. Voici le temps qui va décider de ce que vous devez être un jour : car la meilleure éducation n'est pas celle que nous devons à nos précepteurs ; c'est celle que nous nous donnons nous-mêmes. Vous vous imaginez peut-être avoir fini ; mais c'est moi, Monseigneur, qui ai fini ; et vous, vous avez à recommencer.

FIN DE L'HISTOIRE MODERNE ET
DE CE VOLUME.

TABLE DES MATIÈRES.

HISTOIRE MODERNE.

LIVRE DIX-SEPTIÈME.

CHAPITRE PREMIER.

Des puissances du midi de l'Europe, jusqu'au commencement du dix-huitième siècle, page 1.

ÉTAT des finances en France après la pacification de Riswyck. L'altération des monnoies avoit diminué les revenus de la couronne. Autres mauvais effets de cette altération. Louis, ne pouvant plus se dissimuler les maux qu'il a causés, se reproche ses projets ambitieux. Ses ennemis, qui n'ont pas moins souffert, sont forcés à renoncer aussi à leurs projets. Ainsi les puissances de l'Europe commencent la guerre sans savoir comment elles la soutiendront, et elles posent les armes par épuisement. Cette guerre n'avoit été utile qu'à Guillaume, à qui la paix devenoit nécessaire depuis qu'il étoit roi d'Angleterre. Il eût été sage de régler à Riswyck la succession du roi d'Espagne. Mais il n'est pas d'usage en Europe de prévenir de nouvelles guerres. Après la conclusion du traité de Riswyck, il n'étoit plus temps de réparer cette faute. Projet de partage. Autre partage. L'Angleterre et la Hollande s'arrogeoient le droit de disposer de la succession de Charles. Cette entreprise, qu'on pouvoit se permettre malgré les protestations de ce prince, avoit cependant besoin du consentement de Léopold. Elle n'assuroit donc pas la paix. La signature du traité de partage avoit souffert des retardemens. Le roi d'Espagne se plaint qu'on dispose de ses états. Les vœux des Espagnols sont pour un prince de la maison de Bourbon. Le roi d'Espagne appelle à sa succession le duc d'Anjou, à charge qu'il ne démembrera pas la monarchie. Ce testament étoit mal raisonné. Cependant la maison de Bourbon acquéroit un titre à la couronne d'Espagne, par le consentement des peuples. L'agrandissement de cette maison ne devoit pas effrayer l'Europe. Le roi d'Espagne ne pouvoit pas être l'allié de la France. Mais l'Europe s'étoit accoutumée à craindre l'agrandissement des Bourbons. Guillaume avoit donné ce préjugé à l'Europe; mais il ne l'avoit pas pris. L'Angleterre et la Hollande n'avoient consenti qu'à regret au traité de partage dont il étoit l'auteur. Si Louis XIV s'en fût tenu au traité de partage, il n'auroit armé que la maison d'Autriche. Il accepte le testament. L'Angleterre et la Hollande, qui reconnoissent d'abord Philippe V, font bientôt après un traité d'alliance avec l'empereur. Mais comme elles craignoient une nouvelle guerre, elles se bornent à demander une satisfaction pour la maison d'Autriche. L'empereur ne paroissoit pas devoir tirer de grands secours de ses alliés. Louis n'avoit pas désarmé. Philippe étoit en possession de l'Espagne. Ils avoient des alliés; mais ils pouvoient ne pas compter sur tous. Ils devoient, après quelques campagnes, se trouver sans ressources. Ils auroient dû par conséquent se hâter d'accorder une satisfaction à la maison d'Autriche. La guerre commence en Italie. Eugène force le poste de Carpi. Il défait à Chiari le maréchal de Villeroi. A la mort de Jacques II, Louis reconnoit le prince de Galles. Cette démarche offense les Anglais, et Guillaume excite leur ressentiment. Le parlement lui accorde toutes ses demandes. Mort de Guillaume. Quelle a été sa puissance en Angleterre et en Hollande. Anne, qui lui succède, donne sa confiance à Marlborough.

CHAPITRE II.

De la Russie jusqu'au commencement du dix-huitième siècle, page 32.

Jusqu'au dix-septième siècle les Russes ont été barbares. Michel Féodorowitz élu czar. Alexis, son fils, qui a le premier connu l'ignorance des Russes, a protégé les arts et les sciences. Féodore, son fils aîné, lui succède, et le prend pour modèle.

Pierre, son frère, qu'il désigne son successeur, est reconnu par les boyards. Jean lui est associé par les intrigues de Sophie, sœur de ces deux princes. Sophie, qui a obtenu la régence, et Basile Gallitzin, son ministre favori, songent à écarter du trône le czar Pierre. Mauvaise éducation qu'ils lui donnent. Entouré de débauchés, Pierre s'abandounoit au vice. Il n'étoit pas content. Il fait connoissance avec le Fort, qu'il s'attache. Jean Sobieski, allié de l'empereur contre les Turcs, engage les Russes à faire une diversion en Crimée. Boris Gallitzin, ministre de Pierre, éloigne Basile Gallitzin en lui donnant le commandement de l'armée. Mauvais succès de Basile. Mazeppa est fait hetman d'Ukraine. Nouvelle campagne de Basile avec aussi peu de succès. Sophie conspire contre Pierre qu'elle veut faire périr. La conspiration est découverte, et Sophie est enfermée. Le czar Pierre se propose de policer les Russes. Il est tambour dans une compagnie que le Fort a levée. Cette compagnie devient un régiment et une école. Commencement de la fortune de Mentzikof, qui entre dans cette compagnie. Mésintelligence entre la Pologne et la Russie. Elle empêche ces deux couronnes de donner des secours à l'empereur contre les Turcs. Les soupçons ayant été dissipés, Pierre fait le siége d'Asoph. Il construit une flotte. Asoph capitule. Entrée triomphante de l'armée. Nouveaux succès; nouvelle conspiration de Sophie; elle est découverte. Après avoir pourvu à la sûreté de ses états, le czar se prépare à voyager, l'année qu'Auguste, électeur de Saxe, et le prince de

Conti avoient été élus roi de Pologne. Il part confondu dans la suite de ses ambassadeurs. Il est mécontent du gouverneur de Riga. Il tire dans le vin l'épée contre le Fort. Il arrive à Amsterdam. Il va à Sardam apprendre la construction des vaisseaux. Il passe en Angleterre pour y puiser de nouvelles connoissances. Il engage à son service des étrangers instruits. Il étoit à Vienne lorsqu'il apprend la révolte des strélitz. Cause de ce soulèvement. Il arrive à Moscou lorsque les strélitz avoient été défaits. Exécution barbare. Regrets du czar à la mort de le Fort. Ses soins pour accoutumer ses troupes à la discipline. Pourquoi il proscrit les barbes et les habits longs. Il accoutume sa noblesse à la bienséance, et institue l'ordre de Saint-André pour lui donner de l'émulation. Il travaille à la réforme du clergé. Il défend d'entrer dans les ordres monastiques avant l'âge de 50 ans. Il ordonne de commencer l'année au premier janvier. Il fait avec les Turcs une trève de 30 ans. Il s'allie de la Pologne et du Danemarck contre la Suède. Le czar paroît s'être trompé sur les moyens propres à civiliser ses peuples.

CHAPITRE III.

De la Suède, du Danemarck et de la Pologne jusqu'à la fin du dix-septième siècle, page 65.

Passion de Christine pour l'étude et pour les savans. Cette passion lui fit desirer le repos, et hâta la conclusion du traité de Westphalie. Ses profusions. Ses peuples se lassent de son gouvernement, et elle se dégoûte de régner. Voulant vivre dans le célibat, elle désigne pour son successeur Charles-Gustave. Cependant on la presse de choisir un époux. Alors elle déclare qu'elle veut abdiquer, et Gustave l'invite à conserver la couronne. Le sénat lui fait la même invitation, et elle s'y rend à condition qu'on ne lui parlera plus de mariage. Michon, son médecin, la dégoûte des sciences. Sa prévention pour cet homme. Pimentel, envoyé d'Espagne, supplante Michon, et rend à Christine son goût pour les sciences. Il l'engage à rompre avec le Portugal; et le sénat, qui désapprouve cette démarche, attend avec impatience l'abdication de cette princesse. Elle abdique. Elle enlève toutes les richesses des palais. Elle abjure le luthéranisme, et se retire à Rome. Etat où Charles X trouve les finances. Charles enlève la Pologne à Casimir V, qui avoit protesté contre les dispositions de Christine. Il la reperd aussitôt. Il tourne ses armes contre le Danemarck, et menace Copenhague. Il l'assiege. La Hollande donne des secours au roi de Danemarck. La mort de Charles met fin à cette guerre, que les négociations de plusieurs puissances n'avoient pu terminer. Traité d'Oliva entre ces deux couronnes. Les nobles danois refusoient de contribuer aux charges de l'état. Pour se soustraire à leur tyrannie le clergé et le peuple accordent au roi une autorité absolue, et déclarent la couronne héréditaire. Abdication de Jean Casimir. La guerre fut funeste à la Suède, lorsqu'en 1667 elle s'allia de Louis XIV. Charles XI, qui rendit son autorité absolue, mourut lorsque les conférences de Riswyck avoient commencé sous sa médiation. Puissance de Charles XII à son avénement. Cette puissance ne paroissoit pas devoir inquiéter. Les états de Danemarck avoient réuni à la couronne les duchés de Sleswick et de Holstein. Christian III les cède à ses deux frères, malgré les protestations des états. Cette disposition est une source de guerre. C'est à cette occasion que Frédéric IV se ligue avec la Pologne et la Russie contre Charles XII, allié du duc de Holstein. Frédéric-Auguste étoit entré dans cette ligue, afin d'avoir un prétexte pour ne pas licencier se troupes saxonnes.

LIVRE DIX-HUITIÈME.

CHAPITRE PREMIER.

De Charles XII et du czar Pierre jusqu'en 1708, pag. 91.

Charles XII donne de la confiance à la Suède alarmée. Il tourne ses armes contre le Danemarck. Il force Frédéric IV à la paix. Il marche contre le czar qui ravageoit l'Ingrie. Déroute entière des Russes, qui assiégeoient Narva. L'épouvante des Russes assuroit de nouveaux succès à Charles, s'il n'eût pas donné au czar le temps de les rassurer. Mais voulant humilier son troisième ennemi, il marche contre les Saxons qu'il défait : il soumet la Courlande et la Lithuanie. Le gouvernement de Pologne est une anarchie. Les rois, en démembrant leurs domaines, avoient fait des vassaux plus puissans qu'eux. Il n'y a dans ce royaume que des nobles et des serfs. Epoque où a commencé la république de Pologne. Puissance des nobles. Prérogatives de la couronne. L'unanimité est nécessaire pour terminer les delibérations, et la république obéit à la force, qui arrache aux diètes cette unanimité. Charles se propose de detrôner Auguste. L'archevêque de Gnesne, primat du royaume, entre dans ses vues. La noblesse, qui avoit des sujets de mécontentement, regardoit Charles comme le défenseur de la république. Auguste est forcé à convoquer une diète, qui arrête d'envoyer une ambassade à Charles. Le senat confirme ce décret, et ne permet pas au roi d'armer. Charles défait Auguste à Clissau. Sur le faux bruit de la mort de Charles, Auguste convoque une diete à Lublin. Charles en assemble une autre à Varsovie, et défait encore les Saxons. La diète de Varsovie déclare le trône vacant. Jean Sobieski, à qui on vouloit donner la couronne, est enlevé. Alexandre son frère la refuse. Stanislas Lekzinski est élu. Traité d'Alt-Ranstadt. Patkul, ambassadeur du czar auprès d'Auguste, est livré à Charles qui le fait périr. Cependant le czar donnoit des lois, disciplinoit ses troupes et faisoit des conquêtes. Il traite avec humanité les citoyens de Narva. Il fait une entrée triomphante. Moyen dont il se sert pour détruire la prévention des Russes pour leurs anciens usages. Il bâtit Pétersbourg, malgré les obstacles qui s'y opposent. Victoire des Russes sur les Suédois. Pierre eût voulu arrêter Charles en Pologne. Charles marche contre lui, et passe le Borysthène.

CHAPITRE II.

Du midi de l'Europe, depuis 1702 jusqu'en 1710,
page 118.

Ressources ruineuses de la France pour soutenir la guerre. Commencement de ses revers. Campagne de 1705. La maison d'Autriche exagère sa foiblesse, afin de rendre la maison de Bourbon plus redoutable. Campagne de 1706. Campagne de 1707. Campagne de 1708. La paix étoit nécessaire à la France et à l'Espagne; et l'intérêt de l'Angleterre et de la Hollande demandoit qu'elle se fît. Mais Marlborough, Eugène et Heinsius vouloient la guerre. Propositions préliminaires de la Hollande à la France qui demande la paix. Louis les accepte, et se borne à demander un dédommagement pour Philippe V. Mais la Hollande ne pouvoit pas donner la paix. Marlborough et Eugène répandent que Louis ne veut que diviser ses ennemis. La France pouvoit avoir la paix, s'il se faisoit un changement dans le ministère de Londres. Plus la France cédoit, plus la Hollande demandoit, et la négociation n'avançoit point. D'ailleurs la Hollande ne s'engageoit point et vouloit que la France s'engageât. Elle refuse de traiter séparément, quoiqu'on lui accorde tout ce qu'elle demande pour elle. Elle souffre beaucoup de la guerre ; mais elle se flatte d'achever la ruine de la France. Etat de la France, et situation de Louis d'après M. de Torci. Louis se résout à faire de nouveaux sacrifices. Torci, son principal ministre, part pour la Haye. Le roi vouloit prouver à l'Europe et à la France combien il desiroit sincèrement la paix. Torci a des conférences avec Heinsius, et la négociation souffre de nouvelles difficultés. A l'arrivée de Marlborough, les conférences recommencent. Louis satisfait l'Angleterre et la Hollande sur toutes leurs demandes ; et renonce pour son petit-fils à toute la monarchie d'Espagne. Il offre de retirer les troupes qu'il avoit données à Philippe V. On veut qu'il soit garant que cette monarchie sera dans deux mois livrée toute entière à la maison d'Autriche. On veut qu'il donne des places en otage. Torci remet à Heinsius un écrit contenant les offres du roi. Heinsius y répond. Il est prouvé qu'on met la paix à des conditions qui ne sont pas au pouvoir de Louis. L'Angleterre et la Hollande se plaignent qu'on laisse échapper la paix. Les Français sont prêts à tout sacrifier pour soutenir le roi dans cette guerre. Ils sont défaits à Malplaquet ; mais la victoire coûte cher aux ennemis. Louis se soumet à toutes les conditions qu'on lui impose, et demande seulement qu'on trouve quelque tempérament à la garantie qu'on exige de lui. Philippe V ne recevoit plus de secours de la France, et se défendoit avec ses seules forces. Voyant la peu de concert de ses ennemis, et l'attachement de ses sujets, il étoit résolu à ne pas céder sa couronne. Cependant on ne conféroit que de loin avec les plénipotentiaires français, qu'on tenoit comme enfermés à Gertruidenberg. On demande que Louis arme contre son petit-fils; encore se réserve-t-on des demandes ultérieures qu'on n'explique pas. On offre en dédommagement la Sicile à Philippe V. Louis consent à tout, pourvu qu'on ne le force pas à armer contre son petit-fils. Mais on veut qu'il se charge lui seul de le détrôner. Plus Louis est humilié, plus il trouve de ressources. Cependant la campagne de 1710 parut les lui ôter toutes, et à lui et à son petit-fils.

CHAPITRE III.

De la campagne de Pultawa avec ses suites, et de celle du Pruth, page 160.

L'Europe étonnée observoit Charles XII avec inquiétude. L'empereur Joseph, qui le craint, se hâte de le satisfaire sur toutes ses demandes. Le bruit couroit qu'il vouloit unir ses forces à celles de la France. Il eût pu disposer de la monarchie d'Espagne; mais il étoit impatient de se venger du czar. Ce dessein le conduit au-delà du Boristhène où les provisions de toutes espèces lui manquent. Le czar, qui attend que la famine lui livre ses ennemis, ne laisse après lui que des pays qu'il a dévastés. Mazeppa s'étoit ligué avec Charles; et le roi jugeoit que l'Ukraine lui préparoit la conquête de la Russie ; mais lorsqu'il arrive sur les bords de la Desna, il y trouve un corps de Russes, et Mazeppa ne le joint qu'avec trois ou quatre mille hommes. Il comptoit sur les troupes et sur les provisions que Lœwenhaupt conduisoit ; mais ce général, défait par le czar, ne lui amène que quatre mille hommes. Il eût desiré une action générale ; mais Pierre ne hasardoit que de petits combats. Le froid de 1709 est un nouveau fléau pour les Suédois. Charles met le siége devant Pultawa. Pierre avance sur la Worskla. Il passe cette rivière, et défait les Suédois. Charles cherche un asyle chez les Turcs. Auguste recouvre la couronne de Pologne. Les puissances du nord se préparent à profiter de l'état d'épuisement où se trouve la Suède. Conquêtes du czar. L'empereur Joseph se reproche ses complaisances pour Charles. La France et la Suède avoient eu des succès en même temps. Elles tombent toutes deux ; mais la Suède est sans ressources. La chûte de la Suède cause une diversion en faveur de la France. Moyen qu'on imagina pour empêcher l'effet de cette diversion. Il ne pouvoit réussir. Charles XII tente d'armer la Porte contre la Russie. Le kan des tartares de Crimée sollicite aussi la Porte à prendre les armes, et la guerre est résolue. Le czar, qui veut prévenir ses ennemis, s'avance sur le Niester. Il comptoit sur les vayvodes de Moldavie et de Valachie, dont il ne retire aucun secours. Il hâte sa marche pour dégager son avant-garde, qui campoit sur le Pruth. Il ne peut plus ni se retirer ni combattre qu'avec désavantage. Hauteur déplacée de Charles XII. Cruelle situation du czar. Le czar avoit épousé Catherine. Ce mariage étoit contraire aux usages des Russes. Les vertus de Catherine pouvoient faire taire les préjugés. Elle négocie avec les Turcs. La paix qu'elle obtient sauve l'armée. Pendant que Catherine le devance à Pétersbourg, il fait avec Auguste une alliance défensive contre les Turcs. Il declare plus solemnellement son mariage avec Catherine. Il songe à mettre la dernière main à ses grands desseins.

LIVRE DIX-NEUVIÈME.

CHAPITRE PREMIER.

De la pacification d'Utrecht, page 188.

La grande alliance étoit menacée d'une dissolution entière. Cependant Philippe pensoit à se retirer dans les Indes occidentales, lorsqu'il obtient le duc de Vendôme. Ce général le rétablit sur le trône. Si les confédérés eussent accepté les offres de Louis XIV, Philippe n'eût pas recouvré sa couronne. Le dixième sur les terres, levé sans murmures, prouve les ressources que Louis trouvoit dans ses sujets. Une révolution qui se préparoit en Angleterre, devoit rendre le calme à l'Europe. Les Stuarts avoient été à la tête de la faction des Torys. Les sectes comprises sous le nom de Non-conformistes, formoient la faction des Whigs. Guillaume III avoit ménagé les Whigs qui entroient dans ses vues, et à qui il devoit la couronne. Marlborough s'étoit attaché à eux, et ce parti s'étoit rendu maître du gouvernement. Les Whigs oublièrent l'objet de la grande alliance. Ils s'obstinèrent dans une guerre qui ruinoit la nation. Ce que cette guerre coûta dans cinq ans à l'Angleterre. Fausse politique des puissances de l'Europe. Il importoit de casser le parlement d'Angleterre, et de changer tout le ministère. Intrigue de la Hill. Elle prend les conseils de Harlei. Sermon d'un torys. Il soulève le parlement, où les Whigs dominoient. La reine Anne voit que les Whigs sont les ennemis de son autorité. Comme elle vouloit casser le parlement, la Hill lui conseille de donner sa confiance à Harlei. La reine change tout son conseil, casse le parlement et en convoque un nouveau. Cependant elle conserve le commandement des armées à Marlborough, parce qu'elle n'ose encore découvrir ses desseins. Il importoit à la reine et aux nouveaux ministres de rendre Marlborough inutile, et par conséquent de faire la paix. Ils font connoître leurs intentions à Louis XIV. Contens des propositions que le roi leur fait, ils sont jaloux de rester maîtres de la négociation que la Hollande veut reprendre. Louis devoit se refuser, et se refuse aux offres des Hollandais. Prior lui apporte les propositions de la reine Anne. Ménager passe à Londres pour y traiter les articles qui souffroient des difficultés. Sur ces entrefaites, Joseph étant mort, il n'étoit pas de l'intérêt des confédérés de donner l'Espagne à l'archiduc, qui héritoit de tous les domaines de la maison d'Autriche. Mais Marlborough et les Whigs s'opiniâtroient à vouloir la guerre. Ils vouloient forcer la reine à la continuer, ou ils menaçoient de mettre la couronne sur la tête de l'électeur de Hanovre. Il importoit donc aux ministres de Londres de hâter la paix; mais ils craignoient des disgraces après la mort de la reine. Une paix glorieuse pouvoit seule les justifier. Cependant déjà coupables aux yeux des confédérés et des Whigs, pour avoir ouvert la négociation, il ne leur restoit plus qu'à conclure. Artifices des négociateurs. Avec des lumières et de la bonne foi sans artifices, on termineroit promptement les négociations. Une puissance dominante peut empêcher qu'on use d'artifices avec elle. Pour prévenir ces artifices, les ministres de Londres demandent que Ménager réponde par écrit aux propositions qu'ils ont faites. Ménager les satisfait. Ils ne veulent régler dans les préliminaires que les intérêts de l'Angleterre. On confère sur les articles contestés. On signe les articles préliminaires. La reine désigne ses plénipotentiaires pour le congrès. Elle instruit les états-généraux de l'état de la négociation et de ses intentions. Elle déclare qu'elle a choisi Utrecht pour le congrès, et demande des sauf-conduits pour la France. Elle fait part à Louis de ces démarches. Elle lui demande, sous le secret, ce qu'il veut faire pour chacun des confédérés. Louis s'ouvre au point qu'il lui communique le fond des instructions faites pour ses plénipotentiaires. Offres qu'il fait. Plus le parti qui veut la guerre, s'oppose à la paix, plus il importe au conseil de Londres de la hâter, même par des complaisances pour la France. Le nouveau parlement est pour la paix, malgré les oppositions de beaucoup de membres. Les plénipotentiaires français se rendent à Utrecht. Eugène, sollicité par les Whigs, vient à Londres ; mais il trouve Marlborough dépouillé de toutes ses charges, accusé et jugé coupable. Mort du duc de Bourgogne et du duc de Bretagne. On craint que la couronne d'Espagne et celle de France ne se réunissent sur la tête de Philippe V. Cette crainte retarde la négociation. Il falloit la dissiper. Dans cette vue le ministère de Londres demande que Philippe V renonce purement et simplement à la couronne de France. Réponse du ministère de France, qui s'imagine que la renonciation seroit nulle. Cette réponse, qui ne portoit que sur des mots, eût rendu la paix impossible. Le ministère anglais ne croit pas que la renonciation fût nulle. En attendant la réponse de Philippe, on lève les autres difficultés qui s'opposoient à la paix. On propose à Philippe un échange qui retarde encore la négociation. Philippe donne une renonciation solemnelle à la couronne de France. Tout étoit d'accord entre la France et l'Angleterre, et la reine Anne avoit l'aveu de son parlement. Les troupes anglaises se séparent du prince Eugène. Suspension d'armes entre la France et l'Angleterre pour les Pays-Bas. Cette suspension ne produit pas tout l'effet qu'on en avoit attendu. Cessation de toute hostilité entre ces deux couronnes. Les Hollandais se flattent de soutenir la guerre avec avantage. Eugène assiége Landrecie. Disposition de son armée. Villars force les lignes de Denain. Les ennemis lèvent le siége et perdent plusieurs places. Les Hollandais demandent la paix. La renonciation de Philippe s'étoit fait attendre. Louis XIV en avoit retardé l'enregistrement, quoique la cour de Londres n'attendît que cet acte pour faire sa paix particulière. Si l'on se fût plus pressé, elle eût été moins favorable à ses alliés. Pacification d'Utrecht terminée.

CHAPITRE II.

De l'Europe depuis le traité d'Utrecht jusqu'à la cessation de toute hostilité, page 247.

Quoique le traité d'Utrecht eût terminé bien des querelles, il n'ôtoit pas tout sujet de guerre. Charles XII revient dans ses états. La Suède avoit perdu plusieurs provinces. Ligue qui se propose de chasser tout-à-fait d'Allemagne les Suédois. Frédéric Ier, roi de Prusse, dissipoit ses finances, et trafiquoit du sang de ses peuples. Frédéric-Guillaume, son fils qui se ligue contre la Suède, se rendoit puissant par son économie. Charles XII perd toutes les places qu'il occupoit en Allemagne. Il porte ses plaintes à la diète de Ratisbonne qui n'y a nul égard. Etat de la Suède qui avoit encore la guerre avec le Danemarck. Georges succède à la reine Anne. Il fait le procès à Oxford et à

Bolingbroke. Les commencemens de son règne sont troublés par une guerre civile. Mort de Louis XIV. Leçon qu'il laisse au dauphin. Inquiétudes de la France et de l'Europe en considérant la jeunesse de Louis XV. Traité de la triple alliance. C'est après des guerres civiles qu'un bon gouvernement peut retirer une nation de la léthargie où elle étoit auparavant. Le gouvernement de Philippe V n'a fait que jeter les peuples dans leur premier assoupissement. Fortune du cardinal Albéroni. Il médite la conquête de l'Italie. Il suscite des troubles en France pour ôter la régence au duc d'Orléans. Il intrigue de concert avec le baron de Gœrtz, qui médite une révolution dans le nord, et qui fit goûter ses projets au roi de Prusse son maître. Cette intrigue se tramoit tout-à-la-fois en Angleterre, en France, en Hollande, en Espagne, en Russie et en Suède. Gœrtz et Gillembourg, ambassadeurs de Suède en Angleterre, sont arrêtés. Le czar vient en France, et à sa consideration le duc d'Orléans demande et obtient la liberté de ces deux ministres. L'escadre anglaise ruine la flotte qu'Albéroni avoit armée pour ses projets de conquêtes. Paix entre la Porte et la cour de Vienne. Alors l'Angleterre et la France concluoient le traité de la quadruple alliance. L'Espagne refuse d'accéder à la quadruple alliance. Mort de Charles XII. La France déclare la guerre à Philippe qui accède à la quadruple alliance. Cependant la paix donnée à l'Europe, n'étoit rien moins qu'assurée. Changement dans le gouvernement de Suède.

LIVRE DERNIER.

Des révolutions dans les lettres et dans les sciences depuis le quinzième siècle.

CHAPITRE PREMIER.

Révolution que produisent dans les lettres les Grecs qui se réfugient en Italie après la prise de Constantinople, page 271.

L'Europe étoit dans l'ignorance et ne faisoit que de mauvaises études, lorsque le goût se forma tout-à-coup en Italie ; mais il se perdit à l'arrivée des Grecs de Constantinople. L'étude de la langue grecque avoit commencé en Italie avec le quinzième siècle. C'est pourquoi les Grecs y trouvèrent un asyle et de puissans protecteurs. Alors l'étude de leur langue devint la passion des Italiens, qui cherchoient l'instruction ou la considération. Ils auroient dû étudier le grec pour en transporter les beautés dans leur langue ; mais ils laissèrent leur langue pour lire du grec et pour écrire en latin ; et l'Italie fut féconde en écrivains latins. Au seizième siècle les meilleurs esprits d'Italie cultivèrent l'italien ; mais par-tout ailleurs les langues vulgaires furent négligées et méprisées. Cette passion pour les langues mortes devoit retarder les progrès du goût. Les langues n'ont d'élégance qu'autant qu'il y en a dans l'esprit de ceux qui les parlent. Les esprits étoient donc bien grossiers au quinzième siècle, puisque les langues étoient grossières. Ils auroient pu se former le goût, s'ils n'eussent étudié les langues mortes que pour perfectionner les langues vulgaires. Mais dès qu'ils se bornoient à l'étude des langues mortes, le goût ne pouvoit plus se former. Cependant ils se comparoient aux écrivains du siècle d'Auguste. La manie du latin a nui à la langue italienne. La langue française a été formée sous de plus heureux auspices. Tant que le goût étoit encore grossier, les autres facultés ne pouvoient pas se perfectionner. Si Corneille n'eût écrit qu'en latin, il n'eût été que médiocre. Il ne pouvoit pas y avoir de grands écrivains dans le quinzième siècle. Dans le seizième siècle les arts fleurissent en Italie. La cour de Léon X y contribue beaucoup; mais ce pontife a fait payer cher à l'église et à l'Europe la protection qu'il a donnée aux arts. Les arts se sont formés en Italie malgré les savans.

CHAPITRE II.

Absurdités et fanatisme des littérateurs et des scholastiques du seizième siècle, page 289.

Dans un temps où l'on commençoit à quitter la scholastique pour lire les meilleurs écrivains de l'antiquité, il étoit naturel qu'on se livrât avec trop de passion à l'étude du grec et du latin. De-là deux partis : celui des scholastiques, qui traitoient de payens ou d'athées ceux qui les méprisoient; et celui des latinistes qui canonisoient les écrivains de l'antiquité, et qui en transportoient le langage jusques dans la théorie. Au milieu de ces disputes, les meilleurs esprits s'éclairoient. Tel est Erasme. Erasme se refuse aux invitations de François Ier. Il voyage. L'éloge de la folie lui suscite des ennemis, et la Sorbonne le condamne. Il reconnoît qu'il y a des choses à reprendre dans cet ouvrage. Reproches qu'il faisoit avec fondement aux théologiens de son temps. Il écrit contre les cicéroniens qui lui répondent avec des injures. Le goût de l'antiquité s'étoit répandu trop promptement pour ne pas dégénérer en fanatisme. Mauvais raisonnemens des ennemis d'Erasme. Il étoit suspect parce qu'il n'approuvoit pas qu'on punît de mort les luthériens. Scène pantomime où l'on joue l'empereur et Léon X. Les disputes de religion se multiplioient, et détournoient de toute autre étude; mais elles devoient enfin produire la lumière.

CHAPITRE III.

Des sectes de philosophie au quinzième et au seizième siècles, page 302.

Les anciens étoient de mauvais guides en philosophie. Cependant il étoit naturel de les consulter, et de se prévenir pour eux et pour les Grecs modernes qui paroissoient les entendre. Cette prévention devoit se porter à l'excès. On croira que les anciens ont tout su, et qu'il ne nous reste qu'à les étudier. De-là naîtront toutes les sectes. Le péripatétisme et le platonisme passent de Constantinople en Italie. Ces deux sectes y élèvent des disputes l'une contre l'autre, et ne s'accordent que dans le mépris qu'elles ont pour la scholastique. Une secte de sincrétistes veut concilier Aristote et Platon. Jean Pic de la Mirandole, phénix du quinzième siècle. Le seizième siècle donne la préférence à Aristote sur Platon. Deux sectes de péripatéticiens. La naissance du luthéranisme donne de nouveaux partisans à Aristote. Les scholastiques les moins passionnés, conviennent qu'il y a des vices dans leur méthode. Mais ils pensent qu'il la faut conserver pour défendre la religion. Ils croient la corriger en se rapprochant du péripatétisme, et Aristote prend possession des écoles. Il eût été bien étonné d'enseigner dans les universités la doctrine de S. Thomas et de Scot. Le premier défaut de la scholastique est de n'avoir voulu faire qu'une science de la philosophie et de la théologie. Les péripatéticiens ne se rapprochoient pas des scholastiques, qu'ils continuoient de mépriser, et ils croyoient que pour être chrétien, il suffisoit de penser comme Aristote. Mais on ne raisonnera bien, que lorsqu'on abandonnera et le péripatétisme et la scholastique. Secte ennemie des péripatéticiens. Bernardo Telesio, qui a le premier réfuté solidement Aristote, renouvelle la secte de Parménide. Les erreurs où tombent d'autres ennemis d'Aristote, font dire que hors le péripatétisme il n'y a plus de religion. Erreurs ou absurdités de Giordano Bruno. Il y a cependant dans ses écrits des choses dont des philosophes se sont fait honneur. Tommaso Campanella, et d'autres qui puisoient dans le platonisme, n'enseignoient guère que des visions. Parmi les troubles du seizième siècle, Juste-Lipse cherche un asyle dans la philosophie des stoïciens.

CHAPITRE IV.

Des opinions philosophiques du dix-septième siècle, page 325.

Dans le seizième siècle, on avoit renouvelé quantité de sectes; mais sans critique et comme au hasard. Dans le dix-septième, des observations, ou des hasards plus heureux convaincront peu-à-peu qu'il faut étudier la nature. La secte ionique avoit été oubliée. Claude Guillermet de Bérigard la renouvela pour attaquer indirectement Aristote, qu'il n'osoit combattre ouvertement. Il n'étoit pas permis d'écrire contre ce philosophe, quoique ses principes commençassent à être démentis par les observations. Pendant la guerre de trente ans on put le combattre avec plus de liberté; mais pas encore bien ouvertement. Berigard est appelé en Toscane, où l'inquisition ne permettoit pas d'attaquer Aristote. Au lieu donc de le combattre lui-même, il fait des dialogues où l'un des interlocuteurs oppose les sentimens d'Anaxagore à ceux d'Aristote. En France on pouvoit être plus hardi, pourvu néanmoins qu'on fût prudent. Avec quelle précaution Gassendi combat Aristote. Il ne suit pas le plan qu'il s'étoit fait de détruire le peripa-

téisme dans toutes les parties. Il renouvelle le
système d'Epicure. Jusqu'alors les philosophes
avoient commencé par les causes pour descendre
aux effets. Il étoit temps de s'apercevoir qu'il
falloit commencer par les effets pour remonter
aux causes. Descartes ne s'est pas mis à l'abri des
reproches qu'il fait aux philosophes de son temps.
Pour former le monde, il ne demande que de la
matière et du mouvement. Essence du corps,
selon lui. Il divise la masse de la matière en
cubes. Les cubes étant mus, ils s'arrondissent et
forment des globules, ou le second élément. Les
parties des angles brisés forment la matière subtile, ou le premier élément. Ce qui reste de parties
plus grossières produit le troisième élément, dont
se forment les planètes. Le soleil est formé d'une
portion de la matière subtile. Formation des tourbillons. Comment un tourbillon est enveloppé dans
un autre. Chaque planète est entraînée dans une
couche du grand tourbillon. Ce système devoit
avoir et a eu le plus grand succès. Il devoit aussi
se défendre long-temps. Descartes n'eût pas combattu avec succès les erreurs, s'il n'eût pas substitué d'autres erreurs. Ses erreurs mêmes étoient
un pas vers la vérité. Il n'y a point de système
qu'on n'ait essayé de concilier avec la théologie.
Tant d'efforts inutiles, pour découvrir la vérité,
font juger que la raison est insuffisante. On a donc
recours à la révélation ; et on imagine une philosophie mosaïque et chrétienne. Excès où tombent
les philosophes mosaïques. Leurs visions infectent
les sectes luthériennes. Ils ont donné naissance

au quiétisme. Leurs absurdités ont pour principe les émanations de Zoroastre. L'esprit humain humilié par les erreurs de tant de siècles, prend le parti de douter de tout, et le scepticisme se renouvelle. De Bayle.

CHAPITRE V.

Commencement de la vraie philosophie. De l'astronomie sous Copernic, Ticho-brahe, Képler et Galilée, page 349.

Les découvertes n'ont fait un corps de science que vers la fin du dix-septième siècle. Quoiqu'il fût temps d'observer, les philosophes les plus sages avoient bien de la peine à se borner à l'observation. Il faut étudier la philosophie pour apprendre comment on évite l'erreur et comment on acquiert des connoissances. La vraie méthode a été connue avant qu'il y eût des philosophes. En effet, dès l'origine des sociétés, les hommes ont su qu'il falloit observer pour s'instruire. C'est ainsi qu'ils se sont fait une idée de la rondeur de la terre, de la distance des astres ; et qu'avant Thalès et Pythagore ils ont fait de grandes découvertes. Ils pouvoient déja former des conjectures sur le système du monde. Il est certain qu'ils en savoient assez pour cela. C'est le besoin de déterminer les saisons qui les avoient mis dans la nécessité d'observer. Dans les siècles d'ignorance on n'a cultivé la chymie et la physique, que pour abuser de la crédulité. Naissance de l'astronomie moderne. Système de

Copernic. L'inquisition le condamne, lorsque de nouvelles observations le confirmoient. Découverte du télescope. Galilée en fait un qui augmente trente-trois fois le diamètre des objets. Avec ce télescope il découvre des inégalités dans la lune. Il découvre plus de cinq cents étoiles dans l'Orion seul. Il découvre les satellites de Jupiter. Il découvre les phases de Vénus, deux globes qui accompagnoient Saturne et des taches dans le soleil. D'après ces observations, il juge que la terre n'est pas immobile au centre du monde. Il est cité à l'inquisition qui le fait arrêter. Il recouvre sa liberté, et comme il ne change pas de sentiment, il la reperd encore. Objection qu'on faisoit au système de Copernic. Cet astronome l'avoit prévenue. Autre objection qui pouvoit se résoudre avec les mêmes principes que la première. Les coperniciens y répondent mal. Autre objection. Elle trompe Ticho-brahé. Système de cet astronome. Ses découvertes. Képler, jeune encore, fait un mauvais système. Corrigé par Ticho-brahé, il observe. Il détermine l'ellipse de Mars. Première analogie de Képler. Seconde analogie. Pensées de Képler sur la gravité.

CHAPITRE VI.

Naissance de plusieurs sciences. L'algèbre, l'analyse, principes de mécanique, lois du mouvement l'horloge à pendule, page 374.

Les découvertes qu'on doit à l'observation,

étendront nos connoissances, et nous forceront à créer de nouvelles sciences et de nouveaux arts. De l'optique perfectionnée naîtront la catoptrique et la dioptrique. L'astronomie, alors mieux connue perfectionnera la géographie et la navigation, et ce sera une nécessité d'étudier les mécaniques. Pour réussir dans ces sciences, il faudra être géomètre. Ce sera donc encore une nécessité de perfectionner la géométrie. Voilà les objets qui vont occuper les génies du dix-septième siècle. Les sciences doivent leurs progrès à la simplicité des méthodes. L'art de calculer en est la preuve. C'est ainsi que l'algèbre s'est perfectionnée, et que la géométrie à laquelle on l'a appliquée s'est perfectionnée elle-même pour perfectionner ensuite les mécaniques et la physique. Les méthodes se simplifient en substituant des expressions abrégées, c'est ce que fait l'analyse de Descartes. Du temps de ce philosophe, et depuis, on a cultivé la géométrie avec passion, et l'analyse s'est perfectionnée de plus en plus. Il n'y a point de repos réel. Il n'y a point de repos relatif, sans une tendance au mouvement. C'est dans les lois du mouvement et dans celles de l'équilibre que sont les principes des mécaniques. Pour les découvrir il faut donc mesurer et calculer. C'est pourquoi la mécanique et la géométrie se cultivent ensemble. Galilée fait voir que des corps de pesanteur inégale tombent avec la même vitesse. Il découvre les lois du mouvement accéléré dans la chûte des corps. Il fait voir que le long d'un plan incliné, elles sont les mêmes que dans une direction perpendiculaire. L'idée qu'il s'en fait, lui découvre les lois du pendule dans ses vibrations. Il détermine le rapport de la longueur du pendule au nombre des vibrations. Il découvre la courbe que décrit un corps projeté obliquement. Castelli et Torricelli ses disciples. On voyoit les effets de la pesanteur de l'air et on les expliquoit par l'horreur du vide. Galilée, qui croyoit l'air pesant, tenoit lui-même à ce préjugé. L'expérience du mercure qui se soutient dans un tube au-dessus de son niveau, fait soupçonner la pesanteur de l'air à Torricelli. Pascal achève de démontrer la pesanteur de l'air. Descartes est le premier qui ait expliqué, par la pesanteur de l'air, l'expérience du mercure suspendu dans le tube. Lois générales du mouvement données par Descartes. La société royale propose la recherche des lois de la nature dans le choc des corps. Principe général de ces lois. Lois du choc dans les corps parfaitement durs. Lois du choc dans les corps parfaitement élastiques. Ces lois peuvent être appliquées aux corps dont l'élasticité n'est pas parfaite. Recherches d'Huyghens sur les forces centrifuges. Il invente l'horloge à pendule. Il détermine la longueur du pendule, en déterminant le centre d'oscillation.

CHAPITRE VII.

De l'optique et de ses premiers progrès, page 404.

A quoi se bornoient les connoissance des anciens sur l'optique. Jean-Baptiste Porta a le premier

observé les rayons qui entrent dans une chambre
obscure, à laquelle il compare l'œil. Maurolicus a le
premier connu l'usage du crystallin. Il explique le
premier un phénomène proposé par Aristote. Premières découvertes sur l'arc-en-ciel. Marc-Antoine
de Dominis explique l'arc inférieur en ne le supposant que lumineux. Descartes rend raison de
l'arc extérieur. Il les mesure l'un et l'autre ; mais
il ne rend pas raison des couleurs dont ils se peignent. Képler explique le premier l'usage des parties de l'œil. Mais l'image renversée l'embarrasse,
et il n'eût pas su dire comment nous voyons des
grandeurs et des distances. Képler perfectionne la
théorie des télescopes. D'après cette théorie on
fait des télescopes qu'on perfectionne encore. Découverte du microscope. Képler étudie les effets
de la lumière dans les télescopes et dans les microscopes. Il détermine le foyer ou le point dans lequel
se réunissent les rayons parallèles. Il fait voir ce
que deviennent les rayons qui partent du foyer,
ou d'un point en-deçà ou d'un point en-delà.
Exemple qui rend sensibles les premières observations de Képler. Explication du télescope de Galilée. Explication des télescopes à deux verres
convexes. A trois. L'apparence de grandeur est
sur-tout sensible dans le microscope. Pour expliquer parfaitement ces phénomènes, il falloit déterminer avec précision le rapport de l'angle de
réfraction à l'angle d'incidence. Képler ne le détermine qu'à peu près, et pour un cas particulier.
Descartes a suppléé en cela à ce qui manquoit à
la théorie de Képler. Le père Grimaldi a le premier

remarque l'inflexion des rayons. Phénomènes qu'on n'expliquoit pas encore.

CHAPITRE VIII.

Grandes découvertes, page 422.

Les découvertes précédentes ne sont que des préliminaires à de plus grandes. On trouve les nœuds, et l'inclinaison d'une planète inférieure, en observant son passage sur le disque du soleil. Kepler prédit le passage de Mercure sur le disque du soleil. Gassendi l'observe et perfectionne la théorie de cette planète. D'après les tables de Képler, Horoxes prédit le passage de Vénus sur le disque du soleil, l'observe, et marque avec plus de précision le cours de cette planète. Halley fait voir qu'en observant de deux endroits la durée de ce passage, on peut déterminer la parallaxe du soleil à peu de chose près. Huyghens découvre l'anneau et le quatrième satellite de Saturne; et Cassini les quatre autres. Celui-ci donne la théorie des satellites de Jupiter, et découvre la rotation de cette planète et celle de Mars. Cette théorie confirme les deux analogies de Kepler. En observant les éclipses du premier satellite, Cassini découvre le temps que la lumière emploie à venir du soleil jusqu'à nous. Raisons qui font juger à Cassini même que cette découverte est fausse. A. Maraldi, Roëmer et Halley la défendent. Pound en prouve la vérité. Elle a été confirmée depuis, lorsqu'on a découvert la cause de l'aberration des étoiles. Les astronomes cherchent une preuve du mouvement de la terre dans la parallaxe des fixes. Comment cette parallaxe, si elle avoit lieu, prouveroit ce mouvement. L'aberration des fixes ne prouve pas qu'elles aient une parallaxe. Galilée a le premier imaginé des moyens pour trouver cette parallaxe. Bradley, en la cherchant, a découvert que les aberrations sont des mouvemens réguliers, et qu'elles sont l'effet du mouvement de la terre combiné avec le mouvement progressif de la lumière. Comment ces deux mouvemens se combinent. Comment l'étoile paroit décrire une ellipse. Que cette ellipse est la base d'un cône dont le sommet est dans l'orbite même de la terre, ainsi que dans l'œil. Comment cette ellipse diffère de celle qu'on apercevroit si les étoiles avoient une parallaxe sensible. Cette découverte confirme le mouvement de la terre, ainsi que le mouvement progressif de la lumière. Hypparque a le premier cherché la longitude et la latitude des lieux. Il se servoit à cet effet des éclipses de lune. On doit à Ptolomée les principes de la construction des cartes de géographie. Depuis les progrès de l'astronomie, la géographie se perfectionne; et on détermine mieux les longitudes depuis qu'on peut observer les éclipses des satellites de Jupiter. Mais on n'avoit pas encore de moyens pour prendre les longitudes sur mer. Le moment où la lune fait un triangle avec deux fixes, y seroit propre si on connoissoit parfaitement la théorie de cette planète. Picard et Snellius mesurent un degré du méridien par une suite de triangles. Leurs résultats diffèrent peu l'un de l'autre. Richer observe le retardement du pendule à l'équateur. Huyghens et Newton en concluent que la terre est applatie aux poles. Les découvertes faites jusqu'alors en astronomie, sont les élémens du système de Newton.

CHAPITRE IX

De la gravitation universelle découverte par Newton, page 450.

Un corps que nous jetons obliquement à l'horison, décrit une courbe. La lune seroit-elle donc un projectile ? En ce cas elle doit tomber à chaque instant, suivant la loi de la chûte des corps. Or il est démontré qu'elle gravite suivant cette loi. En seroit-il de même de toutes les planètes ? Supposition dans laquelle Mercure décriroit une orbite circulaire autour du soleil. Supposition dans laquelle il décriroit une ellipse. Dans la supposition que la gravité diminue dans la même raison que le carré des distances augmente, Newton fait voir comment une planète va continuellement d'une apside à l'autre. C'est ce qui n'auroit pas lieu si la gravité diminuoit dans la même raison que le cube des distances augmente. La gravité agit-elle donc en raison inverse du carré des distances, ou en moindre raison ? Un corps mu dans une courbe, est toujours dirigé vers un même point s'il décrit des aires égales en temps égaux. Donc chaque planète dans son cours est toujours dirigée vers un même centre. Mais la puissance qui retient les planètes dans leurs orbites, est-elle la gravité même? Elle sera la gravité si les espaces, que parcourt une planète en tombant au-dessous de la tangente, sont comme les carrés des temps. Or c'est ainsi que cette puissance agit sur la lune, et elle la fait graviter en raison inverse du carré des distances. C'est donc la gravité qui retient la lune dans son orbite. Or les observations démontrent qu'il en est de Jupiter, par rapport à ses satellites, et de Saturne, par rapport aux siens, comme de la terre par rapport à la lune. Il en est de même du soleil par rapport aux planètes et aux comètes. La gravitation est un principe universel, par lequel les corps célestes s'attirent réciproquement en raison directe des masses et en raison inverse du carré des distances. La seconde analogie de Képler suit du principe de Newton.

CHAPITRE X.

Considérations sur le progrès des sciences et sur celui des lettres, page 472.

Dès qu'on a su observer, on a été rapidement de découvertes en découvertes. Newton n'a été plus loin, que parce qu'il a mieux connu la liaison des vérités. La liaison des idées fait la folie, la raison et toutes les qualités de l'esprit. Ceux qui pensent comme par inspiration, obéissent à leur insu au principe de la plus grande liaison des idées. C'est ce principe qui a guidé les bons esprits, et les a rendus capables de perfectionner à-la-fois toutes les sciences et tous les arts. Les arts et les sciences commencent en Italie, parce que le goût s'y forma avec la langue ; tandis qu'en France, où la langue étoit grossière, parce qu'on y manquoit de goût, il n'y avoit encore ni arts ni sciences. Aussi François Ier. ne peut pas être le restaurateur des lettres. Mauvais goût des Français dans le seizième siècle. C'est ce qui nuisoit au progrès des lettres. Car les guerres et les disputes de religion n'empêchoient pas de les cultiver. Dans le dix-septième siècle où le goût commence en France, les arts et les sciences y sont cultivés avec succès. Mais le goût, en dégénérant en manie, produisit le purisme ; et les grammairiens qui se firent les législateurs du langage, donnèrent des entraves au génie. L'analogie est l'unique règle pour juger si un tour est français. L'érudition tendoit à perpétuer le mauvais goût. On demanda si la préférence est due aux modernes ; et ce fut une grande dispute. Les érudits cherchèrent dans les hypothèses ce que les monumens ne leur apprenoient pas, et la critique se formoit lentement. Ordres des progrès de l'esprit en différens genres.

CHAPITRE XI.

Des progrès de la politique, page 486.

Il importe à un prince de se faire une idée complète de la politique. Double objet de la politique. Objet de la politique par rapport aux nations étrangères. Son objet par rapport aux peuples à gouverner. Elle doit embrasser toutes les parties de l'économie publique. Les hommes d'état ne réussiront jamais mieux qu'en laissant faire. Les anciens philosophes ne se sont pas appliqués à toutes les parties de l'économie politique. Les nations de l'Asie n'ont jamais pu avoir d'idée de la vraie philosophie. De tous les peuples anciens, les Grecs sont ceux qui ont eu les idées les plus saines sur le droit naturel. Cependant, au temps de Solon, la morale étoit à sa naissance. Les Grecs ont connu le droit des gens, mais non pas dans toute son étendue. Ils ont mieux connu l'art de négocier. Ils n'ont pas eu des principes sur toutes les parties de l'économie publique. Les Romains n'ont connu ni le droit naturel ni le droit des gens, et fort peu l'art de négocier. Ce sont les peuples mêmes qui leur ont appris comment ils devoient se conduire pour les subjuguer les uns par les autres. Ils n'ont eu que des usages pour conduire les différentes parties de l'économie publique. Les barbares, qui ont envahi l'empire d'occident, ignoroient absolument tout ce qui peut contribuer au bonheur des sociétés civiles. Ils se portèrent aux derniers excès, et ils parurent s'y autoriser par la religion même. Depuis deux siècles, elles faisoient des ligues sans objet et s'armoient sans dessein. Il étoit temps de leur apprendre ce que les nations se doivent les unes aux autres. C'est ce que Grotius se propose dans son *Droit de la guerre et de la paix.* Cet ouvrage devoit avoir, et eut un grand succès en Allemagne. Pourquoi Grotius donna à cet ouvrage le titre, *Droit de la guerre et de la paix.* Cet ouvrage est digne d'éloge et de critique. Hobbes, plus méthodique, se fit sur la même matière des principes d'après son éducation et d'après les circonstances où il vivoit. Elevé dans la religion anglicane, et persuadé que la démocratie etoit la cause de tous les troubles, il donne au monarque une autorité arbitraire et sans bornes. Pour établir ce despotisme, il imagine un état de nature, et il met le droit dans la force seule. Cependant pouvoit-il persuader aux peuples de se soumettre lorsqu'il leur présentoit le souverain comme un despote de droit. Pufendorff a mieux réussi que Grotius et que Hobbes, quoique son ouvrage soit encore bien imparfait. Depuis on a beaucoup écrit sur les mêmes objets, et on a traité toutes les parties de l'économie publique.

CHAPITRE XII.

Des progrès de l'art de raisonner, pag. 507.

Ce que c'est que la métaphysique des péripatéticiens. C'est à l'analyse à nous conduire de découverte en découverte. Elle est la vraie méthode de toutes les sciences. On pourroit la nommer métaphysique. Elle suppose que nous connoissons l'origine et la génération de toutes nos idées : science nouvelle qui n'a point de nom. L'art de raisonner ne s'est perfectionné que dans le dix-septième et dans le dix-huitième siècles, plus promptement dans les mathématiques, plus lentement dans les autres sciences. Avant le renouvellement des lettres on ne le connoissoit pas. Ce n'est que vers la fin du seizième siècle qu'on a pu en donner des règles. C'est ce que Bacon entreprend dans son ouvrage du *Rétablissement des sciences*. Reproches qu'on lui fait, et qu'on peut lui faire. Réflexions de ce philosophe sur la méthode. Excès où tombent ceux qui veulent s'instruire. Les observations et les expériences doivent être nos seuls guides dans la recherche de la vérité. Mais les philosophes ont mieux aimé penser comme par inspiration. Ils ressemblent à des hommes qui tenteroient de dresser un obélisque sans le secours d'aucune machine. Il faut d'autres machines que les règles des syllogismes pour aider l'esprit. Il faut d'abord écarter les préjugés. 1re. espèce de préjugés, *idola tribus*. 2e. espèce, *idola specus*. 3e. espèce, *idola fori*. 4e. espèce, *idola theatri*. Pour détruire tous ces préjugés, il faut commencer par douter et regarder notre entendement comme une table rase. Comment nous déterminerons les idées que nous graverons sur cette table. Bacon a ouvert la route à ceux qui se sont appliqués à l'histoire naturelle. Le préjugé des idées innées n'a pas permis à Descartes de raisonner dans toutes les sciences aussi bien qu'en géométrie. Insuffisance de la principale règle qu'il s'est faite. Locke a entrepris de regraver l'entendement humain. Objet de son ouvrage. Combien je dois à ce philosophe. Eloge et critique de son ouvrage.

CHAPITRE XIII.

De l'utilité des sciences, pag. 529.

Quel est le caractère de la vraie science. Les sciences ténébreuses des barbares n'ont été que des fléaux. Les vraies sciences sont utiles parce qu'elles éclairent. Plus de lumières nous rendroit plus heureux. Toutes les vraies sciences tendent directement ou indirectement à l'avantage de la société. Il n'en est pas de même de tous les arts.

CHAPITRE DERNIER.

Des obstacles qui s'opposent encore aux bonnes études, pag. 534.

Les études se ressentent encore des siècles d'ignorance où l'on en fit le plan. Les établissemens faits pour l'avancement des sciences, font la critique des universités. Il restera toujours dans les écoles des défauts, dont on ne les corrigera pas. Pourquoi les académies ont contribué à l'avancement des sciences. Les professeurs de l'université sont forcés à se conformer au plan reçu. Les écoles confiées à des ordres religieux sont pires encore. Nos écoles sont peu propres à nous instruire. A peine ose-t-on y enseigner les mathématiques; et on néglige les sciences les plus nécessaires aux citoyens.

FIN DE LA TABLE DES MATIÈRES.

www.ingramcontent.com/pod-product-compliance
Lightning Source LLC
Chambersburg PA
CBHW060503230426
43665CB00013B/1372